Ulrike Sebastian-Benz

Alle Umwege führen zu mir

Roman

Impressum

Ulrike Sebastian-Benz
Alle Umwege führen zu mir

Umschlaggestaltung: Fred Krawwinkel, k3design
Herstellung und Verlag: BoD – Books on Demand, Norderstedt

ISBN 978-3-7412-2873-5

Alle Umwege führen zu mir

„… ich möchte Sie, so gut ich kann bitten, Geduld zu haben gegen alles
Ungelöste in Ihrem Herzen und zu versuchen, die Fragen selbst lieb zu
haben wie verschlossene Stuben und wie Bücher, die in einer sehr fremden
Sprache geschrieben sind. … es handelt sich darum, alles zu leben. Leben
Sie jetzt die Fragen. Vielleicht leben Sie dann allmählich, ohne es zu
merken, eines fernen Tages in die Antwort hinein.“
R.M. Rilke

Teil 1: Die Etruskische Tänzerin

Mit meinem kleinen, grünen Peugeot fahre ich durch
den St.Gotthard-Tunnel, die italienische Küste
hinunter, bis nach Tarquinia, nördlich von Rom. Die
Stadt liegt oben auf einer schrägen Felsplatte, ihre
Türme ragen in den blauen Himmel.

Ich will zur Nekropole mit den bemalten
Grabkammern, die zum UNESCO Weltkulturerbe
gehört. In den Kleinbus, der durch die Altstadt fährt,
steigen Rentner mit Stock oder Gehhilfe. Der Bus
prescht durch enge Gassen, an Mauern vorbei, über
holpriges Pflaster, und nach einer Viertelstunde ist er
wieder am Ausgangspunkt bei der Tourist Info. Ich
gehe zum Busfahrer vor, und frage zweifelnd:
„Nekropole?“ Bei der zweiten Runde gibt er mir ein
Zeichen. Ich steige aus und folge der Straße bis an
den Rand der Altstadt. Zwei Reihen von Olivenbäumen ziehen sich den Hang hinunter und ein

aufgelassenes Feld ist rot von Mohnblumen. Im Westen das blaue Meer.

Oberhalb der Straße, auf dem hügeligen Gelände der Nekropole liegen weit zerstreut die überdachten Eingänge zu den Gräbern. Die Luft streicht durch schimmernden Windhafer, der Ginster duftet, es ist Mai. Zum Hinterland fällt das Gelände steil ab, und jenseits des Tales auf einem Höhenrücken liegt die Ruine des Tempels der Etruskischen Stadt Tarchna. Die grünen Hänge entlang tummeln sich kleine Schafherden, jeweils von zwei weißen Schäferhunden bewacht, und weit und breit kein Mensch.

Ich, Jorun die Isländerin, machte mich auf den Weg hierher nach Süden, nach dem ich Renate gefragt hatte:

„Woher kommt mein Gefühl, nicht existieren zu dürfen? Ich will doch leben!"

Renate hatte mir einen Klumpen Ton gegeben und gesagt:

„Stell dein Lebensgefühl dar."

Kühl und anschmiegsam fühlte sich der Ton in meinen Händen an. Ich knetete und drückte, fügte Tonklümpchen an, und verstrich sie mit dem Daumen: ein Kopf deutete sich an, eine Figur entstand mit Armen, Beinen und einem schwingenden Umhang.

Eine Tänzerin? Taumelt sie? Schaut sie zum Himmel?

Renate stellte die Figur behutsam auf eine Drehscheibe, und ließ sie langsam kreisen, so dass ich sie ringsum betrachten konnte.

„Versuch, dich in sie hinein zu versetzen, Jorun. Was tut sie?"

„Sie ist in Bewegung … sie tanzt … sie spürt den Boden kaum … es macht Angst … so eine große Leere … sie ist wie ein luftiges, durchsichtiges Gefäß, nach oben hin weit geöffnet … ein Rohr aus wirbelnder Energie … ein Blitz fährt hindurch…"

Ich schaute auf und holte tief Luft; unwillkürlich schlang ich die Arme um meinen Körper, um mich zu vergewissern, dass er noch da war.

„Wo tanzt sie? Wie ist die Umgebung?", fragte Renate leise.

Mit geschlossenen Augen sah ich eine südliche Landschaft mit Laubwaldhügeln nicht weit vom Meer … dann plötzlich einen Fichtenwald … einzelne hohe Bäume auf einem Kultplatz, ein Feuer brennt, es ist Nacht. Die Luft ist klar und kalt, bärtige Männer sitzen im Kreis. Die Tänzerin dreht sich mit erhobenen Armen, die bunten Bänder an ihrem Gewand kreisen. Ein Mann mit glatten, schwarzen Haaren beugt sich lauernd vor. Sie ist nicht aus freien Stücken hier …

Ich richtete mich auf, es schüttelte mich.

„Sie ist ein Teil von dir, Jorun", sagte Renate.

„Sie erinnert mich an ein Kalenderbild, das mich als Kind faszinierte", sagte ich, „es war das Bild einer

Etruskischen Tänzerin. Aber was hat sie mit meinem Lebensgefühl zu tun?"

„Vielleicht warst du in einer früheren Inkarnation diese Tänzerin und ihr Leben wirkt noch immer in dir nach."

Das Bild ließ mich nicht mehr los, und ich beschloss, mich auf die Suche zu machen.

Ich atme den Duft des Ginsters ein, dann gehe ich zu einem der Grabeingänge, nehme die Sonnenbrille ab und steige eine schmale Treppe hinunter in das Erdreich. Die dunkle Grabkammer ist mit einer Fensterscheibe verschlossen. Als ich den Lichtschalter drücke, wird sie für Minuten beleuchtet. Ich staune über die Tänzer und Tänzerinnen. Sie taumeln betrunken zwischen Bäumen, die mit schwarzen Früchten und Schärpen behangen sind. Ich sehe eine Tänzerin im Rüschenkleid mit Tupfenmuster und einem ärmellosen Umhang. Eine Hand streckt sie nach der Hand eines Tänzers im kurzen, lichtblauen Gewand, die andere schwebt über ihrem ekstatisch zurückgebogenen Gesicht.

Das Licht geht aus. Niemand außer mir ist hier unten – es ist Vorsaison. Ich setze mich auf eine Treppenstufe und drücke den Lichtschalter – Herzklopfen. Die Tänzerin in der Grabkammer tanzt und tanzt seit 2400 Jahren. Ich schließe die Augen; sie öffnen sich der Vergangenheit.

1 Vogelflug und Wirbelwind

In der Etruskischen Stadt Tarchna ging Manto, kaum konnte sie auf den Beinen stehen, jedem Flötenklang nach. Sie streckte die Ärmchen aus, wippte mit dem Po, wippte noch eifriger, bis sie das Gleichgewicht verlor und auf den Boden plumpste. Goia scherzte, während sie den Hühnern Getreidekörner hinstreute.

„Deine Enkelin wird bestimmt eine Tänzerin", riefen ihr die Leute zu.

Nach Mantos Geburt hatte der Seher Avile Kalkas das Neugeborene untersucht, dessen Rücken von Muttermalen gesprenkelt war, als habe jemand eine Handvoll winziger Samenkörner ausgeworfen.

„Dieses Kind wird nicht sesshaft werden", sagte er, während er mit dem Zeigefinder dem Schwung der Pünktchen folgte.

Mantos Mutter Vega schaute betreten zu Boden, und die braunen Locken fielen ihr übers Gesicht; der Vater ihrer Tochter war ein Händler aus dem Norden. Er war weitergezogen. Goia hob fragend die Hände. Sie selber war so gerne an dem Ort, an dem sie seit Ihrer Geburt lebte.

Im nächsten Jahr verschwand Vega spurlos, und Manto blieb bei der Großmutter zurück. Goia weinte aus Kummer über ihre Tochter. Sie machte sich Vorwürfe, nicht auf Vorzeichen geachtet zu haben: ein Vögelchen war an ihre Brust geflattert, und dann mit einem Schrei in Windeseile davon geflogen, und erst neulich hatte eine Windböe Wollflocken aufgewirbelt, und auf dem Weg vor sich her getrieben, wo sie mit stacheligen Blättern und Sand verknäulten.

Vega gehörte als Halbfreie wie auch Goia und Manto zu Aviles Leuten. Als sie verschwand, blieb er gelassen, obwohl er mit ihr eine Arbeitskraft verlor. Alter und Schicksalsschläge hatten ihn milde gestimmt. Seine Familie gehörte zu den angesehensten der Stadt; aus ihr waren in jeder Generation Haruspize hervorgegangen, die die Bücher der Riten und der Weissagungen studierten. Sie konnten den Willen der Götter an der Ausformung der Leber geopferter Schafe deuten. Sie wussten um die Zeichen von Farbe, Form und Einschlag der Blitze, und sahen die Zukunft im Flug der Vögel durch den Götterhimmel voraus.

Vor Jahren jedoch, hatte eine Seuche alle Familienmitglieder bis auf ihn dahingerafft, und auch unter seinen Halbfreien und Sklaven gewütet. Die Nachbarsfamilien fürchteten sich und opferten der Göttin Uni Tonfiguren, um verschont zu bleiben.

Nun war auch Vega gegangen. Außer Manto und ihrer Großmutter gab es noch Mantos Onkel und dessen Familie. Sie bestellten die Felder, hielten die

Hütten in Stand und hüteten die Schaf- und Ziegenherden.

Nachdem Aviles Ehefrau und die anderen aristokratischen Frauen der Familie gestorben waren, hatte Goia das Weben von Aviles Gewändern übernommen. Diese ehrenvolle Aufgabe erfüllte sie mit Stolz. Nach der Schur brachte ihr Sohn ihr die Schafsvliese, die sich sodann in ihrer Hütte türmten. Es roch nach Wollfett. Früh morgens schlug sie ein Vlies in ein Tuch, schulterte es und stieg die Treppenstufen bis zum Brunnen hinunter, an dem sich im Frühsommer die Wollwäscherinnen versammelten. Die eingefasste Quelle floss in ein großes Steinbecken. Goia legte das Vlies ins Quellwasser, um es vom größten Schmutz an Bauch- und Beinpartien zu reinigen, und fuhr mit den Fingern durch die Schulterlocken.

Die Nachbarinnen ereiferten sich: „Das muss ja eine heiße Liebe sein, die Vega nach Norden zieht!", sagte eine Frau mit durchdringenden Augen.

„Wie kann man sein Kind einfach zurücklassen! Fufluns, der Sohn der Erdgöttin, muss ihr den Kopf verdreht haben, du solltest ihm ein Opfer bringen, einen Krug Wein, damit deine Tochter zu Verstand kommt!"

„Der Fluch, der über der Familie liegt", flüsterte man hinter vorgehaltener Hand.

„Vielleicht ein Sklavenhändler!"

Manto lauschte indessen den Flötenklängen, die vom Tempel herüber wehten und tapste hin und her. Goia nahm sie hoch, drückte ihr Gesicht in den Flaum ihrer Haare, und atmete den feinen Duft ein. Dieses Kind wollte sie schützen, solange ihre Kräfte es erlaubten.

In der Hütte am Rande der Stadt nahm das Leben seinen Lauf: Goia buk Fladenbrot, webte und kochte. Ihre Hände kamen nicht einmal im Gebet zur Ruhe, um alle Nöte und allen Dank auszudrücken. „Komm, ich bringe dir das Spinnen bei", sagte sie zu ihrer Enkelin. Manto sah die sich drehende Spindel und drehte sich selbst wie ein Wirbelwind, bis die Hühner auseinander stoben.

Eines Tages hob Avile Manto hoch und deutete zum Himmel, wo die Schwalben zirpend durch die Luft schossen:

„Schau", sagte er, „wie flink und wendig sie sind; die Göttin hat Freude an ihnen."

Er konnte den Vogelflug deuten, und die Menschen kamen zu ihm, um Rat für ihre Sorgen und Ängste zu bekommen. Was sollten sie tun, um im Einklang mit den Göttern zu leben, und sie nicht zu erzürnen?

„Wo ist meine Tochter Vega, werde ich sie wiedersehen?", fragte Goia.

Avile stand reglos da, während sein Blick über den Himmel schweifte, und sagte:

„Du wirst sie nicht wiedersehen, aber Manto wird ihr eines Tages begegnen."

„Sie lebt also, ist sie denn glücklich?", fragte Goia.

Avile wandte sich ab, brummte etwas Unverständliches, stellte Manto wieder auf die Füße, und ging in sein Holzhaus. Goia schauderte: Was hatte er gesehen? Was wollte er nicht sagen?

Manto wuchs zu einem grazilen Kind heran. Jeden Morgen flocht Goia ihre hellbraunen Locken zu Zöpfen. Oft zog es sie zum Tempel, wo die Tänzer übten. Eine junge Tänzerin nahm das kleine Mädchen an die Hand, und zeigte ihr die Schrittfolgen. Manch einer blieb im Vorübergehen stehen und wunderte sich über ihre biegsamen Bewegungen.

„Eines Tages wird sie davon schweben", sagten die Leute.

Wenn Goia die Enkelin zum Bohnen aushülsen oder zum Essen rief, wusste sie, wo sie sie finden konnte. Manchmal lief sie selber zum Tempel, öfters aber schickte sie einen Nachbarsjungen.

In ihrem neunten Sommer wurde Manto schwer krank. Das Fieber stieg, bis sie glühte und fantasierte: mit zittrigen Händen wehrte sie unsichtbare Gestalten ab, die zu Tür und Fensteröffnung hereindrangen. Sie wimmerte und versteckte sich unter ihrer Decke, die sie im nächsten Moment schweißüberströmt von sich schlug. Goia wickelte feuchte Tücher um ihre Glieder, um das Fieber zu senken. Sie blieb im Haus, und flößte ihr Thymian- und Salbeitee ein. Vor allem wollte sie nicht hören, was die Nachbarn redeten. Sie betete am Hausaltar in der Wandnische vor den Tonfiguren der Ahnen, und strich mit ihren rauen Händen beschwichtigend über sie, stellte ihnen ein Schüsselchen Milch hin, etwas Mehl und Locken weicher Schafwolle.

Und als alles nichts half, eilte sie in der Dunkelheit, während Manto schlief, zum Tempel mit dem Kostbarsten, was sie besaß: einer bronzenen Gewandfibel, die mit einem Spiralmuster verziert war, und die sie an Festtagen trug. Sie legte die Fibel auf den Opferstein, und betete händeringend zur Göttin um das Leben ihrer Enkelin. Dann sank sie nieder, schlug die Hände vors Gesicht, und schluchzte bitterlich über die unzähligen Verluste der Familie. Am nächsten Morgen sank das Fieber, und die geschwächte Manto schlief Tag und Nacht. Goia atmete auf. Sie lief nochmals zum Tempel und opferte der Göttin - zum Dank für die Genesung - die einzige Schmuckkette, die sie besaß. Sie war aus Hornperlen, und hatte einen kleinen bronzenen Anhänger in Herzform. Goia hob die Kette an Stirn, Mund und Herz und legte sie behutsam auf den Opferstein. Ihr war, als habe sie sich einer schweren Last entledigt, so leicht und beschwingt fühlte sie sich auf dem Heimweg.

2 Botschaften der Göttin

*„… reifen wie der Baum, der seine Säfte nicht drängt und getrost in den
Stürmen des Frühlings steht ohne die Angst, daß dahinter kein Sommer
kommen könnte. Er kommt doch. Aber er kommt nur zu den Geduldi-
gen. "*

R.M.Rilke

Ich, Manto, kann mich daran erinnern, dass mir nach
der Krankheit der Milchbrei nicht mehr schmeckte,
und ich auf wackeligen Beinen herumging. Die
Geister, die mich bedrängt hatten, verschlugen mir
die Sprache, und ließen mich verstört zurück. Ich
sah alles deutlich um mich herum: den
abbröckelnden Lehm am Türrahmen, das bunte
Huhn, das den Kopf schief legte, die Nachbarin, die
herüberschielte, aber ich fühlte mich fremd, getrennt
von Menschen und Dingen, so, als stünde ich mit
einem Fuß im Geisterreich. Ich wich meiner
Großmutter kaum von der Seite, und buk Berge von
Fladenbroten, die mein Onkel mit aufs Feld nahm.
Ich trug schmutzige Kleidung zum Brunnen, weichte
sie mit Asche vermengt ein, und schrubbte das
Leinenzeug, so fest ich konnte. Bei den Wollsachen,
die ich mehrmals auswrang, war ich vorsichtiger.

„Tanzt du denn gar nicht mehr?", fragte Mela,
eine Nachbarin, verwundert, „du wirst ja eine richtig
tüchtige Hausfrau!"

Ich schüttelte den Kopf und blickte verlegen auf
meine Hände. Die Röte stieg mir ins Gesicht, denn
wie sollte ich erklären, was ich selber nicht verstand?

Ich erstarrte unter den Blicken der Wäscherinnen und konnte erst wieder aufatmen, als sie weiterschwatzten.

In Wahrheit fürchtete ich mich vor dem Tanzen: anfangs bewegte ich mich leicht und schwebend, so wie früher, aber dann wurde ich in eine Dunkelheit gezerrt, der ich nicht entrinnen konnte. Kalter Schweiß lief mir über den Rücken, während mein Körper sich schneller drehte, und sich fremde, schreckliche Bilder aufdrängten. Wenn sich schließlich der Griff der Geister lockerte, stand ich mit hängenden Armen da, ausgelaugt und außer Atem, und hatte nur noch das Bedürfnis, mich auf mein Lager zu verkriechen.

Einmal sah ich eine fremde Landschaft mit dunklen Bäumen, von der ein eisiger Hauch ausging. War das der Norden?

Ein anderes Mal sah ich, wie die kränkelnde Nachbarin Mela starb, umgeben von den weinenden Kindern. Ich konnte der Nachbarin, von der alle meinten, sie würde bald wieder gesund, nicht mehr ins Angesicht schauen, und wich ihr aus, wenn ich ihr zufällig begegnete.

Dann erschreckte mich die Vision einer Hütte, die in Flammen aufging. Männer schlugen mit Decken auf die überspringenden Funken, Frauen zerrten Kinder ins Freie und rannten nach Wasser. Ich sah die sich rächende Göttin, die Flammen auf das Schilfdach schleuderte.

Als einige Wochen später jene Hütte in der Nacht wirklich brannte, rissen mich die Schreie der Menschen aus dem Schlaf. Das Entsetzen lähmte mich: war ich schuld an dem Unglück? Während die Großmutter hinauseilte, um zu helfen, fühlte ich mich so einsam, als gäbe es niemanden auf der Welt, der mich jemals würde trösten können.

Ich verlor den Appetit und schlich in der Gegend herum. Goia machte sich Sorgen, bekam aber nichts aus mir heraus. Da rief Avile mich eines Tages zu sich; er saß auf einem Schemel und ich blieb mit gesenktem Kopf vor ihm stehen. Er legte mir die Hände auf die Schultern und sagte:

„Schau mich an!"

Seine Stimme erschütterte mich durch und durch, und ich wusste, dass ich meinen Schrecken nicht mehr verbergen konnte.

„Hörst du die Zukunft oder siehst du sie in Bildern?", fragte er.

„In Bildern" hauchte ich.

„Hast du gewusst, dass das Haus brennen würde?"

„Ja, es ist schrecklich, die Göttin Uni war erzürnt, und Mela wird sterben!"

Meine Worte überstürzten sich:

„Ich will nicht in die Fremde, wo die Bäume dunkel sind."

Avile schüttelte mich:

22

„Manto, du hast die Gabe den Willen der Göttin zu empfangen. Wenn du die Begabung verleugnest, wird Uni zornig und macht dich krank."

„Eine Gabe der Göttin Uni?"

„Du bist nicht schuld an dem, was passiert. Du wirst den Menschen helfen können."

„Ich? Helfen können?"

„Ja, indem du tanzt" sagte Avile „und die Bilder aushältst. Sag der Göttin Dank, Manto."

„Warum ich, eine Halbfreie?"

„Die Götter lieben unseren Tanz", sagte der alte Mann. „Erzähl mir, was du siehst. Und die übrige Zeit hilfst du deiner Familie, du bist schon recht tüchtig."

Ich errötete vor Freude über das Lob, und spürte doch mein Herz ängstlich klopfen.

Ich erzählte Goia alles, und sie sagte:"Meine liebe Kleine, liebe Manto, ich hatte gehofft, die Göttin Uni würde dich wieder frei geben, aber nun wirst du ihr dienen müssen. Wir wollen um ihren Segen bitten."

Wir nahmen Mehl und Früchte mit zum Tempel und übergaben sie dem Priester. Während ich auf der Steinstufe stand und Gebete sprach, schwankte mein Oberkörper leicht vor und zurück, als habe ein Windhauch ihn ergriffen, und die Angst fiel von mir ab.

„Ja", konnte ich nun sagen, „ja, meine Göttin, ich werde für dich und die Menschen tanzen und deine Botin sein."

Befreit breitete ich die Arme aus. Um die Nachbarin Mela aber machte ich nach wie vor einen Bogen.

Schon vor Sonnenaufgang ging ich auf eine Anhöhe mit weitem Blick über Laubwaldhügel und Getreidefelder. Schafherden folgten grasend dem welligen Gelände mit fließender Bewegung. Ich betete zur Göttin, und tanzte mit den Strahlen der Morgensonne. Abends tanzte ich bei untergehender Sonne, und stieg in die verborgene Welt der Bilder hinab.

Es gab auch freudige Botschaften: ich sah wie eine Frau, die vergeblich auf Nachwuchs wartete, einen Neugeborenen im Arm hielt. Natürlich lief ich gleich zu ihr. Sie wusste nicht, ob sie es glauben sollte, hin- und hergerissen zwischen der Hoffnung und der Angst vor Enttäuschung. Als ihre Blutung ausblieb, sprach sich die Neuigkeit wie ein Lauffeuer herum.

Avile rief nach mir, wenn er den Vogelflug deuten wollte. Wir gingen zum Tempel hinauf: der Himmel wölbte sich über uns, das Meer glitzerte bis zum Horizont, und nach Norden, Süden und Osten lag das hügelige Land bis in bläulicher Ferne. Avile sang mit Inbrunst Gebete. Ich kniete mich hin, und hielt eine Taube in meinen Händen. Auf ein Zeichen meines Lehrers hob ich die Arme zum Himmel und öffnete die Hände wie einen Blumenkelch, so dass der Vogel entflog, und Avile seine Bahn durch die Himmelsfelder der verschiedenen Gottheiten beobachten und deuten konnte. Mit der Zeit lernte ich die Gesänge. Bei meinen Visionen achtete ich auf den inneren Bilderhimmel, der den Himmelsfeldern der Götter entsprach. Nachdem sich der Bauch der Schwangeren rundete, kamen die Menschen zu mir, um sich Rat zu holen, und ich nahm ihre Fragen und Bitten in meine Tänze auf.

Meine Freundin Neirinna und ich steckten die Köpfe zusammen; wir saßen auf der Bank vor der Hütte und schwatzten. Ihre schwarzen Haare kringelten sich auf Stirn und Schläfen, und ihre Augen blitzten, wenn sie den Jungs nachschaute. Vor allem Diges hatte es ihr angetan.

„Ich will viele Kinder haben und du?", fragte sie.

Ich blickte sie erstaunt an:

„Ich tanze", sagte ich, „ ich weiß nicht, ich habe es noch nie überlegt."

„Ich wollte, ich könnte so anmutig tanzen, wie du. Aber weißt du, wo ich war? Im Wald bei Vollmond, in der Felsschlucht, auf dem Fest zu Ehren des Fufluns".

Sie kicherte:

„Ich hab Wein getrunken, und mit Diges getanzt, wild, wie die Waldgeister."

Vor Aufregung kniff sie mich in den Arm.

„Aber weißt du, was mir eine Frau gesagt hat? Deine Freundin Manto hat Feinde bei den aristokratischen Familien, denn das Wahrsagen ist allein ihr Vorrecht."

Ich runzelte die Stirn: ich konnte doch nicht anders als tanzen!

Ich achtete genauer auf das, was die Leute sagten. Trotz aller Bewunderung, dem Dank und auch der Angst, die Menschen vor mir hatten, wuchs der Neid. Manch schräger Blick, das Tuscheln hinter vorgehaltener Hand und spitze Bemerkungen ließen mich aufhorchen. Was sollte ich machen? Viel Schutz hatte ich nicht: meine Verwandten waren nur Halbfreie, und Avile, dem wir dienten, musste sich auf meinen Arm stützen, wenn wir zum Tempel gingen.

Ich spürte die Last meiner Fähigkeiten und die Einsamkeit. Nach wie vor ging ich jeden Morgen und Abend auf die Wiese oberhalb der Stadt, verneigte mich vor den Baumgeistern und der Quelle, tanzte und empfing die Botschaften der Göttin. Im Spiegelbild des Wassers sah ich mein Gesicht, ich war kein Kind mehr.

Eines Abends umringten mich plötzlich die drei Söhne der Familie Fultum und verhöhnten mich:

„Ah, die tanzende Dienstmagd! Was hat sie denn jetzt schon wieder gesehen? Wie sie guckt! Wahrscheinlich hat sie von uns geträumt", rief Vibius.

Ignaz riss die Bänder aus meinen Zöpfen. Sie lachten und zogen ihren Kreis enger. Tagon zerrte an meinem Gewand. Ich erstarrte vor Schreck. Ignaz zerriss den Ausschnitt meiner Tunika und griff nach meiner Brust, Tagon rieb sein Geschlecht an mir, und schrie heiser:

"Jetzt tanz mit mir!"

Einige Frauen, die vom Feld kamen, ließen ihre Körbe fallen, zerrten die Jungs fort. Ohrfeigen klatschten. Sie schimpften:

"Ihr Elenden, die Göttin strafe euch! Es ist eine Schande, wie die Hunde über das Mädchen herzufallen!"

Bevor er im Wald verschwand, drehte sich Tagon um und rief wütend:

„Wir kommen wieder, verlass dich darauf!"

Ich zitterte am ganzen Leib, während die Frauen sich ereiferten, auf mich einredeten, und versuchten das Kleid zu befestigen. So gelangten wir zu Goias Hütte. Der Hals schwoll ihr an, als sie hörte, was passiert war. Sie war wütend auf die Jungs, aber auch auf mich, weil ich nicht einfach sein konnte wie andere Mädchen meines Alters. Mutlos ließ sie sich auf einen Schemel fallen, denn sie wusste, dass mit Familie Fultum, der mehrere Haruspize angehörten, nicht zu spaßen war.

Avile suchte gemeinsam mit Goia und mir Familie Fultum auf. Wir wurden hochmütig empfangen. Thefaru Fultum sagte:

„Muss das Mädchen mit gelösten Haaren auf der Wiese tanzen und die Jünglinge verführen? So tun, als sei sie eine Seherin, unverschämt! Es steht ihr als Dienstmagd nicht zu, Lügnerin!"

Avile legte ein Wort für mich ein und sagte, meine Visionen würden erstaunlich genau zutreffen.

Thefarus Frau sagte: „So ein Nichts, ein dahergelaufener Vater, eine weggelaufene Mutter, das ist doch zum Lachen."

Damit war die Unterredung beendet. Avile und Goia stützten sich aufeinander wie ein altes Ehepaar, ich folgte ihnen.

Tagon schlich hinterrücks an mir vorbei:

„Wir sehen uns wieder, du Schlange" zischte er und kniff mir zwischen die Beine.

Erschrocken schlug ich um mich, und traf seine empfindlichste Stelle. Ich sah, wie er die Hände auf sein Glied presste mit schmerzverzerrtem, von den Ohrfeigen verquollenem Gesicht. Da musste ich plötzlich lachen und konnte nicht mehr aufhören. Tagons Eltern starrten mich fassungslos an, Goia zog mich schnell am Arm mit sich fort.

Goia schärfte mir ein, nur noch in der Nähe der Hütte zu tanzen, und keine Weissagungen mehr zu machen. In ihrer Sorge um mich, sagte sie den Nachbarn, ich hätte meine Begabung verloren, aber niemand glaubte ihr.

Also tanzte ich unter dem großen Ahornbaum in der Nähe der Hütte, und wusste nicht wohin mit der inneren Bilderflut. Einige Frauen sagten: wir wollen dir nicht schaden, Familie Fultum ist erbost und wird sich rächen wollen. Ihre Söhne sind zur Stadtbelustigung geworden. Aber wir brauchen deinen Rat. Wir kommen bei Dunkelheit in deine Hütte.

Die Jahreszeiten folgten einander mit frischem Grün im Frühling, reifen Weizenfeldern im Sommer, verbranntem Land im Herbst. Es war mein dreizehnter Winter.

An einem stürmischen Abend, an dem man am liebsten am Feuer kauerte, trat ein Mann, in einem Mantel gehüllt, rasch zur Tür herein, und zog sie hinter sich zu. Mein Herz machte einen Satz, als ich Tagon erkannte. Er legte den nassen Mantel ab und wischte sich den Regen aus Gesicht und Haaren. Ich war von meinem Schemel aufgesprungen, warf einen Blick zu Goia, die Wolle spann, und schaute den Besucher unsicher an. Tagon, der ein Jahr älter war als ich, sagte eindringlich:

„Manto, ich war unverständig, ich hoffe, du trägst es mir nicht nach. Ich brauche deinen Rat, und wüsste nicht, wer mir sonst helfen könnte. Sag nicht, dass du keine Voraussagen mehr machst", fügte er hinzu, als ich, Einhalt gebietend, die Hand hob, „alle wissen, dass die Leute nachts zu dir kommen, sie reden darüber." Er legte eine Fibel aus Bronze auf den Tisch. Wollte er mir eine Falle stellen? Und warum spürte ich solch eine Glut in mir hochsteigen?

„Setz dich", sagte ich, „was willst du wissen?"

Ich fürchtete, mich im Klang seiner Stimme zu verlieren.

„Du weißt", sagte er, „dass wir eine berühmte Familie von Sehern sind. Einige von uns sind in andere Städte und zu fremden Völkern gegangen, und haben Feldherren in Schlachten begleitet, um den Willen der Götter zu erkunden. Mein Vater will, dass alle seine Söhne Haruspize werden, aber es macht mir keine Freude, die Riten, Gebete und Gesänge zu studieren. Zu mir spricht die Göttin nicht, stattdessen hat sie sich ein halbfreies Mädchen ausgesucht."

Er schaute mich von der Seite an und verzog das Gesicht, dann lächelte er. Meine Angst schmolz dahin, ich beugte mich vor, um ihm zu lauschen. Er holte tief Luft:

„Sag mir, ob die Göttin mir zürnt, wenn ich kein Seher werde, und wie ich sie beschwichtigen kann. Und wie kann ich meinen Vater umstimmen? Ich liebe Pferde: Pferdezucht, Pferderennen, das ist mein Leben!"

Er ergriff meine Hand und drückte sie leidenschaftlich:

„Tanz für mich! Bring mir eine Botschaft!"

Ich blickte zu Boden, um meinen Gefühlsaufruhr zu verbergen, stand auf und öffnete ihm die Tür. Er strich mir flüchtig über den Arm und verließ die Hütte.

„Oh, mein Mädchen, was wird das geben", seufzte Goia, „sag ihm, dass du keine Botschaft für ihn hast, wenn er wiederkommt."

Sie schöpfte sich einen Becher Wasser und ging zu ihrem Nachtlager. Auch ohne Visionen ahnte sie künftigen Kummer. Ich schlüpfte stumm unter meine Decke. Wie er mich angeschaut hatte! Ich wälzte mich vom Rücken auf die Seite und wieder zurück: sein Blick und seine Stimme hatten sich in meine Seele eingebrannt.

Als ich am Morgen aufstand, hatte ich kaum geschlafen und zögerte das Tanzen hinaus, denn ich hatte Angst. Ich setzte mich zu Goia, und säuberte Wolle von Grasspelzen und Kletten. Am Nachmittag stieg meine Unruhe, ich hielt es bei keiner Beschäftigung aus, und so verließ ich die Hütte. Ich betete zur Göttin und begann mit kreisenden Bewegungen, unter dem Ahorn zu tanzen. Die Nachbarinnen sahen, wie mir die Tränen über das Gesicht liefen, und ich mich vor Schmerz krümmte. Erschrocken fragten sie sich: Für wen ist die Weissagung? Würde eine Hütte brennen, ein junger Mensch sterben?

Nach dem Tanz verkroch ich mich im Haus und sprach kein Wort. Als Tagon in der Nacht die Tür öffnete, sah er mich zuerst nicht, so tief hatte ich mich in den Schatten zurückgezogen.

„Manto? Was ist? Was hast du gesehen?"

Da ich nicht antwortete, blieb er unschlüssig stehen. Meine Stimme wollte mir nicht gehorchen und brach mit einem kläglichen Laut ab. Dann raffte ich mich zusammen, vergrub die Nägel in den Handflächen und sagte heiser:

„Um die Göttin zu versöhnen, sollst du dein Lieblingsfohlen mit dem weißen Stirnfleck opfern".

Er sog die Luft heftig durch die Nase ein. „Und das andere?", stieß er hervor. Ich flüsterte:

„Du wirst deinen Vater versöhnen, wenn du eine Tochter der hochgestellten Familie Volna heiratest. Das wird ihm das verlorene Ansehen zurückgeben."

Tagon keuchte; plötzlich riss er mich an sich, drückte mich so fest, dass es wehtat, und verschwand dann wortlos in der Nacht.

Eines Tages erfuhr ich von der bevorstehenden Opferfeier. Ich befestigte den ärmellosen Umhang über meiner blauen Tunika mit der bronzenen Fibel, die Tagon mir geschenkt hatte, und steckte die geflochtenen Haare hoch. Die Wolle meines Mantels hatte Goia mit grünen Nussschalen, Orange-Braun gefärbt und die Bordüre mit grünen und roten Fäden bestickt. Die Männer schauten mir nach, als ich zum Tempel ging. Ich erblickte Tagon mit dem geschmückten Fohlen in der Prozession auf der Tempelstraße. Er wirkte entschlossen und strich dem nervösen Fohlen, das ihn anstupste, über Hals und Nüstern. Auf dem Platz vor dem Tempel stellte sich die Menge in einen Halbkreis vor den Opferstein. Es gab mir einen Stich, als ich in vorderster Reihe die zwei hübschen Töchter der Familie Volna erblickte, die Gewänder in lebhaften Farben trugen, dazu Halsketten und Ohrgehänge aus Gold leuchtender Bronze und Bernstein. Sie tuschelten miteinander und lächelten, und auch sie verschlangen Tagon mit ihren Blicken. Welche von beiden würde seine Ehefrau werden?

Der Priester rief die Göttin Uni an, die Aulos-Spieler bliesen auf ihren Doppelflöten und Tagon opferte sein Fohlen, indem er ihm die Kehle durchschnitt. Es bäumte sich mit weit aufgerissenen Augen auf. Als das Blut aus dem Tierkörper spritzte, stieß ich einen Entsetzensschrei aus, und wurde von den Umstehenden mit Scherzen aufgefangen:

„Du bist doch nicht das Fohlen!"

Tagon warf einen Blick zu mir hinüber, bevor er sich daran machte, das Pferd zu zerwirken. Auch Deia und Tutan, die zwei Volna-Töchter, reckten die Hälse. Tagon legte eine Keule auf den Altar, wo sie zur Ehre der Göttin verbrannte, während Männer und Frauen mit großen Töpfen und Spießen bereitstanden, das übrige Fleisch für das Fest zu braten. Tagons Vater stand mit versteinertem Gesicht in der vordersten Reihe; die Absage seines Sohnes an das ehrenvolle Amt, empfand er als Schande und schlimmes Vorzeichen. Tagon löste die dampfende Leber aus der Körperhöhle des Fohlens und reichte sie dem Haruspiz, der sie sorgfältig untersuchte, wohlwollend schmunzelte und sagte:

„Die Göttin ist dir wohl gesonnen, mein Lieber, du wirst schon bald eine vorteilhafte Heirat machen, das wird deinen Vater versöhnen."

Dieser blickte aufatmend zu den Töchtern der Familie Volna hinüber. Deia, die Ältere, war ein kluges, hochgewachsenes Mädchen, während die Jüngere, Tutan, recht lieblich in ihrer Art war. Die Eltern neben ihnen schienen Gefallen an dem jungen Aristokraten und seiner Vorliebe für die Pferdezucht zu haben, denn sie lächelten.

Neirinna hielt mich fest, und ich klammerte mich an ihren Arm. Tagon legte ein schönes Stück Fleisch auf eine mit frischem Weinlaub verzierte Schüssel. Er wandte sich den zwei wohlhabenden Mädchen zu, und ließ sich auf ein Knie nieder. Die Ältere zuckte zurück – Tagon war ein schöner Jüngling, und sicher hätte sie gerne ... aber ... Während sie noch innerlich mit sich rang, beugte sich die Jüngere vor, ergriff die Schüssel, sagte ein Wort des Dankes, und lobte die Schönheit des geopferten Fohlens.

„Du bist willkommen", sagte sie, und das war schon ein Versprechen. Dem Vater des Mädchens war es recht, denn für die Ältere gab es vornehmere Verehrer. Deia hielt sich sehr gerade, und schaute wie von oben auf ihre Schwester herab, eine Geste des Zorns und der Eifersucht unterdrückend, dass die Jüngere ihr zuvor gekommen war.

Schwaden von gebratenem und verbranntem Fleisch zogen über den Platz. Der Wind war böig aufgefrischt, entfachte die Altarflamme und drückte den Rauch mal hier-, mal dorthin. Frauen und Männer drehten die Spieße, trugen Körbe mit Fladenbroten herbei, füllten die Mischgefäße für Wasser und Wein, und redeten aufgeregt durcheinander. Die Kinder verscheuchten die Hunde, die um die Fleischtöpfe strichen.

Ich zog meine Freundin mit mir fort.

„Was ist los mit dir?", fragte Neirinna.

Ich erzählte ihr von Tagons nächtlichen Besuchen. Sie versuchte mich zu trösten und sagte:

„Du solltest einmal zum Fest des Fufluns mitkommen, da tanzen alle zusammen im Wald, und der Wein lässt den Kummer vergessen. Du bist immer alleine, und tanzt für dich, das ist ja traurig."

Dann fügte sie hinzu:

„Tagon habe ich auch schon dort gesehen, er scheint viel von dir zu halten. Wie er zu dir hinüber geschaut hat!"

„Aber hast du nicht gesehen", entgegnete ich, „wie freundlich Tutan seine Gabe entgegengenommen hat?"

„Ja schon", sagte Neirinna, „er wird sie heiraten und ihre Eltern werden zustimmen, weil sie einfältig ist. Aber was hat das schon zu sagen; dich als Halbfreie darf er nicht heiraten, er hat keine Wahl. Komm mit zum Fest des Fufluns, vielleicht sehnt er sich genauso nach dir."

Ich war ganz durcheinander und erschöpft, nur eins wusste ich deutlich: ich wollte Tagon wiedersehen und mit ihm sprechen.

Daheim sagte Goia traurig:

„Bis jetzt habe ich versucht, dich zu schützen, aber dort im Wald kann ich dir nicht helfen."

Die Empörung kochte in mir hoch: ja, geschützt hatte sie mich, aber eingesperrt, ans Haus gebunden, die Freude genommen. Ich lechzte nach Leben! Ich stampfte mit dem Fuß auf, funkelte meine Großmutter an, die mir alt und verschrumpelt vorkam, und rief: „Ich werde hingehen!"

Ich fieberte dem nächsten Vollmond entgegen. Neirinna erzählte mir von der Prozession im Wald mit Flöten und Zitherspielern.

„Wir singen zu Ehren des Fufluns, und alle tragen einen Kranz aus Weinblättern oder Efeu im Haar. Nach den feierlichen Riten und dem Trankopfer wird Wein ausgeschenkt und es beginnt der wilde Tanz. Du musst dich vorsehen, Männer und Frauen, die von Fufluns ergriffen werden, gebärden sich wie toll, haschen sich und wälzen sich zusammen im Unterholz. Trink am besten nicht mehr als eine Schale und bleib in der Nähe der Ausschenker, bis du Tagon siehst."

Am Abend des Vollmondes zog ich meine Tunika mit den aufgestickten Blümchen an und den leichten Mantel. Im hochgesteckten Haar befestigte ich einen Kranz aus dunkelgrünen Efeublättern, und zupfte einige Locken in die Stirn. Rosige Wangen, leichtfüßiger Gang.

„Und wenn Tagon nicht kommt?", fragte ich Neirinna. „Woher soll er wissen, dass ich heute da bin?"

„Lass uns an seinem Haus vorbeigehen", schlug sie vor. Wir alberten herum, um von Tagon gehört zu werden. Aber als ich zum Fenster des Hauses spähte, begegnete mir nur der eiskalte Blick seines Vaters. Schlagartig verging mir das Lachen, und eine böse Ahnung beschlich mich.

Wir rannten los und schlossen uns außer Atem dem festlichen Zug an, der sich am Waldrand in Bewegung setzte. Fackeln brannten, der Mond schien über den Laubwaldhügeln. Ich konnte nicht erkennen, ob Tagon weiter vorne ging. Die Menschenschlange glitt die Waldschlucht hinab. Verknotete Efeustämme wanden sich die steile Böschung hinauf, und wir tauchten in eine geheimnisvolle Welt voller gespenstischer Schatten unter dem

Blätterdach ein. Wir hielten einander fest, um auf dem abschüssigen Weg nicht auszurutschen. Im Tuffgestein entlang des Weges befanden sich Grabkammern, die einen verschlossen, die anderen noch leer. Ich fröstelte: sollte ich umkehren? Es war unheimlich in dieser Schlucht, und ich spürte noch immer den vernichtenden Blick von Tagons Vater. Die Gesänge wurden wilder. Heimlaufen zur Großmutter? Unmöglich!

Immer tiefer ging es in den Wald, dessen Laub nur hier und da einen Tupfen Mondlicht durchscheinen ließ. Dann weitete sich die Schlucht, bevor sie sich verzweigte, und bildete einen Platz mit hohen Bäumen zwischen den Felswänden. Ein Altarstein war mit Efeu- und Weinranken geschmückt, und daneben stand ein großes Mischgefäß aus Ton für Wasser und Wein. Während junge Männer das Wasser aus dem Bach schöpften, versuchte ich die Gesichter im Fackelschein zu erkennen. Ein Priester goss Wein für das Trankopfer in eine Schale, rief Fufluns an, beschwor ihn, das Leben der Ahnen im Jenseits zu erleichtern und zu erfreuen. Dann wurde der Wein ausgeschenkt. Auch ich ließ die Schale, die ich mitgebracht hatte, voll schöpfen und trank sie in meiner Aufregung schnell leer. Der Wein, obwohl mit Wasser vermischt, war kräftiger, als der, den ich manchmal bei meinem Onkel bekam.

Die Fackeln flackerten um den Altar herum, die Menge drängte sich um den Weinkrug, während das Flötenspiel hier und dort in schnellem Rhythmus erklang; die Tänzer begannen zu hüpfen und die Arme zu heben. Da spürte ich die Verzauberung des Augenblickes, Angst und Verzagtheit fielen von mir ab, mein Körper bewegte sich wie von selbst. Selig überließ ich mich der Musik, und nahm die anderen Menschen nur verschwommen wahr. Später holte ich mir noch eine Schale Wein und sah, wie Neirinna mit dem jungen Mann ihrer Träume im Wald verschwand.

Männer und Frauen mit wirren Haaren verrenkten sich in ekstatischem Tanz, stürzten wie von Sinnen übereinander her, stöhnten und zuckten auf dem Waldboden. Die Fackeln glühten und qualmten. Da torkelte ein Mann mit ausgestreckten Armen auf mich zu, lallte und lachte über das ganze Gesicht. Erschrocken floh ich den Schluchtweg zurück, doch er verfolgte mich. Es gab nur eins: dem Wald entkommen. Im Dunkeln stolperte ich weiter, ohne mich umzuschauen. Plötzlich sprang jemand vor mir auf den Weg, so dass wir heftig zusammenprallten. Ich schrie auf, kräftige Arme hielten mich fest, und ich hörte Tagons Stimme:

„Lauf mir nicht davon, mein Mädchen".

Außer Atem keuchte ich:

„Warum... warum bist du hier?"

Er zog mich ins Mondlicht und sagte:

„Mein Vater hat mir verboten zu gehen, nachdem er dich gesehen hat."

„Er ahnt also...?", begann ich.

„Ja, er ahnt, dass die Weissagung von dir war, und
er ahnt noch etwas anderes", fügte er heiser hinzu.
Er presste meine Hand auf seine Brust: „Fühl´, wie
mein Herz für dich schlägt. Dann küsste er mich. Er
drängte mich zu einer Tuffsteinhöhle. Ich wich zurück: „Das ist ein Grab!"

„Der Boden ist schön sandig", sagte Tagon.

Im Morgengrauen öffnete ich verstohlen die Tür
der Hütte, und schlüpfte auf mein Lager. Ich hörte
Goias Atemzüge. Schlafen konnte ich nicht: das
Unfassbare war geschehen.

3 Aufs offene Meer

„…und das Schicksal selbst ist wie ein wunderbares, weites Gewebe,
darin jeder Faden von einer unendlich zärtlichen Hand geführt und neben
einen anderen gelegt und von hundert anderen gehalten und getragen wird."

R.M. Rilke

Gegen Abend kam ein kleiner Junge angerannt, und drückte mir ein Geschenk in die Hand. Es war eine Halskette aus roten Glassteinen. Ich staunte über die Kostbarkeit.

„Von Tagon?", fragte ich.

Er sagte verschmitzt:

„Du und deine Großmutter sollt sofort zum Tempel kommen. Bei der großen Zypresse wartet jemand auf euch."

Wir wunderten uns. Mich trieb die Sehnsucht nach Tagon, aber weshalb sollte Goia mitkommen? Der Junge sagte, wir sollten zu niemandem etwas sagen, es sei eilig und geheim, habe der Mann gesagt. Was für ein Mann das war, wusste er nicht. Wir zogen unsere Mäntel über und gingen mit ihm. Unterwegs begegneten wir Neirinna, aber jetzt war keine Gelegenheit über die vergangene Nacht zu reden; ich winkte ihr zu und rief:

„Ich komme nachher bei dir vorbei!"

Auf dem Tempelgelände war es menschenleer. Wir umrundeten den Tempel auf der Prozessionsstraße.

Auf der der Stadt abgewandten Seite stand unterhalb der Anhöhe eine uralte Zypresse, in deren Schatten ein Mann wartete. An seiner Haltung sah ich, dass es nicht Tagon war. Kaum waren wir angekommen, ergriffen uns drei Männer, während der Junge wie ein Hase davon sprang. Es waren Wächter der Familie Fultum, die uns hart am Arm packten. Der Älteste von ihnen, namens Inigo, sagte:

„Bloß kein Geschrei!"

Sie stießen uns eilig den Weg hinunter, Richtung Wald; es war der Schluchtweg der letzten Nacht, der am Altar des Fufluns vorbei, dort, wo sich die Schlucht gabelte, Richtung Westen, zum Meer führte, ohne dass man die Stadt durchqueren musste.

Mein Herz hämmerte, als ich die Graböffnungen im Gestein sah, abgebrannte Fackeln, zertretenes Weinlaub, Schärpen im Geäst. War es ein schlechter Traum? Goia hatte Mühe so schnell zu laufen. Erst als die Stadt längst hinter uns lag, verlangsamten die Männer ihren Schritt. Als wir aus dem Wald heraus auf die Straße kamen, hoben sich Bäume und Gebüsch schwarz vom milden Gelb des Himmels ab, die Sonne war längst untergegangen. Wir gingen im Abendschein durch die reifenden Getreidefelder, deren Ähren im Wind raschelten. Nur ein verspäteter Bauer mit seinem Esel kreuzte uns. Er grüßte erstaunt unsere schweigsame Gruppe, die an ihm vorüberzog.

Ich kannte den Weg, denn mein Onkel hatte mich einige Male auf seinem Fuhrwerk zum Frühjahrs- und Herbstmarkt beim Hafen am Meer mitge- nommen, wenn er für Avile Wollstoffe und Oliven verkaufte. Auf dem Handelsplatz im Tempelareal hatte ich gerne die Menschen beobachtet, die von weit her gekommen waren. Ich hatte Männer mit gewaltigen Schnauzbärten und zurückgekämmten hellen Haarsträhnen gesehen, deren Sprache ich nicht verstanden hatte. Der Onkel hatte gesagt, es seien Kelten aus dem Norden. Aber solch einer mit karierten Beinkleidern, hatte ich gedacht, kann unmöglich mein Vater sein, und mich auf Abstand gehalten. Lieber hatte ich die Keramikschalen be- staunt, die mit roten und schwarzen Figuren bemalt waren, bestickte Stoffe und Gewänder.

Der Onkel ging zuerst mit mir in den Tempel, um der Göttin Turan zu opfern. Er betete um einen günstigen Handelsabschluss, denn sie war nicht nur die Göttin der Liebe und der Schönheit, sondern auch die Göttin der Schifffahrt und des Handels. Ich liebte es, ihr schönes Bild zu betrachten, das sie mit einem geflochtenen Haarkranz, elegantem Gewand und einem Granatapfel in der geöffneten Hand dar- stellte. Auch konnte ich mich an den Votivfiguren aus Ton und Bronze nicht satt sehen. Der Onkel entlud unterdessen seinen Karren, begrüßte Be- kannte, tauschte Waren und Neuigkeiten aus. Ich lief zwischen Marktständen, Eseln und streunenden

Hunden ans Meer, tauchte die Füße in die Uferwellen, und staunte über die großen Schiffe, die im Hafen lagen. Wenn ich Hunger hatte, ging ich zum Onkel zurück, denn die Tante hatte uns Fladen und Linsenmus eingepackt. Dazu kauften wir eine frisch gebratene Dorade, die köstlich schmeckte. Bevor wir heimfuhren, erstanden wir Salz und eine Kleinigkeit für die daheim Gebliebenen, beteten wieder zur Göttin um Gesundheit für die Familie, und dankten ihr für den abgeschlossenen Handel.

Einmal hatte ein Handelspartner meines Onkels mir ein Bronzeschweinchen geschenkt, und gesagt:

„Opfere es der Göttin, es wird dir Wohlstand bringen."

So etwas Hübsches hatte ich noch nie in Händen gehalten, und ich hatte es nicht fertiggebracht, es gleich wieder fortzugeben. Ich schaute es von allen Seiten an, fühlte es in meiner Hand, strich mit dem Finger über die glatte Oberfläche, und zeigte es daheim meiner Großmutter. Erst im folgenden Jahr stellte ich das Schweinchen schweren Herzens und doch stolz auf mein Opfer auf den Altar.

In Erinnerungen versunken merkte ich erst nach einer Weile, dass Goia sich immer schwerer auf mich stützte und Mühe hatte weiterzulaufen.

Ich sagte zu den Männern:

„Wir müssen Rast machen, meine Großmutter ist erschöpft."

Die Wächter schauten sich fragend an, und Inigo sagte:

„Na gut, machen wir eine Pause, das Schiff fährt erst am frühen Morgen."

Goia ließ sich am Wegrand nieder, und auch die Männer setzten sich ins Gras. Hier war die Landschaft noch hügelig, bevor sie zur Küstenebene abfiel; man sah bis aufs Meer hinaus. Der Mond war aufgegangen und spiegelte sich auf dem Wasser, ein Nachtvogel flötete, es lag ein Frieden ohne Ende über der Nacht. Sogar die Wächter wirkten weniger bedrohlich. Sie gaben uns eine Handvoll getrockneter Feigen.

Ich fragte schließlich:

„Warum werden wir fortgeschickt? Und wohin?"

Inigo entgegnete kauend:

„Der Vater Fultum hat es so bestimmt, er wird schon seinen Grund haben, verstanden?"

„Aber wir gehören doch zu Avile", sagte Goia kleinlaut, die immer wieder daran denken musste, dass sie ihm sein Nachtmahl nicht hatte bringen können, dass sein Gewand auszubessern war, und dass die Hühner schutzlos herumliefen.

„Das ist nicht meine Sache", sagte der Wächter kurz angebunden.

Goia rollte sich auf die Seite und schlief augenblicklich ein, und auch ich nickte ein, bis der

Wächter mich an der Schulter rüttelte. Ich schaute in den Sternenhimmel, und flehte die Göttin Uni an, uns beizustehen. Helle Gräser mit durchscheinenden Spelzen und weiße Margeriten schimmerten am Wegesrand im Mondlicht. Bald würden wir den sumpfigen Küstenstreifen erreichen und im Morgengrauen den Hafen, wo der Tempel der Göttin Turan stand. Ich dachte an das Bronzeschweinchen und war traurig, so gar nichts aus der Heimat mitnehmen zu können, außer der Kleidung, die ich auf dem Leibe trug, der bronzenen Fibel, die Tagon mir geschenkt hatte, und der verräterischen Halskette, die uns aus dem Haus gelockt hatte.

In diesem Augenblick hörten wir den Hufschlag eines galoppierenden Pferdes, das uns schnell einholte, und so abrupt zum Stehen gebracht wurde, dass der Staub aufwirbelte. Es war Tagon, dem die Wut im Gesicht geschrieben stand. Er sprang vom Pferd, warf Inigo die Zügel zu, und sagte barsch:

„Ich muss mit Manto sprechen."

Die Wachmänner zögerten und schauten sich an, denn Vater Fultum hatte ihnen eingeschärft, die Frauen mit niemandem sprechen zu lassen, aber schließlich war es der Sohn der Familie. Sie zuckten mit den Schultern und traten zur Seite.

Tagon fasste mich am Arm:

„Deine Freundin Neirinna hat nach dir gesucht und das Haus leer vorgefunden. Sie hat euch Kleidung und Schlafmatten zusammengepackt."

Er zeigte auf sein Pferd.

„Das Schiff fährt bis Populonia; such dort eine Möglichkeit nach Velathri zu kommen, und frage nach dem Pferdezüchter Arnth Vivio, er kann dir weiterhelfen. Aber hüte dich vor den Sklavenhändlern. Merk dir den Namen: „Arnth Vivio"!"

„Geliebter", flüsterte ich.

„Sag den Namen!"

„Arnth Vivio."

Er beugte sich zu mir: „

Wir werden uns wiedersehen, das schwöre ich."

Inigo drängte zum Weitergehen, das Schiff würde nicht auf uns warten. Tagon schwang sich auf sein Pferd, gab mir das Kleiderbündel herunter, und rief befehlend zu den Wächtern, bevor er davon preschte:

„Seid freundlich zu den Frauen!"

Diese schauten sich verblüfft an: das war etwas anderes, als Vater Fultum ihnen gesagt hatte. Nun ja, vielleicht hatte er seine Meinung geändert, verstehe wer wolle die Launen der Mächtigen.

Im Hafen wurde das Handelsschiff mit Ballen von Wollstoff und Segeltuch beladen. Die Keramik, die es aus südlicheren Gegenden gebracht hatte, war schon verkauft. Männer schleppten Proviant auf das

Schiff. Inigo verhandelte mit dem jovialen Schiffskapitän. Natürlich war dieser gerne bereit uns mitzunehmen, wenn wir beim Kochen für die Mannschaft helfen wollten. Auch war Vater Fultum ein guter Kunde. Erst gestern hatte er Prunkschalen mit metallischem Glanz und einen großen Weinkrater mit schwarzem Firnis wegen der bevorstehenden Hochzeit gekauft. Attilius, der Kapitän, verbeugte sich immer wieder geflissentlich, rieb sich die Hände und machte einladende Gesten auf sein Schiff:

„Und sag Vater Fultum, dass ich auf der Rückfahrt die einzigartigsten Metallarbeiten mitbringen werde: Bronzestatuetten und Spiegel, kostbare Fibeln und hohe dreifüßige Leuchter, die den Glanz der Feier erhöhen, und die Gäste in Erstaunen versetzen werden. Es sind auch Geschenke für erlesene Gäste dabei. Die Hochzeit wird ihnen in bester Erinnerung bleiben, und man wird noch lange über die Großzügigkeit der Familie Fultum sprechen."

„Gut", sagte Inigo, „ich werde es ausrichten. Der Sohn hat befohlen, freundlich zu den beiden Frauen zu sein."

Attilius zwinkerte ihm zu und sagte:

„Die Junge ist ja auch besonders hübsch, kein Wunder!"

Plötzlich ging Inigo ein Licht auf: deshalb mussten die Frauen fort, weil Tagon das Mädchen zu gern gehabt hatte und nicht weil es Verbrecherinnen waren. Er schmunzelte, da hatte er eine feine Geschichte für seine Freunde. Zu Attilius sagte er mit einer Verbeugung:

„Bestimmt wird Vater Fultum die Hochzeit seines Sohnes mit der Tochter der angesehenen Familie Volna besonders glanzvoll feiern wollen."

Goia und ich suchten uns einen Platz an Deck zwischen den Stoffballen, und atmeten erst einmal auf. Wie gerne wäre ich in den Tempel gegangen, um vor dieser Reise ins Ungewisse zu Turan zu beten! Die Sonne war noch nicht aufgegangen, aber der Himmel wurde hell. Ich fragte mich, ob meine Mutter auch mit dem Schiff davon gesegelt war. Traurig schaute ich zu Goia, die zusammengesunken und wie abwesend dasaß, und streichelte ihre schwielige Hand. Sie sagte nachdenklich:

„Vega ist damals spurlos verschwunden, dich kann ich wenigstens noch eine Weile begleiten."

Da fielen wir uns weinend in die Arme, und konnten gar nicht mehr aufhören zu schluchzen.

Als das Schiff fertig beladen war, und aus dem Hafen herausgerudert wurde, standen wir an der Reling, um auf die heimatliche Küste zu schauen. Noch lange zeichnete sich der Tempel der Turan im ersten Sonnenlicht ab.

Dann schnürte ich das von Neirinna in Eile gepackte Bündel auf, und wir freuten uns über jedes Kleidungsstück, als sei es ein verloren geglaubter und wiedergefundener Freund. Goia stieß kleine Schreie aus, als sie ihre Spindel entdeckte, und mir kamen schon wieder die Tränen, weil in meinem Kleid eine Tonfigur der Göttin Uni eingewickelt war. Ich schloss sie fest in die Hand, drückte sie an meine Brust: der Schutz der Göttin, das war das Allerwichtigste. Würde sie mich auch an fremden Orten hören?

Neirinna hatte Fladenbrot, Käse und getrocknetes Fleisch eingepackt; wir merkten, wie hungrig wir waren. Während wir aßen, staunten wir über die Weite des glitzernden Meeres, die bläulichen Küsten, Berge und Inseln im Morgendunst.

Später halfen wir das Essen für die Mannschaft zu richten, der Kapitän schwänzelte breit lächelnd um mich herum. Als es wieder Nacht wurde, suchten wir unser Lager bei den Stoffballen auf. Das Schiff schaukelte uns auf und ab, und wir schauten in den Sternenhimmel. Der Wind frischte auf. Attilius strich in unserer Nähe herum, und sagte schließlich, während ich mich rasch aufsetzte:

„Drinnen bei mir ist es wärmer, mein Täubchen." Er beugte sich zu mir herunter, tätschelte mich vertraulich am Arm und gurrte:

„Ich habe schöne Trinkschalen aus Griechenland, vielleicht gefällt dir eine davon."

„Lass mich los", fuhr ich ihn an, und sprang auf.

Er wich gekränkt zurück: „Wer wird denn gleich…"

Sein Gesicht rötete sich. Aber er wollte sich die Geschäfte mit Familie Fultum nicht verderben lassen, schon gar nicht wegen so einer.

„Schon gut, schon gut", murmelte er, „ich dachte nur, ihr wolltet es wärmer haben", und ließ uns in Ruhe.

Einer der älteren Seeleute setzte sich zu uns und sagte: „Du bist doch Goia, oder?"

„Ja", sagte sie überrascht, „woher kennst du mich?"

„Ich bin der Sergio, weißt du nicht mehr, wie wir als Kinder zusammen gespielt haben?"

„Sergio!", rief sie überrascht, „wirklich?", und sie versuchte im Gesicht des alten Mannes den kleinen Jungen von damals zu erkennen.

„Du siehst noch aus wie früher" sagte er scherzhaft, „du hast dich überhaupt nicht verändert."

Goia kicherte.

„Und wer ist das?", fragte er.

„Das ist meine Enkelin Manto, von meiner Tochter Vega das Kind."

Wir begrüßten uns und er fragte, wohin wir wollten. Da erzählte Goia das ganze Elend, und bat ihn, auf der Rückfahrt einen Boten zu Avile und ihrem Sohn zu schicken, um ihnen zu berichten, was passiert war. Sie schluckte und verbarg ihr Gesicht in den Händen.

Dann fragte sie:

„Aber sag, wie bist du durchs Leben gekommen?"

„Ich bin ja schon als Junge mit meinem Vater aufs Meer gefahren."

Er erzählte von den Wechselfällen seines Lebens und sagte: „Seit fünf Jahren arbeite ich für Attilius, er ist kein schlechter Mensch."

Wie seltsam, dass es schön sein sollte, immer wieder an anderen Orten zu sein. Ich drückte meine Großmutter an mich, und flüsterte ihr ins Ohr:

„Du liebes Stückchen Heimat."

Sie schien mir plötzlich gealtert, aber vielleicht kam der Eindruck nur daher, weil ihre Hände, die sonst immer am Schaffen waren, in ihrem Schoß lagen. Hin und wieder schnupperte sie an den Stoffballen und fragte mich:

„Wer wird die Wolle verarbeiten, die ich mit Nussschalen gefärbt habe? Meinst du Avile wird uns zurückholen?"

„Nein", sagte ich, „du könntest vielleicht zurück, aber ich niemals."

Wie ein gebogener Wellenkamm durchschoss ein Delphin die Wasseroberfläche, ein glückliches Vorzeichen?

Nach einem weiteren Tag auf See näherte sich das Schiff der Küste, und steuerte den Hafen von Baratti an. Kaum war das Schiff vertäut, wurden die Waren ausgeladen und zum Tempelareal gebracht, wo die Händler schon warteten, während Fischersfrauen das Schiff umdrängten und lauthals Wolfsbarsche und Goldbrassen anpriesen. Sergio war zuständig für den Fischeinkauf und die Zubereitung einer Mahlzeit für die Besatzung. Während der Essensvorbereitungen lebte Goia auf und scherzte mit ihm. Sie schälte Berge von Zwiebeln und schnitt sie in Ringe. Ich sammelte Feuerholz zwischen den Dünenpflanzen und Büschen. Sergio zündete ein Feuer am Strand an, um die Fische in der Glut zu garen. Als die Waren ausgeladen waren, kamen die Seeleute, um sich ihr Essen zu holen. Schließlich erschien auch Attilius, und lobte den mit Rosmarin gefüllten Fisch. Er leckte sich die Finger ab und fragte uns:

„Wollt ihr nicht auf meinem Schiff bleiben um zu kochen? Ich sehe doch wie gerne ihr es macht, und ab und zu gäbe es ein schönes Geschenk?" Er blickte mich lüstern von der Seite an.

„Nein" sagte ich, und alle Freude war verflogen.

„Nein", sagte auch Goia, „wir müssen nach Norden."

Attilius schaute uns finster an und begab sich wieder zum Handelsplatz.

Sergio sagte: „Es ist besser, ihr macht euch auf den Weg nach Velathri, bevor er noch mehr Wein getrunken hat. Ich kenne einen der Händler, und frage ihn, ob euch mitnimmt. Vielleicht darfst du alte Frau sogar auf dem Karren sitzen", sagte er und gab Goia einen Klaps auf den Hintern.

Während wir uns Fisch und gebratene Zwiebeln in ein Fladenbrot wickelten – wie gut das schmeckte! – und den Platz aufräumten, ging Sergio zu seinem Freund Eliana, einem stämmigen Mann, der sogleich bereit war, uns nach Velathri mitzunehmen; seine Frau Iluna würde sich über die Hilfe im Haushalt freuen. Er hatte gute Geschäfte gemacht, Metallgefäße und Alabasterurnen verkauft und gegen Stoffe getauscht. Sein Karren, den zwei rote Ochsen zogen, war leichter als auf der Hinfahrt, so dass Goia aufsitzen konnte. Zuvor pflückte sie einen Strauß des dicht benadelten Rosmarins, zerrieb einige Blätter und atmete ihren Duft ein. Zwischen Lagunen und Sumpfgelände schlängelte sich die Erdstraße landeinwärts; an nassen Stellen war sie mit Bohlen befestigt. Dann stießen wir auf die Straße, die nach Norden führte. Fünf Tage lang würden wir unterwegs sein, hatte Eliana erklärt: zwei Tage Richtung Norden und drei Tage nach Osten; allmählich würde das Gelände bis zur Stadt Velathri oben auf der Bergkuppe an Höhe gewinnen.

Gemächlich zogen die Ochsen den Wagen durch die Eichenwälder. Larce, Elianas Sohn, blies den lieben langen Tag auf seiner Flöte oder sang Lieder. Den Ochsen schien es zu behagen, sie glichen ihren Gang dem Rhythmus an, und zogen willig ihre Last. Für mich war das Gehen wie Balsam. Der innere Aufruhr legte sich, und wie auf einem sich glättenden Wasserspiegel stiegen allmählich Bilder auf, während ich leichtfüßig durch den Wald schritt. Die Göttin hatte mich nicht verlassen.

Ich versank tiefer in die Traumwelt und sah einen Mann mit Stirnfalten wie Uferwellen und schwerem Blick. Dann wieder erlebte ich Tagons Gegenwart so stark, als hielte er mich umschlungen. Nur der Klang der Flöte hielt mich wie an einem luftigen Band aus Tönen in der Welt um mich herum.

Abends machten wir bei Bauernhöfen Rast, die Ochsen wurden abgeschirrt, wir Frauen kochten. Und am nächsten Morgen ging es jeweils bei Tagesanbruch weiter.

Der Weg landeinwärts folgte einem Flusslauf und stieg allmählich an. Erst am letzten Tag der Reise wurde er so steil, dass die Ochsen vor Schweiß glänzten, und Goia absteigen musste. Ich hakte sie unter und wunderte mich, wie oft sie stehen blieb, um zu verschnaufen. Der Wald lichtete sich und wir sahen die Stadt hoch oben liegen; bestimmt hatte man uns längst bemerkt. Als wir gegen Abend zum Stadttor kamen, liefen uns Elianas jüngere Kinder aufgeregt entgegen. Er hob sie hoch und sie kletterten auf die Stoffballen. So zogen wir zur Stadt hinein von Zurufen und Fragen nach Neuigkeiten bestürmt.

Iluna nahm uns freundlich auf. Natürlich wollte sie unsere Geschichte hören, und Goia erzählte alles von Anfang an. Wir galten unsere Reisekosten durch Mithilfe im Haushalt ab, und blieben auch danach in Elianas Familie. Wohin sollten wir auch gehen?

Sobald wie möglich, suchte ich Arnth Vivio, den Pferdehändler, auf, einen älteren Mann mit klugen Augen, der sich als Krieger Ehren erworben hatte. Von Tagon hatte er noch keine Nachricht erhalten. Er sagte mir, sowohl Etruskisches Kunsthandwerk, wie auch Etruskische Sitten und die Wahrsagekunst ständen bei den Kelten in hohem Ansehen, und versprach, mich am Ende des Sommers nach der Traubenlese nach Norden mitzunehmen.

Einmal auf dem Markt begegnete ich dem Sklavenhändler. Der Schreck fuhr mir in die Glieder: es war der Mann mit den Stirnwellen, den ich in meiner Vision erblickt hatte.

Wusste er etwas von meiner Mutter? Hatte er sie womöglich als Sklavin verkauft?

Ich fragte Iluna: „Was weißt du von dem Sklavenhändler?"

„Er ist ein angesehener Mann", sagte sie, „er zieht mit einer Schar Kinder und junger Leute von Markt zu Markt. Meistens sind es Kinder von Sklaven. Solange du bei uns bist, brauchst du nichts zu befürchten."

Ich machte mir Sorgen um Goia, die stiller wurde und den Appetit verlor. Nur wenn wir von daheim sprachen, glänzten ihre Augen. Deshalb fragte ich immer wieder:

„Weißt du noch…!", oder „Wie war das eigentlich?", oder „Erzähl doch mal…", während wir webten oder Borten stickten. Dann lächelte Goia und wir erinnerten uns.

Die Hitze flimmerte auf den Feldern, und nachts stand die Luft still. Goia saß mit leeren Augen da. Eines Morgens wollte sie nicht aufstehen. Ich lief mit Opfergaben zum Tempel, aber als ich zurückkam, fand ich Goia bewusstlos vor. Ich streichelte ihre abgearbeiteten Hände, ich streichelte ihr altes Gesicht, und beschwor sie, mich nicht alleine zu lassen. Ich legte mich zu ihr auf das Lager, und umschlang sie. Einmal noch kam sie zu Bewusstsein, schaute mich mit leuchtenden Augen an und sagte:

„Manto, du wirst deine Mutter bald finden. Ich gehe heim. Ich sehe die geflügelte Göttin, sie reicht mir die Hand." Sie blinzelte, schloss die Augen, die Atemzüge wurden flacher, und erloschen in einem hauchfeinen Seufzer.

Die Trauerfeierlichkeiten fielen bescheiden aus, nur Iluna und ich stimmten Klagegesänge an. Nach der Leichenverbrennung füllten wir die Asche in einen Tonkrug, den wir mit Goias Gewand umhüllten. Eliana versprach, ihn bei der nächsten Handelsreise nach Süden ihrem Sohn zu übergeben.

Seitdem Goia gestorben war wuchs meine innere Unruhe. Ich webte mir einen warmen Umhang für die bevorstehende Reise mit dem Pferdehändler Arnth. Öfters half ich den Frauen seines Hauses, Satteltaschen und Proviantsäcke auszubessern.

Als die größte Hitze des Sommers gebrochen war, kamen zwei junge Männer in Tagons Auftrag. Dieser ließ Arnth bitten, die Pferde, die sie mitgebracht hatten, für ihn zu verkaufen, da er selbst verhindert sei. Laris und Tarxi schwärmten von der opulenten Hochzeit, und sagten, Tagons Vater sei versöhnt; Tagon könne sich voll und ganz der Pferdezucht und den Wettrennen hingeben.

Eine kleine braune Stute mit Bürstenmähne war ein Geschenk für mich. Ich drückte meine Stirn an den Hals der Stute, die den Kopf bog, um mich zu beschnuppern. Also dachte er noch an mich! Der Schmerz brannte in meiner Kehle. Als ich wieder sprechen konnte, fragte ich die beiden nach der Heimatstadt und allen Menschen, die ich kannte. Avile lebte noch, und Neirinna hatte Diges geheiratet. Meinem Onkel und seiner Familie ging es gut. Aus meinen Schätzen nahm ich einen Granatapfel aus Alabaster, und bat Tarxi, ihn Neirinna zu geben als Dank für ihre Hilfe und als Glückwunsch für ein fruchtbares Leben; für meinen Onkel und Avile wählte ich je ein Alabasterei als Zeichen des ewigen Lebens.

Bald würden wir mit den Pferden aufbrechen, und Laris wollte mit uns ziehen.

Ich bekam eine Gänsehaut, als ich den Sklaven-händler Aule Vel und seinen Gesellen auf dem Markt sah. Die Kinder, die zum Kauf angeboten wurden, drängten sich aneinander. Es gab genügend wohlhabende Familien, die die Kinder ihrer Sklaven verkauften, um sich eine Amphore kostbaren, südli-chen Weins oder bemaltes Tafelgeschirr zu leisten. Auch mit den Kindern besiegter Feinde wurde gehandelt: da standen sie mit hellen Haaren und fremder Tracht, und schauten zu Boden. Sie muss-ten aus dem Norden stammen. Ein hochgewachse-nes Mädchen in meinem Alter mit blonden Zöpfen tröstete einen kleinen Jungen. Als sie sich beobachtet fühlte, hob sie den Kopf; wir schauten uns scheu an. Plötzlich mussten wir lächeln, und schnell hob das Mädchen ihre Hand vor den Mund.

Der Sklavenhändler musterte mich von Kopf bis Fuß. Ich nahm meinen Mut zusammen, um ihn anzusprechen:

„Ich bin aus Tarchna und wollte dich fragen, ob du etwas von meiner Mutter Vega weißt. Sie ist vor vierzehn Sommern verschwunden, und wir haben nie mehr etwas von ihr gehört. Ich war damals erst ein halbes Jahr alt."

Er packte mich am Arm und drängte mich ein Stück abseits der Menge.

„Wie heißt du?", fragte er heftig.

Ich zischte: „Lass mich los!"

Er beugte sich vor: „Sag mir erst deinen Namen."

„Ich heiße Manto."

Da ließ er mich kopfschüttelnd stehen, und verschwand in der Menge. Ich rieb meinen Arm: Was wusste er über meine Mutter? Wie sollte ich sie jemals finden? Goia hatte mir gesagt, ich sähe ihr ähnlich, nur habe Vega dunklere Haare und eine kräftigere Figur gehabt.

Einige Tage später fehlte das blonde Mädchen.

Zum Sommerende, als das Getreide geerntet und die Feldarbeit getan war, gab es ein großes Dankesfest zu Ehren der Fruchtbarkeitsgöttin der Stadt.

Die zusammengedrängten Menschen wurden still, als die Aulos-Spieler die Opferriten ankündigten: eine Jungfrau sollte geopfert werden. Ich wollte fliehen, aber in der Menge eingekeilt konnte ich weder einen Schritt vor noch zurück machen. Der Schweiß lief mir den Rücken hinunter. Ich erkannte das blonde Mädchen, mit dem ich ein Lächeln getauscht hatte. Es trug einen Ährenkranz auf dem lichten Haar. Die Menge raunte. Das Mädchen hob ihren Blick, und schaute mich erstaunt an. Wir hätten Freundinnen sein können. War es ein Trost, dass jemand um sie weinte? Sie lächelte selig, und die

Menschen sangen lauter. Je freudiger das Opfer, desto gnädiger die Göttin. Man hatte ihr eine Droge verabreicht, die ihr den Schrecken nahm.

Ich hörte ein anschwellendes Brausen, ekstatische Gesänge, einen Schrei und nicht enden-wollende Lobpreisungen.

Nach dem Opferfest wurde mir die Stadt unerträglich, ich fieberte dem Aufbruch entgegen - nur weg von hier.

Dann stand plötzlich der Sklavenhändler vor mir und sagte:

„Ich weiß wo deine Mutter ist, morgen früh, bevor ich weiterziehe, bringe ich dich zu ihr."

Ich starrte ihn an: meine Mutter sehen? Wirklich? Oder wollte er mich verschleppen?

Am nächsten Morgen dämmerte es kaum, als jemand an der Tür klopfte. Ich sprang von meinem Lager auf. Es war Aule Vel mit seiner traurigen Schar. Als Aufforderung mitzukommen hob er grimmig das Kinn. Ich schloss mich wortlos den mit Stricken gebundenen Kindern an, und wir gingen durch die noch schlafende Stadt. Ich erkannte den kleinen Jungen, den das Mädchen getröstet hatte. Er trug ein Kätzchen auf dem Arm, das sich bei ihm ankuschelte.

Nach dem tagelangen Fest lagen Männer in ihrem Rausch am Wegrand. Streunende Hunde umkreisten und beschnupperten sie. Es roch nach Erbrochenem. Einer der Jungen ahmte das Schnarchen nach, und die Kinder brachen in Lachen aus. Andere hielten sich die Nase zu, während der Trupp zum Stadtrand zog, wo die Hütten armseliger wurden. Meine Angst wuchs, mein Herz flatterte. Da fasste Aule Vel mich am Arm, und zog mich zu einer schäbigen Hütte. Er öffnete die Tür, schob mich hinein und warf eine Münze auf den Boden. Fort war er. Ein widerlicher Geruch verschlug mir den Atem, während ich versuchte im Halbdunkel etwas zu erkennen. Ich hörte, wie sich das Schnarchen und Lachen der Kinder entfernte.

Mit der Hand vor Mund und Nase beugte ich mich zu dem Lager hinunter, auf dem eine Frau mit aufgerissenen Augen lag. Ich kniete zu der abgemagerten Gestalt hin, berührte scheu ihre Hand und fragte:

„Wer bist du? Ich suche meine Mutter Vega."

Die Frau öffnete den Mund, entzog mir abrupt die Hand und drehte den Kopf weg. Hilflos stammelte ich:

„Bist du krank? Soll ich dir etwas zu trinken holen? Ich bin Manto, ich musste mit Goia aus Tarchna fort, und nun ist sie gestorben, und ich gehe alleine nach Norden."

Ich verbarg den Kopf in den Händen. Da spürte ich die federleichte Berührung einer knochigen Hand an meinem Knie:

„Manto", flüsterte die Frau, „Manto, mein Kind."

In mir kroch das Entsetzen hoch, so hatte ich mir das Wiedersehen mit meiner Mutter nicht vorgestellt. Mir blieb die Luft weg, gebeutelt von Abscheu, Enttäuschung und Mitleid.

„Mutter", presste ich schließlich hervor, „Warum bist du so elend?"

Leise antwortete Vega:

„Ich bin schon lange krank … ein böses Fieber … die Strafe der Göttin."

Sie betrachtete mich mit verschwommenen Augen:

„Dass ich dich noch einmal sehe … wie schön du bist."

Wir schwiegen eine Weile, dann fragte ich:

„Mutter, wer ist mein Vater?"

Vega schloss die Augen, ihre Hand krampfte sich zusammen und ihr Mund wurde noch schmaler.

„Wer ist es, ich muss es wissen!"

Da blickte mich Vega an und hauchte:

„Du kennst ihn, er hat dich hierher gebracht."

Es war mir, als stürze ich in einen Abgrund.

Plötzlich löste sich meine Erstarrung, ich sprang auf und schrie:

„Wär ich dir nie begegnet! Eine unwürdige Mutter und ein grausamer Vater!"

Ich stürzte zur Tür hinaus, und rannte, als wären böse Geister hinter mir her.

Iluna war gerade aufgestanden, als ich angestürzt kam.,,Was ist los?", wollte sie wissen. Ich konnte kein Wort herausbringen, war nur Zähneklappern. Iluna fragte:

„Ein Mann?"

Es schüttelte mich.

4 Die Zeichen stehen auf Sturm

„… eines Tages wird das Mädchen da sein und die Frau, deren Namen nicht mehr nur einen Gegensatz zum Männlichen bedeuten wird, sondern etwas für sich…"
R.M. *Rilke*

Ungeduldig wartete ich auf die Abreise, obwohl Iluna sagte:

„Bleib bei uns, du gehörst zur Familie; was willst du alleine in der Fremde?"

Aber ich dachte mit Schrecken an meine zum Skelett abgemagerte Mutter, und an den Mann, den ich nicht einmal in Gedanken Vater nennen konnte. Ich musste fort von hier, bevor jemand erfuhr, wer meine Eltern waren. Auch das Tanzen drängte mich. Den ganzen Sommer war ich mit Hausarbeiten beschäftigt gewesen, und ich fühlte mich wie eine watschelnde Ente an Land, die weder schwimmen, tauchen, noch fliegen durfte.

Für den Aufbruch wurde auf ein günstiges Zeichen gewartet, aber die Zeichen blieben zweideutig. Arnth ließ ein Schaf schlachten und die Leber von einem Haruspiz untersuchen. Dieser sagte:

„Ihr werdet eine weite Strecke zurücklegen, und du wirst ohne Verluste wieder heimkommen."

Als wir uns auf den Weg nach Norden machten, der Händler, sein ältester Sohn und Laris war es tagsüber noch warm. Nachts kühlte es ab, so dass wir unser Nachtlager in Siedlungen oder Höfen auf dem Weg suchten. Jeder der Männer führte eine Handvoll Pferde, während ich frei einherschritt gefolgt von meiner braunen Stute Ora. Wir zogen durch die hügelige Landschaft, dann steil bergauf und bergab durch einsame Gebirgswälder, und schließlich über eine endlose Ebene. Die Männer waren schweigsam und achteten auf den Weg, das Wetter, die Geräusche und die Stimmung der Pferde. Wurden sie nervös, war Arnth umso aufmerksamer, denn dieser Handelszug war ein gewagtes Unterfangen. Zwar gab es eine Absprache vom Vorjahr mit dem Fürsten eines Keltischen Stammes, aber innerhalb eines Jahres konnte sich vieles ändern. Wir hörten von Unruhen und Kämpfen im Norden, und der Bote, der uns entgegen kommen sollte, ließ sich nicht blicken. Während die Männer von Tag zu Tag besorgter wurden, fiel die Last der vergangenen Monate von meinen Schultern. Ich tänzelte und versank in Träumereien, die durchwebt waren vom Vogelgezwitscher ringsum. Nachts schmiegte ich mich an Ora. Die jungen Männer warfen mir sehnsüchtige Blicke zu, und der alte Händler schmunzelte.

Wir durchquerten schon seit Tagen die unbesiedelte Ebene, als sich am Horizont Berge abzeichneten. Dort am Fuß des Gebirges war der Handelsplatz. Ich versuchte die Träume abzuschütteln, die mich in ihren Bann zogen. Am liebsten wäre ich immer weiter mit den Pferdehändlern gezogen.

Am vorletzten Tag unserer Reise beobachteten wir einen Bussard, der am Himmel kreiste: zwei Krähen holten ihn ein und griffen ihn mit Schnabelhieben und Krallen, mal von der Seite, mal im Sturzflug an. Der Bussard taumelte, versuchte sie abzuschütteln, und entkam ihnen schließlich mit kräftigen Flügelschlägen, indem er seine Flugrichtung änderte.

In der Nacht lagerten wir unter einer Baumgruppe, da es weit und breit kein Gehöft gab, und erwarteten nichts Gutes. Ich wachte auf, weil Ora unruhig schnaubte. Die Männer spähten in die mondhelle Nacht, die Schwerter hielten sie bereit. Plötzlich ertönte ein schauriges Geheul. Eine Handvoll Angreifer stürzte sich mit Schwertern und Äxten auf uns. Arnth und sein Sohn kämpften erbittert, als sie aber erkannten, dass wir unterlegen waren, schrien sie:

„Flieht!"

Sie sprangen auf ihre Pferde und jagten davon. Laris hatte sich vor mich gestellt und rief:

„Sie ist eine Frau, sie hat keine Waffen."

Er wehrte die Hiebe ab, bis er am Arm verletzt und gefangen genommen wurde.

Die fremden Männer starrten mich an; ich stand vom silbrigen Mondlicht umflossen neben Ora, die die Angreifer zähnebleckend auf Abstand hielt. Vielleicht hielten sie mich für eine Erscheinung der Göttin der Reiter und der Pferde, Epona, welcher sie huldigten. Es war gefährlich, die Götter und ihre Begleiter zu reizen. Erhitzt beratschlagten sie, was zu tun sei; dann trieben sie die Pferde zusammen, die mit ihren Fußfesseln nicht weit gekommen waren.

Laris blutete am Arm; ich holte aus der Satteltasche ein blutstillendes Kraut und Leinenstoff, um die Wunde zu verbinden. Dann rief ich in einem plötzlichen Impuls die Göttin mit ausgestreckten Armen an; flehte um Hilfe, begann mich zu drehen, kreiste schneller und schneller, bis mein Gewand um mich wogte. Der Wind, der böig auffrischte, jagte Wolkenfetzen über den Nachthimmel. Die Männer duckten sich, als ich mit schrillem Aufschrei zu Boden stürzte. Benommen vernahm ich die Botschaft der Göttin: mit den Männern nach Norden zu ziehen.

Zwei Männer waren auf die Knie gefallen und beteten aus Angst vor der Rache der Göttin, die durch mich wirkte. Die anderen redeten aufgeregt in ihrer Sprache. Plötzlich rannten sie zu den erbeuteten Pferden, banden die Fußfesseln los und jagten sie mit Geschrei in die Richtung zurück, aus der wir gekommen waren. Die Pferde bäumten sich auf, wieherten, und verschwanden in der Nacht.

Ich stieg auf mein Pferd, neben mir stand Laris. Wir wurden von den Männern in die Mitte genommen, und zogen schweigend bis zum Morgengrauen,

Richtung Norden. In der Ferne grollte der Donner, und die Verwundeten stöhnten. Sie wollten fort vom Kampfplatz, sie fürchteten sich.

Als wir in der Morgendämmerung Rast machten, konnte ich die Männer mit ihren vor Kalk starrenden, zurückgekämmten Haarsträhnen und Schnurrbärten deutlicher erkennen. Die Verletzungen wurden in Augenschein genommen, während sie gestikulierten und ärgerlich durcheinanderredeten. Ich bemerkte, wie sie auf Laris Kopf mit den dunklen Locken schielten. Ein Mann mit grauen Haaren, namens Erk, der Etruskisch konnte, fragte uns nach unseren Namen.

„Ich heiße Manto, und das ist Laris. Was geschieht mit uns?"

Er sagte: „Die Männer sind wütend, weil wir die Pferde zurückgejagt haben, es waren schöne Pferde."

„Und was wird aus mir und Laris?", fragte ich nochmals.

„Das ist Sache des Stammesführers", sagte er schulterzuckend. „Wenn alle Trupps, die auf Beutezug aus sind, wieder beisammen sind, wird der Stamm vor Wintereinbruch das hohe Gebirge überqueren."

Um uns vor der Sklaverei im fremden Stamm zu schützen, ließ ich Laris abends meine schwarze Keramikschale mit Wasser füllen. Ich zelebrierte die

Göttin mit einem Trankopfer, indem ich Wasser auf den Boden sprengte. Dann tanzte ich, wiegte mich, und steigerte den Tanz bis zur Ekstase, während Laris in schnellem Takt zwei Holunderhölzer aneinander schlug. Es tröstete mich, die Göttin Uni anzurufen, und es entging mir nicht, dass die Männer vor lauter Gaffen aufhörten zu streiten. Ich achtete darauf, mich stolz und aufrecht zu bewegen, und wurde wacher.

Wegen der Verwundeten kamen wir nur langsam voran, zumal ein Mann, namens Otis, von den anderen getragen werden musste. Ich half, so gut ich konnte, bei der Versorgung der Wunden, nachdem ich den Abscheu vor dem Geruch nach Schweiß und Dreck überwunden hatte. Die Männer schauten weniger grimmig und gaben mir Ziegenkäse und getrocknete Früchte, die ich mit Laris teilte. Von den Brombeeren, die am Wegrand im stacheligen Gestrüpp hingen, wagten wir nicht zu naschen; schwarze Beeren waren den Mächten der Unterwelt heilig. Die Stimmung der Gruppe hellte sich allmählich auf; Vielleicht brachten sie doch eine wertvolle Beute mit: eine hübsche, junge Götterbotin?

„Morgen erreichen wir die Stammesgenossen", sagte Erk nach Tagen mühsamer Wanderschaft, „dann können wir ausruhen und feiern."

Am Nachmittag hatten Späher uns entdeckt und dem Stamm unsere Ankunft gemeldet, lange bevor wir die Rauchschwaden der Holzfeuer erblickten, deren Geruch uns der Wind zutrug.

Die Stammesgenossen hatten die Zelte bereits abgebaut, und die erbeuteten Mehl- und Linsensäcke auf Esel geladen.

„Zieht gleich weiter", sagte Glen zu unserer Gruppe, „es fehlt nur noch Brix mit seinem Trupp, alle anderen sind schon mit den erbeuteten Rindern, Schafen, Ziegen und Schweinen auf dem Weg in die Berge. Große Beute haben sie gemacht!"

Er lachte über das ganze Gesicht und schlug sich auf die Schenkel, dann fuhr er fort: „Bewaffnete Leute sind von den beraubten Höfen unterwegs, um sich zu rächen. Deshalb", sagte er und klopfte Erk auf die Schulter, „müsst ihr euch bis zum fetten, knusprigen Schweinebraten noch gedulden."

„Wir haben Verwundete", erwiderte Erk erschöpft, „den Otis müssen wir tragen."

„Zwei ausgeruhte Kämpfer sollen euch helfen", sagte Glen, und blickte uns spöttisch an: „Was habt ihr denn? Keine Beute! Nur ein Etruskisches Pärchen und ein Pferd mit bunten Bändern in der Mähne! Beeilt euch, oben in den Bergen werden sie euch nicht weiter verfolgen."

Im Durcheinander des Aufbruchs standen Laris und ich am Rande des zerstampften Platzes. Er sagte: „Manto, fliehe auf deinem Pferd, die Etrusker sind nicht weit."

Nach Hause durfte ich nicht, und ich wollte Laris nicht zurücklassen, es wäre sein Tod gewesen.

„Nein, Laris" sagte ich, „du bist mir lieb wie ein Bruder, es wird sich ein besserer Weg finden."

Erk, der uns zwischen muhendem, blökendem und grunzendem Vieh und Warenballen gesucht hatte, drückte uns ein Stück Fladenbrot und harten Ziegenkäse in die Hand:

„Los, es geht weiter!"

Die Verwundeten bissen die Zähne vor Schmerz zusammen. Ohne Rast schleppten sie sich bis zur einbrechenden Dunkelheit weiter. Wir erreichten ein Seeufer, an dem wir das verlassene Lager des vorangegangenen Trupps vorfanden. Ich sank auf die federnden Fichtenzweige und sog den harzigen Duft tief ein; zum Tanzen war ich viel zu müde. Lange konnte ich nicht einschlafen, bis die mütterliche Liebe der Göttin mich durchströmte und mit Trost erfüllte.

Auf dem Weg in die Berge regnete es. Abends setzten wir uns durchnässt ans Feuer und die Wollsachen und Fellmäntel dampften. Einmal fanden wir Unterschlupf in Fischerhütten, deren Bewohner mit ihren Ziegen und Habseligkeiten in die Berge geflohen waren; wir waren froh ein Dach über dem Kopf zu haben. Die Männer wollten es sich mit den Fischern nicht verderben, denn diesen Weg von Norden nach Süden würden sie noch öfters gehen –sei es um Handel zu treiben, sei es auf Beute- oder Kriegszug. Um ihre friedlichen Absichten zu zeigen, ließen sie am Morgen ein Säckchen Salz auf dem Tisch zurück. Auch nachdem wir das Seeufer verlassen hatten und dem Tal bergauf folgten, gab es nur spärliche Siedlungen am Weg. Geschenke waren in dieser kargen Gegend gerne gesehen: ein Stück Speck, Mehl und Hülsenfrüchte.

Das Tal machte einen Knick nach Osten. Die Berge rückten mit ihren zerklüfteten Felsengipfeln näher zusammen. Beim doppelten Wasserfall legten wir eine Rast ein, und ich betete zur Göttin Uni, aus deren Brüsten die schäumenden Wasserstrahlen über die Felsen spritzten. Verzückt hob ich die Hände zu den springenden, tosenden Wasserfluten und vergaß alles um mich herum.

In einem Dorf tauschten wir ein Messer gegen einige Säcke Esskastanien und Kräuterbüschel ein; widerwillig ließ Ora sich zwei Säcke aufladen, während ich ihren Kopf hielt und beruhigend auf sie einsprach. Wir bekamen nur alte Männer und Frauen zu sehen; die jüngeren hielten sich mit Kindern, Tieren und Wintervorräten in Höhlen versteckt, denn wirklich trauen konnte man den durchziehenden Stammesgruppen und Händlern nicht: mal waren sie friedlich gesinnt, mal ausgehungert, mal gewalttätig.

Ich strich mit der Hand über die Rinde eines alten Kastanienbaumes; es mussten gute Geister darin wohnen, die Nahrung für den Winter schenkten. Die gezackten Blätter wurden schon braun, und auf dem Boden lag ein Teppich aus stacheligen Hülsen.

Zwei Stammesgruppen hatten den kürzeren Weg nach Norden über den Pass genommen. Eine anderer Trupp zog wie auch wir zuerst weiter östlich zu den großen Seen, um dort auf der Halbinsel, die im Angriffsfall gut zu verteidigen war, eine längere Rast einzulegen. Die Verletzten brauchten Erholung und auch die Tiere, die unterwegs kaum Zeit zum Grasen gehabt hatten. Dort wollten wir auf den Anführer Brix und seine Leute warten.

Der Anstieg zum See war steil. Die Männer, die Otis trugen, waren schweißnass, sie mussten Acht geben, nicht auf den Steinen wegzurutschen. Sie setzten Otis am Wegrand ab, um zu verschnaufen. Otis hörte plötzlich auf zu stöhnen, und blieb wie tot liegen. Erk rüttelte ihn an der Schulter und schlug ihm ins Gesicht, aber Otis blinzelte kaum. Da schüttete Erk aus einem kleinen Lederbeutel ein Pulver in einen Holzbecher mit Wasser und flößte Otis das Getränk ein. Ich beugte mich zu ihm nieder, sah wie sich sein Brustkorb wieder hob und senkte, und er nach einer Weile die Augen halb öffnete und lächelte. Dies Lächeln kannte ich – es beunruhigte mich - war es nicht dem des Mädchens ähnlich, das geopfert wurde?

Ich fragte Erk: „Was hast du ihm gegeben?"

„Du wirst schon sehen," sagte er.

Ende Oktober gab es noch üppiges Gras auf der Halbinsel und dem Schwemmland am Ende des Sees. Die Hirten aus den Dörfern, die den Sommer hier oben verbrachten, hatten ihre Tiere längst zu den Siedlungen im Tal hinunter getrieben, denn der Wintereinbruch stand bevor.

Auf der Halbinsel wurden wir von den Stammesgenossen empfangen, die uns halfen, eine Unterkunft aus Stämmen, Zweigen und Filzplanen zu bauen. Ich fühlte mich unter ihren abschätzigen Blicken unbehaglich. Laris half mir, die Säcke von Oras verschwitztem Rücken abzuladen. Sie schnaubte und ihre Muskeln vibrierten, als ich sie mit einem Büschel Gras trocken rubbelte. Da sagte Laris zu mir, ohne mich anzuschauen:

„Das Zelt, das mitten auf der Lichtung aufgebaut ist, ist für den Anführer Brix, haben einige Männer gesagt."

Ich fragte zurück: „Und?"

Er sagte: „In der Nacht wird er dich holen. Vergiss Tagon, es geht um dein Leben."

Ich brachte kein Wort heraus. War das der Schutz der Göttin? Die Angst kroch wie eine Krake in jeden Winkel meiner Seele.

Düfte von Schweinebraten und gerösteten Kastanien zogen durch das Lager. Meine Beine waren zittrig. Als ich den Kopf hob, wurde es schon dunkel.

Mitten in der Nacht schreckte ich durch Stimmen auf. Erk berührte meine Schulter und sagte: „Komm."

Ich wickelte meine Decke fest um mich, und er führte mich in die mondhelle Nacht hinaus. Vor dem Zelt auf der Lichtung stand ein Mann in Lederkleidung, mit gebeugten Schultern. Ein erschöpfter Hund, ihm zu Füßen, leckte seine wunden Pfoten.

Ich richtete mich auf, als er mich musterte.

Er machte eine vage Handbewegung, trat in das Zelt, dessen Boden mit Schaffellen bedeckt war, und ließ sich nieder. Als ich ihm auf dem weichen Fell gegenüber saß, sah ich sein verzerrtes Gesicht. Erk trat ins Zelt, und reichte Brix einen Becher, den dieser fast leer trank; dann gab er ihn mir. Ich zuckte zurück und war neugierig zugleich, schnupperte an dem Getränk.

„Es wird dich heiter machen", sagte Erk.

Ich trank in kleinen Schlückchen, und wohlige Wärme durchströmte meinen Körper von Kopf bis Fuß. Ich fühlte mich geborgen und geschützt wie in den Augenblicken, in denen die Göttin mich erfüllte. Alles war gut. Ich lächelte, und als Brix mir befahl mein Gewand abzulegen, entkleidete ich mich traumwandlerisch. Nackt kniete ich vor ihm, und sah die Lust in seinen traurigen Augen aufglimmen, sah, wie sich sein Glied aufrichtete. Ich schauderte wohlig und lachte auf, als er nach meinen Brüsten griff, und über die Brustwarzen strich. Stieß ich den Schrei aus? Waren es meine Brüste? Meine Schenkel, die sich öffneten? Ich wurde weit und weiter, grenzenlos. Es tat wohl, dass seine kräftigen Hände mich festhielten und ich wimmerte vor Lust, als er in mich drang, zum Mittelpunkt wurde, um den ich in wiederkehrenden Wellen kreiste. Ich hörte sein hartes Stöhnen. Es war als stünde ich wieder im Perlmutt farbenem Glanz, im wunderbaren Wasserfall, dessen Tropfen sprühten und meinen Hals hinunterliefen. Ich tastete nach Brix Gesicht, es war tränennass.

Als ich erwachte, fühlte ich mich wie verholzt, es kostete Mühe, auch nur die Augenlieder zu heben, Glieder und Gelenke waren bleischwer. Ich hatte Durst, und hätte nur den Arm nach dem Wasserkrug ausstrecken müssen. Der Durst war quälend, der Mund verdorrt. Laris rief meinen Namen, und setzte mich auf, dann hielt er mir eine Schale mit Wasser an den Mund - trinken. Ich bewegte die Fingerspitzen. Laris füllte die Schale wieder, und ich trank sie gierig leer. Jetzt kam die Erinnerung zurück: war es wirklich geschehen? Oder hatte ich geträumt? Ich saß bekleidet auf meinem Lager in der zugigen Hütte. Ich schaute Laris fragend an. Draußen schien die Sonne, ein Lärchenzweig wippte im Wind.

„Es ist Nachmittag", sagte er, „du hast lange geschlafen."

Lippen und Zunge wollten mir nicht gehorchen.

Da betrat Erk den Raum und sagte:

„So, du bist wach?", und mit drohendem Ton zu Laris: „Bleib nicht alleine bei ihr."

Dann füllte er die Wasserschale. Er half mir auf, und ich ging, steif, wie eine alte Frau, vor die Hütte, stützte mich an einem Lärchenstamm und ließ die kühle Bergluft in die Lungen strömen. Das Wasser des Sees war türkisfarben, auf dem Schwemmland weideten Tiere im fahlen Gras, ein Berggipfel war schneebedeckt. Das Leben war noch rätselhafter geworden als zuvor.

Brix war mit einer Handvoll Männer auf die Jagd gegangen, um sich von den Schrecken des Kampfes zu erholen. Die Tage vergingen mit Feuerholz Sammeln, Kochen, Essen, und Ausruhen. Wie erschrak ich, als ich sah, wie ein Mann, namens Torin, den erbeuteten Kopf eines Etruskers sorgsam mit Harzen und duftenden Ölen einbalsamierte; er störte sich weder am Verwesungsgeruch, noch an den schillernden Fliegen. Er hielt den Kopf zärtlich im Arm und strich mit den Fingern durch die dunklen Locken. Andere Männer blieben bewundernd stehen, aber einer meinte prahlerisch: „Zu Hause hab ich den Kopf eines angesehenen Kriegers mit wertvollem Bronzeschmuck, deiner hat noch nicht einmal einen Bart."

Torin erwiderte: „Du bist nur neidisch, weil deiner eine Glatze hat!"

Dem vorbeigehenden Laris hielt er den Kopf entgegen und sagte:"Schau mal, so einer wie du!" worauf die Männer dröhnend lachten.

Dann sagte er aufmunternd zu Otis: „Komm schnell wieder auf die Beine, dann holst du dir auch so ein nettes Spielzeug."

Am Feuer gab es Knochen abzunagen, und die Männer redeten immer wieder über die Ereignisse der letzten Tage, so dass auch Laris und ich allmählich verstanden, was vorgefallen war: Brix und seine Verwandten waren mit den Etruskischen Verfolgern zusammengestoßen, und es war zum Kampf gekommen. Nicht nur Brix einziger Sohn Kai war getötet worden, sondern auch sein Onkel und seine Vettern. Alle bis auf ihn wurden getötet oder gefangen genommen. Das schrie nach Rache, und Laris Kopf trafen begierige Blicke. Die Etrusker waren an dem großen Lagerplatz wieder umgekehrt, als sie sahen, dass die Kelten mit der Beute längst über alle Berge waren.

Im Vorbeigehen sagte ich zu Laris: „Du musst fliehen, nimm Ora."

Am nächsten Morgen fehlte Laris. Mehrere Männer verfolgten ihn das Seeufer entlang, und stritten, wem sein Kopf gehören solle. Am Abend kamen sie enttäuscht zurück; vor ihnen trabte Ora mit gespitzten Ohren.

Die Stimmung hob sich, als die Jäger gebückt unter der Last eines Hirsches im Lager eintrafen. Es gab an Spießen gebratene Leber. Die Männer prahlten mit Jagderlebnissen und ihrem Wagemut. In einem Topf kochten Herz und Magen; ich wedelte den Dampf mit der Hand weg.

Brix schien mich nicht zu bemerken, holte mich aber, nachdem die Jagdbeute zerwirkt und für die Weiterreise verpackt war, in sein Zelt. Zu meiner Erleichterung gab es kein Getränk, das mich in die Weite des Himmels entführte und versteinert zurückließ. Wir waren einfach ein Mann und eine Frau, ein Anführer und seine Gefangene – es war nicht unangenehm mit ihm. War meine Liebe zu Tagon nur Kinderei gewesen? Brix spielte mit der Zunge an meinen Brustwarzen, und schaute mich an, als sei ihm ein Gedanke gekommen. Plötzlich setzte er sich auf und fragte:

„War Laris dein Mann?“

„Nein“, sagte ich, „er war wie ein Bruder.“

„Wer war es dann?“, fragte er mit zusammen gezogenen Brauen.

Mein Bauch wurde hart.

„Ich habe Tagon geliebt, ich musste aus der Stadt fort, weil er zu den Vornehmen gehört."

„Woher hast du das Pferd?"

„Von Tagon", flüsterte ich.

„Du sollst Tagon vergessen, hörst du?"

Ich nickte schwach mit dem Kopf. Er hob mein Kinn:

„Verstehst du", sagte er eindringlich, „falls du versuchst Tagon wiederzufinden, oder ihm auf ein Zeichen antwortest, wirst du es bereuen. Sag, dass du ihn vergessen willst!"

Ich presste hervor: „Ich will Tagon vergessen", während eine Träne in meinem Augenwinkel zitterte.

„Ich will dir dabei helfen", sagte er und lachte. „Hol deine Sachen, du wohnst jetzt in meinem Zelt."

Benommen holte ich meine Kleidung aus der Hütte, und fragte mich, ob ich nun der Göttin oder Brix gehörte. Die Männer standen untätig herum, und rissen zotige Witze; sie wollten zurück in die Heimat.

Als ich wieder ins Zelt kam, gefolgt von Ora, die am Eingang stehen blieb, fragte Brix:

„Wie hast du es gemacht, dass deine Stute dir auf Schritt und Tritt folgt?"

„Sie folgt mir einfach", sagte ich.

Er lächelte grimmig, und murmelte in seinen Schnauzer:

„So, sie folgt dir einfach", und schon hatte er mich auf das Lager gedrückt und drang in mich, als wolle er sich ein für allemal in mein Fleisch einprägen.

Im Aufruhr widerstreitender Gefühle, entlud sich meine Anspannung in Stöhnen –das war gut für mich, denn er hatte das Sagen.

Seine Beckenstöße wurden heftiger, er tat mir weh. Plötzlich warf er sich mit einem markerschütternden Schrei herum, und fiel auf die Knie, schlug mit den Fäusten auf das weiche Fell, und heulte, wie ein Tier:

„Er war nicht älter als du … mein einziger Sohn…Kai!"

Dann packte er mich an den Oberarmen:

„Gib mir einen Sohn", stieß er hervor, „bitte deine Göttin darum!"

Ich starrte ihn an, Brüste und Schoß taten mir weh, mein Herz weinte um Tagon.

Er hatte mich nicht beschützen können, und die Göttin? Es musste die Strafe dafür sein, meine Mutter verflucht und alleine zurück gelassen zu haben – es war allein meine Schuld. Ich schluckte die Bitternis, und sagte: „Ich werde sie bitten."

„Jetzt gleich?"

„Wenn du willst."

Er trat aus dem Zelt, klatschte in die Hände, und gab das Signal für den Aufbruch am nächsten Morgen.

Abends am Feuer, nach dem Essen, begann ich meinen Tanz. Ora stand bei der Lärche, als hielte sie Wache. Flehend hob ich die Hände und stimmte einen Gesang an, der die Männer verstummen ließ. Ich drehte mich, zeichnete mit weichen Hand- und Armbewegungen meinen schwellenden Leib, die Milch spendenden Brüste. Dann wendete ich mich nach Osten, woher alles Gute kommt, hockte mich in Gebärstellung, öffnete die Arme zum Himmel, und, als habe ich das Neugeborene empfangen, als hielte ich ein Kindlein im Arm, begann ich sanft zu kreisen. Ich lächelte es an, und zupfte schelmisch an seinem kleinen Zipfel - es war ein Junge.

Brix schaute meinem Tanz mit brennenden Augen zu, und keiner der Männer konnte sich dem Zauber der Beschwörung entziehen. Vereinzelte Schneeflocken rieselten vom Himmel. Ich stand eine Weile still, sprach ein Dankgebet, verneigte mich vor Brix, nahm seine Hand und führte ihn zum Zelt. Ich legte seine Hand auf meinen Bauch, und sagte:

„Es wird ein Sohn werden."

5 Ein Schmuckstück

…unsere Traurigkeiten…sind Augenblicke, da etwas Neues in uns
eingetreten ist, etwas Unbekanntes; unsere Gefühle verstummen in scheuer
Befangenheit, alles in uns tritt zurück, es entsteht eine Stille, und das
Neue, das niemand kennt, steht mitten darin und schweigt.
R.M. Rilke

Früh am nächsten Morgen, nahmen wir den Weg an
den Seen entlang. Außer Otis, der auf einem Esel
saß und gestützt werden musste, hatten sich die Verletzten erholt. Ich lief mit meiner Stute hinter meinem Herrn und fühlte mich zuversichtlich in der
frostigen Luft, denn die Göttin hatte mit mir gesprochen. Ich warf einen Blick auf Halbinsel und
Schwemmland zurück. Ob Laris bis Tarchna gekommen war? Und Tagon? Die Sehnsucht schmerzte.
Die Sonne ging über dem Berggipfel auf und ihre
Strahlen durchwebten den Morgendunst. Die Rinder
stampften, die Schweine drängelten, die Ziegen me-
ckerten und sprangen neugierig voran.

Am späten Vormittag begann der Anstieg zum
Pass durch gelbe Lärchenwälder, die sich allmählich
lichteten. Das Gras an den Hängen war fahl, die
Felsen gesprenkelt mit graugrünen und orangefarbe-
nen Flechten, und je höher wir stiegen, desto roter
leuchteten die Blätter der Blaubeersträucher im Ge-
röll. Die Hänge wurden schroffer, erstarrte Geröll-
flüsse endeten in gewaltigen Felsblockhalden. Brix
drehte sich nach mir um, und sagte:

„Auf dem Pass werden wir dem Berggott huldigen."

Seite an Seite gingen wir im eisigen Wind mit den Pferden voran. Es war ein tröstliches Bild für die nachfolgenden Männer. Diese lebensfeindliche Landschaft musste man ehrfürchtig durchschreiten, und die Gewalt der Geister durch Opfergaben mildern.

Von Felsvorsprüngen ergossen sich Wasserfälle, und quicklebendige, glitzernde Bäche murmelten durch das Gras. Als sich auf der Höhe der Blick nach Norden weitete, blieb Brix stehen. Sein Blick verdüsterte sich in Gedanken an seinen toten Sohn und die Verwandten, die er im Süden verloren hatte. Plötzlich packte er seinen Hund am Nackenfell, schüttelte ihn und sprach beschwörend auf ihn ein. Ich dachte an all die Menschen, Lebende und Verstorbene, die ich zurückließ, und die das mächtige Gebirge endgültig von mir trennen würde. Es gab kein Zurück.

Wie würde der fremde Stamm mich aufnehmen? Und Brix' Frau?

Wir begannen mit dem Abstieg, der sich über Tage hinzog. Meine Füße waren gefühllos, während sie über Fichtennadeln, Buchen- und Ahornblätter schritten, und es von den kahlen Ästen in meinen Nacken tropfte. Nach endloser Zeit gelangten wir an einen großen See, kamen durch Siedlungen und an Gehöften vorbei, deren abgemagerte Einwohner um

Nahrung bettelten. Die letzten Sommer waren kalt und nass gewesen, die Ernten verdorben, das Getreide verschimmelt. Hungernde bedrängten uns, boten Äxte, Messer und ihre letzte Habe zum Tausch, aber Brix und seine Leute waren nicht erpicht darauf, denn ihrem Stamm erging es nicht anders. Sie prahlten mit dem Beutezug und dem warmen Land im Süden mit all seinem Überfluss. Trotz der Toten hatte sich das Wagnis gelohnt, sonst würden vielleicht alle, Männer, Frauen und Kinder über den Winter verhungern. Brix straffte die Schultern: die Götter hatten einen hohen Tribut gefordert. Er warf mir einen Blick zu, aber so schnell konnte sich mein Bauch nicht wölben.

„Wenn wir daheim sind, musst du dir Schuhe nähen", sagte er.

Wir umrundeten den See und folgten dem nördlichen Ufer. Möwen kreischten über dem grauen Wasser, auch sie von Hunger geplagt. Nachts wechselten sich die Wächter ab, denn sie trauten den Leuten in den Dörfern nicht, obwohl sie auch vom Stamm der Boier waren. Menschen und Tiere waren erschöpft von dem langen Weg, und doch machten wir nur Rast, wenn unbedingt nötig. Brix schaute bedauernd auf die Tiere, deren Fett dahinschmolz.

Wir ließen den See hinter uns, und zogen nach Norden durch Wälder, Felder und Wiesen. In den Weilern war es dasselbe Elend – wohl denen, die ein

Schwein besaßen, das sich auf der Waldweide an Eicheln satt gefressen hatte.

Es begann zu schneien, auf den Riedwiesen hoben sich die Maulwurfshügel dunkel ab, und Grashalme schauten wie Härchen aus der flockigen Decke. Die gefrorenen Blätter und Zweige auf den Waldwegen raschelten und knackten unter den Fußtritten und den Hufen der Tiere. An matschigen Stellen sanken wir ein, und liefen mit lehmverschmierten Beinen weiter. Die Männer eilten der Heimat zu. Seen lagen in Schilfgürteln verborgen, Reiher standen an Bächen wie reglose Pfeile, und weiße Birkenstämme hielten die Schneelandschaft in der Schwebe.

Und dann überquerten wir die Donau, den heiligen Fluss, und den jüngsten und ältesten Männern kamen die Tränen, während Barry, der Hund, Laut gab, als er die vertraute Spur aufnahm und vorauschechelte. Wir erklommen den Uferhang, von dessen Kante aus man über die Donau ins Land schauen konnte, das sich im Nebel verlor. Etwas weiter lag die zerstörte Burganlage, deren Wälle und Gräben zu erkennen waren, während wir uns in nordwestlicher Richtung hielten, um die Siedlung zu erreichen.

Die Leute liefen uns entgegen, an ihrer Spitze Lo, die Gattin des Brix. Die Freude in ihrem Gesicht erlosch schlagartig: wo war der Sohn, wo waren die Verwandten? Sie erblickte mich, das fremdländische

Mädchen, neben ihrem Mann. Sie blieb stehen, und die Heimkehrer verlangsamten den Schritt, bis wir uns stumm gegenüberstanden. Lo, die die anderen Frauen überragte, rang die Hände; plötzlich schrie sie gellend und stürzte sich auf mich, riss an meinen Haaren, die in Büscheln in ihren Fäusten hängen blieben. Ich stand wie gelähmt, während Erk mit aller Kraft Ora zurück hielt, und Brix den Kopf senkte. Erst als Lo mich zu Boden warf und mir Fußtritte versetzte, griffen die anderen Frauen ein. Sie zerrten sie zurück, hielten sie fest und zogen sie mit sich zum Haus. Das Klagen verbreitete sich wie ein Lauffeuer: der Sohn des Anführers und seine Verwandten waren tot.

Erk half mir aufzustehen, ich krümmte mich und hielt mir den Bauch. Mein Gesicht war verschrammt, die Unterlippe aufgesprungen.

„Sie wird sich wieder beruhigen" sagte er, "du darfst die nächsten drei Tage nicht in ihr Haus."

Brix war seiner Frau und ihren weinenden Begleiterinnen gefolgt. Erk führte mich zu einem Anbau des Gehöfts, wo er in einer Ecke Stroh aufschüttete. Ich blieb wie ein Häufchen Elend liegen.

„Schon gut", sagte Erk, „sie ist eine Furie; ich bring dir ein paar Felle und etwas zu trinken."

Die nächsten Tage lag ich zusammengekauert im Stroh. Ein Junge mit strubbligen Haaren stellte mir etwas zu essen hin und rannte schnell wieder weg.

Dann kam seine kleine Schwester und fragte: „Hat Lo dich gekratzt?"

Ich nickte.

„Sie wird immer gleich wütend, mich hat sie geohrfeigt, weil ich Milch verschüttet habe."

Ich musste trotz der schmerzenden Lippe lächeln und setzte mich auf:

„Wie heißt du?"

„Gwendolyn"

„Ein schöner Name, und dein Bruder?"

„Taran, er wird auch oft wütend. Du sprichst so komisch."

„Ich bin aus dem Süden, da spricht man eine andere Sprache."

Gwendolyn setzte sich zu mir und fragte:

„Kann ich bei dir bleiben? Alle Frauen im Haus weinen, weil die Männer tot sind."

„Bist du Los Tochter?"

„Nein, Lo hat keine Tochter, sie hatte nur Kai und der ist jetzt tot. Mein Vater ist auch tot, meine Mutter heißt Riana."

„Wie traurig", sagte ich.

„Ja, aber ich will, dass die Männer endlich die Schweine schlachten, dann gibt es so viel Leckeres zu essen. Ich kann´s nicht mehr erwarten."

Sie drückte ihre Hände auf den Magen: „Da drinnen knurrt es."

„Wie heißen die Frauen im Haus?"

„Belana, Arlene und Fenis, und dann ist da noch Caja, Brix Mutter."

„Und sie sind alle Witwen?"

Gwendolyn nickte: „Die bösen Etrusker haben meine Onkel getötet."

Die Wehklagen im Haus schwollen an und ab, und die Leute des Dorfes kamen, um Anteil zu nehmen und zu trösten. Am nächsten Tag fand die Totenfeier statt, und danach durfte ich ins Haus. Ich wusch mich am Brunnen, alle Knochen taten mir weh, die Blutergüsse waren blau und grün. Riana führte mich an der Hand in den großen Wohnraum. Lo knirschte mit den Zähnen. Die anderen Frauen hielten sie zurück.

Sie redeten auf mich ein: „Mach ihr ein Geschenk, das bist du ihr schuldig, du hast sie gekränkt, weil sie ihren Mann mit dir teilen soll".

Meine Hände zitterten, als ich mich überwand, Lo die Halskette mit den roten Glassteinen zu reichen. Sie riss die Kette an sich, doch dann staunte sie über die Gold schimmernde Bronze und das leuchtende Rot der Glassteine.

„Leg sie an!", rief Belana.

„Oh, ist das schön!" Arlene machte große Augen, solch ein Schmuckstück besaß hier niemand.

„Komm, ich flechte dir die Haare und stecke sie hoch", bot Fenia an, „dann kommt die Kette noch besser zur Geltung."

Riana zeigte mir mein Lager, etwas abseits von den anderen, wo ich meine wenigen Habseligkeiten abstellen konnte.

Dann riefen die Frauen: „Lo, du musst dich bei ihr bedanken!"

Lo warf den Kopf zurück, schloss die Augen und sagte tonlos: „Willkommen".

Riana half mir Fellschuhe zu nähen, während Gwendolyn mit den anderen Kindern im Raum herumsprang, in die Hände klatschte und sang:

„Morgen wird geschlachtet! Morgen wird geschlachtet!"

Riana sagte leise: „Brix hat gesagt, ich solle dir helfen Schuhe zu nähen."

Und nach einer Weile: „Caja ist dir gut, sie will einen Enkelsohn."

Dann flüsterte sie: „Lo hat nur einen Sohn bekommen, Kai, der ist jetzt tot. Andere Kinder hat Brix nicht, er hofft auf dich."

Ich blickte verlegen zu Boden, und stach mich versehentlich mit der Nadel.

„Aua!", rief ich und lutschte den Blutstropfen vom Finger, dann sahen wir uns an und mussten kichern.

Bis Samhain gab es viel zu tun: Tiere wurden geschlachtet, das Fleisch eingesalzen und geräuchert, die Häute gegerbt und zum Trocknen aufgehängt.

Ich half Getreide mahlen und Fladenbrot backen. Die Kinder holten sich Fleischbröckchen aus den Kesseln, leckten die verschmierten Finger ab und strahlten über das ganze Gesicht.

Um das alte Jahr zu verabschieden, entrümpelten die Frauen die Häuser, klopften Bettfelle und Decken aus, warfen zerschlissene Matten ins Feuer. Es gab eine gemeinsame Suppe, dann wurden Herdfeuer und Kienspäne gelöscht, und Türen und Fenster fest verschlossen. Der Wind jammerte um das Haus und es knackte im Gebälk. Gwendolyn hielt sich nahe bei mir, denn ihre Mutter hatte ihr oft genug erzählt, dass in den Samhain-Nächten die Geister der Anderswelt um die Häuser strichen, Kinder raubten, oder ihnen einen Kalbskopf anhexten. Plötzlich riss ihr Bruder Taran die Haustür auf, sprang in die Nacht hinaus und rief: „huu, huu!"

Frauen und Kinder kreischten, als er ein Mädchen zur Tür zerrte. Brix hielt den jaulenden Barry am Halsband fest.

„Tür zu!", schrie er Taran an und seufzte. Ob wohl die weissen Hunde mit den roten Ohren seinen Sohn Kai und die anderen Toten aus dem Etruskerland in die Anderswelt geleitet hatten?

Früh am nächsten Morgen, kehrten Arlene und Riana die Asche aus. Sie entzündeten ein neues Feuer, sie kochten und schmorten Fleisch und Linsen. Das Dorf begrüßte das neue Jahr mit Freudenfeuern und Gesängen, mit einer Prozession und

Opfern zum Dank an die Fruchtbarkeitsgötter. Die Menschen liefen von Haus zu Haus und wünschten sich Glück für das neue Jahr.

Brix sah besorgt, welche Nahrungsmengen die ausgehungerten Menschen in Kürze verschlangen. Wie sollten sie bis zum Frühsommer durchhalten?

Er sagte: „Frag deine Göttin, ob unser Stamm im nächsten Jahr über das Gebirge nach Süden ziehen soll, um dort zu siedeln. Die Sommer werden immer schlechter. Und frag sie, ob wir mit Überfällen rechnen müssen."

Ich sah im Tanz, wie der Stamm von einer lächelnden Göttin begleitet nach Süden zog, und berichtete es ihm; verschwieg aber, dass weder ich, noch das Kind, das ich erwartete, dabei waren. Ich beobachtete ein Eichhörnchen, dass seine Nüsse eifrig hier und dort im Boden verscharrte, und sagte:

„Ihr müsst die Vorräte verstecken, es werden hungrige Besucher kommen, und zwar schon bald."

Brix ließ einen Nahrungsspeicher im Dachboden eines halb verfallenen, unbewohnten Hauses einrichten. Die Leute murrten, das sei gegen die Gastfreundschaft, die sei heilig. Es sei nicht Recht, dass eine Fremde bestimme. Aber sie wagten nicht, allzu laut zu werden, denn Brix hatte seinen Sohn und seine Verwandten verloren.

Schon bald strömten die Besucher aus der Umgebung herbei. Sie wunderten sich über die wässrige Linsensuppe und das Stückchen Speck, dass ihnen vorgesetzt wurde. Verstohlen schauten sie in die fast leeren Speicher bei den Häusern.

Sie sagten: „Wir haben gehört, dass ihr viele Tiere erbeutet habt. Wo sind sie? Wo ist das Fleisch?"

Die Dorfbewohner antworteten: „Die Tiere waren ganz abgemagert von dem langen Weg, und, ihr wisst ja, wie immer gleich übertrieben wird. Wir haben uns einmal richtig satt gegessen, jetzt müssen auch wir schauen, wie wir durchkommen."

Trotz allem wollte der Besucherstrom nicht abreißen, denn eine dünne Suppe war besser als nichts, und es gab spannende Berichte. Torin hatte den erbeuteten Etruskerkopf an sein Tor genagelt und ein kleines Holzdach darüber befestigt, um die dunklen Locken vor Wind und Wetter zu schützen, was viel Gelächter verursachte. Er prahlte mit dem Kampf von Mann zu Mann und schilderte ihn jedes Mal drastischer.

Neugierig gafften die Männer mich an, besonders wenn ich tanzte. Oscar, der Anführer eines anderen Stammes, nahm Brix beiseite und sagte:

„Wir sind doch Freunde, lass mich heute Nacht zu dem Mädchen, sie macht mich wahnsinnig mit ihren Schlangenbewegungen."

„Nein", antwortete Brix, „sie ist meine Nebenfrau, sie hat Lo eine kostbare Halskette geschenkt, um sie zu versöhnen."

Oscar staunte: „Deine Frau? Ein Beutemädchen?"

Jede zweite Nacht kam Brix zu meinem Lager; es hätte mir schlechter gehen können.

Es sprach sich bald herum, dass ich wahrsagen konnte. Die meisten Fragen betrafen den Hunger, die Ernte im nächsten Sommer und die Sorgen um die Zukunft der Siedlungen. Was sollte ich ihnen sagen? Dass ganze Familien vom Hunger dahingerafft würden? Ich sah, wie der Regen die Saat fortschwemmte, faulende Getreidekeimlinge, Hagelstürme, die Blätter und Früchte zerfetzten, ausgezehrte Menschen, die mich an meine sterbende Mutter erinnerten, Säuglinge mit erbärmlich dünnen Ärmchen und aufgeblähtem Bauch. Und, obwohl alle gute Botschaften von mir erhofften, sagte ich:

„Es werden Menschen an Hunger sterben, das Wetter bleibt kalt und nass, vielleicht ist es das Beste, im nächsten Jahr nach Süden zu ziehen."

Die Leute sahen mich zweifelnd an.

Lo und ihre Verwandten steckten die Köpfe zusammen und schimpften:

„Schaut, wie sie sich wichtig macht, Brix hat nur noch Augen für sie, dabei bist du, Lo, die erste Frau.

Er hätte eine von uns Witwen als zweite Frau nehmen müssen."

Arlene sagte:"Sie will uns aus der Heimat weglocken, damit ihre Leute uns überfallen und umbringen."

„Sie ist eine Zauberin, sie hat Brix verhext, er glaubt alles, was sie sagt, sogar, dass er einen Sohn bekommen wird. Mit ihrem Getanze macht sie ihn ganz verrückt", sagte Belane.

Und Fenia meinte: „Immer mehr Leute kommen, um sie zu sehen. Sie essen uns die Vorräte weg."

Brix musste etwas unternehmen, um Ruhe einkehren zu lassen und die Besucher abzuhalten. Aber was?

Schließlich verbot er mir, mich zu zeigen, und ließ verbreiten, ich sei krank. Auch bat er die Besucher heimzugehen, denn das Dorf war mit dem Holzeinschlag und der Instandsetzung der Häuser vor dem härtesten Frost in Verzug. Bei der großen Versammlung in drei Monden würden sie beratschlagen, ob sie nach Süden auswandern sollten.

Die Gemüter beruhigten sich, die Arbeiten in der Siedlung nahmen ihren Lauf, es begann zu schneien, und endlich konnte man wieder Vorräte herbeischleppen und zur Wintersonnenwende ausgiebig kochen und essen.

Ich spürte die ersten zarten Bewegungen des Kindes, als würden Luftblasen zerplatzen, und legte die

Hände auf meinen Leib. Etwas Merkwürdiges war geschehen: Brix liebte mich.

Riana war meine Freundin, Gwendolyn himmelte mich an, Caja wollte einen Enkelsohn, aber sonst blieben die Menschen mir gegenüber misstrauisch. Nur Erk winkte mir im Vorbeigehen zu. Ich suchte Trost bei Ora, die auf der Weide den Schnee mit den Hufen wegscharrte, um an Grasbüschel zu kommen, und an den Buchenästen die Knospen abknabberte.

Nach der Wintersonnenwende, mitten im Schneegestöber, als niemand damit rechnete, kamen wieder Besucher. Die Frauen schauten zum Kessel mit Erbseneintopf und Schweinefleisch, der über der Glut hing. Brix erkannte seinen Schwager Dirk, seinen Neffen Loic und einen fremden Mann, die von ihren Pferden abstiegen und sich den Schnee von Fellmänteln und Hosen abklopften, bevor sie eintraten. Brix und Lo empfingen sie herzlich, denn sie waren doppelt miteinander verwandt: Lo und Dirk waren Geschwister, und Dirk war mit Brix Schwester Eilyn verheiratet.

„Bei dem Wetter! Wie geht es Eilyn und den Kindern?"

„Danke gut, sie lässt euch grüßen. Wir waren drei Tage unterwegs."

„Kommt zum Feuer, wärmt euch, gleich gibt es einen guten Eintopf."

Lo half Loic, der acht Jahre alt war, seine nasse Kleidung abzulegen, sie rieb ihn trocken, bis seine Haut krebsrot war und zog ihm Kais viel zu großen Kittel an. Brix begrüßte den Fremden, einen Mann mit glatten Haaren und forschendem Blick, namens Grimmulf.

„Er kommt aus dem hohen Norden", sagte sein Schwager.

Sie setzten sich zu Tisch und tauschten Neuigkeiten aus. Ich hielt mich unauffällig neben Riana und sagte kein Wort, aber Dirk und der Fremde schauten immer wieder zu mir hinüber und tauschten Blicke miteinander.

Später redeten die Besucher auf Brix ein, als wollten sie ihn von etwas überzeugen. Ich spann Wolle und schaute verstohlen zu ihnen hinüber. Als es Nacht wurde, und ich mich auf meinem Lager einnistete, kam Gwendolyn zu mir geschlichen, schlüpfte unter die Decke, drückte ihre eiskalten Füße an meine Beine und flüsterte:

„Ich hab gehört, was sie geredet haben, ich war hinter dem Holz versteckt. Sie haben mich gar nicht bemerkt."

„Was haben sie gesagt?"

„Der Fremde will dich mitnehmen, deshalb sind sie hier."

„Aber warum?"

„Er braucht ein besonderes Geschenk, ein ausgefallenes Geschenk für einen Fürsten."

„Und Brix?"

„Er will nicht, er sagt, du bist seine Frau und erwartest ein Kind."

„Und dann, was haben die anderen gesagt?"

„Sie sagten, du könntest nicht seine Frau sein, sie wollten ihm Loic als Sohn lassen und sie sagten noch etwas von einer Jungfrau. Dann hab ich einen Krampf im Fuß gekriegt und bin schnell fortgeschlichen."

Ich drückte Gwendolyn an mich und vergrub mein Gesicht in ihren Haaren:

„Du bist ein Schatz, danke, du Liebe. Geh jetzt schnell zu deiner Mutter ins Bett."

Gwendolyn gab mir einen Kuss und huschte im Dunkeln fort.

Die Männer blieben einige Tage und ich fühlte mich auf Schritt und Tritt beobachtet. Los Augen glänzten, während sie Loic umsorgte. Als er Suppe auf seine Hose verschüttete, schluckte sie eine bissige Bemerkung hinunter und sagte:

„Ach, ist nicht so schlimm."

Gwendolyn riss Mund und Augen auf und klapperte mit den Augenliedern, als wolle sie sagen:

„Ist sie verrückt? Wo bleibt die Ohrfeige?"

Grimmulf fasste mich am Arm und sagte mit holpriger Aussprache:

„Tanzen", aber ich entwand mich seinem Griff und sagte:

„Nein, ich bin krank", und vergrub mich in den Fellen meines Lagers, um seinem durchdringenden Blick zu entgehen.

Vor Träumen aber war ich nicht sicher: ich sah mich auf einer Waldlichtung tanzen und erkannte im Feuerschein Männer, die im Kreis saßen, während Grimulf sich angespannt vorbeugte, als wolle er mir eine Botschaft entlocken. Traurig betete ich zu Uni, deren Tonfigur ich umklammert hielt, und auch zu Turan, der Göttin der Liebe, um ein kleines Glück mit Brix und dem noch ungeborenen Kind. Aber ich wusste, dass der doppelgesichtige Gott des Schicksals, Culsans, der vor- und zurückschaut, anderes für mich im Sinn hatte.

Schließlich ritten die Männer wieder fort, beschenkt mit einem geräucherten Schinken für Eilyn und die Kinder. Loic aber blieb an Kindesstatt. So musste er diesen Winter nicht hungern und konnte später einmal Stammesführer werden. Seine Familie würde er in zwei Monden bei der großen Versammlung wiedersehen.

Loic war aufgeweckt und lernbegierig, er folgte Brix auf Schritt und Tritt, um ihm jeden Handgriff abzuschauen. Lo sah schadenfroh auf mich herunter und hielt sich nicht mehr zurück, mir unangenehme Arbeiten zuzuweisen.

Erst nach Tagen kam Brix in der Nacht wieder zu mir, aber er blieb verschlossen. Was wirklich zählte, waren die Familienbande und der Zusammenhalt des Stammes, da konnte man sagen, was man wollte, da hatte sein Schwager Recht.

Es schneite und schneite, die Essensvorräte wurden streng eingeteilt, damit sie bis zum Frühjahr reichten. Die Frauen verarbeiteten Wolle, Felle und Flachs, während die Männer Werkzeuge fertigten und hin und wieder auf die Jagd gingen. Als Riana und Arlene sahen, wie ich Borten webte und bestickte, bettelten sie, dass ich auch die Ränder ihrer Gewänder bunt verzierte. In Gwendolyn fand ich eine gute Schülerin.

Und doch verzehrte ich mich nach Goia und Neirinna, nach einem vertrauten Menschen, nach dem Klang meiner Sprache, und ich dachte an Tagon. Das Leben trennte uns endgültig durch das Kind, das ich erwartete. Wär es doch von ihm! Seitdem Loic im Haus war, und Brix mich nicht mehr anschaute, schämte ich mich. In meinen Gebeten bat ich Uni wieder und wieder um Verzeihung.

Einmal stand ich mit geschlossenen Augen an der vom Wind geschützten Hauswand in der Wintersonne und hatte die Hände auf meinen Bauch gelegt, um die Kindsbewegungen zu spüren. Als ich die

Augen öffnete, sah ich Brix reglos auf dem Weg stehen. Doch schon wandte er sich ab und ging weiter.

Obwohl ich nicht mehr tanzen mochte, stiegen Traumbilder in mir hoch: Bilder von Ödnis und Frost, von Hungernden und Verzweifelten. Ich sagte niemandem etwas davon, denn Unglücksbotschaften schlagen auf denjenigen zurück, der sie ausspricht. Ob Avile noch lebte? Ich seufzte. Das Heimweh war eine eisige, brennende Wunde – ich war krank vor Heimweh.

In der dunklen Jahreszeit ging ich nur vor die Tür, um nach Ora zu schauen und ihr in meiner Sprache ins Ohr zu flüstern, was mich bewegte. Lo sagte abfällig zu Fenia:

„Die spinnt doch: ihre Göttin schickt ihr ein Kind, sie sieht die Zukunft voraus und hat ein sprechendes Pferd. Ha! Das ist doch zum Lachen!"

Fenia meinte spitz:

„Ob sie überhaupt Jungfrau war, als Brix sie genommen hat? Vielleicht will sie ihr Etruskisches Kind unterschmuggeln. Und vorauszusagen, dass Menschen diesen Winter vor Hunger sterben, ist nun wirklich kein Kunststück."

Lo hatte die Augen aufgerissen und sich in den Handballen gebissen:

„Das muss ich Brix fragen, das mit der Jungfrau, vielleicht ist das Kind nicht von ihm!"

Sie packte Fenia am Arm und sagte:

„Stell dir vor, wenn das Kind nicht von ihm ist! Es ist bestimmt nicht von ihm! Er hat seit 14 Jahren, weder von mir, noch von einer anderen, ein Kind bekommen. Das muss ich ihm sagen."

Vor Ungeduld lief sie im Haus herum, und zerrte die spielenden Kinder auseinander.

Als bei Dunkelheit Brix und Loic vom Holzmachen heimkamen, zog Lo ihren Mann gleich in eine Ecke und redete auf ihn ein —so laut, dass alle es hören konnten:

„War Manto Jungfrau, als du sie genommen hast? Sag es! Sag es!" ,

Brix Antwort konnte ich nicht verstehen. Aber plötzlich kreischte Lo:

„Sie war keine Jungfrau! Beim Belenus, sie war keine Jungfrau! Und du Dummkopf dachtest, das Kind wäre von dir! Oh, wie frech!" ,

Jäh brach ihre schrille Stimme ab, als Brix sie ohrfeigte und brüllte:

„Schluss jetzt!"

Er stürzte wütend aus dem Haus.

„Wohin geht er?"

Alle drängten sich an der Haustür und reckten die Hälse. Die Kleinen quetschten sich zwischen den Beinen ihrer Mütter durch.

„Er geht in Erk´s Haus."

Belane sagte: „Die Männer, ach, solche Gespräche haben sie nicht gerne."

Fenia eilte zu Lo, auf deren Gesicht der Abdruck von Brix' Hand brannte.

Sie sagte: „Und an allem ist nur diese Etruskerin mit ihren Lügen Schuld."

Da kam Juna, eine Frau aus Erks Haushalt, angelaufen und wollte wissen, was passiert sei. „Brix will, dass Loic ihm seine Sachen bringt."

Ich beugte den Kopf tiefer über meine Stickerei und war dankbar, dass Gwendolyn sich an mich drückte, während Riana ratlos dastand und nicht wusste, was sie glauben sollte.

Später am Abend kam Erk, und setzte dem aufgeheizten Gerede der Frauen ein Ende.

„Kein Wort mehr darüber", befahl er streng, „seid froh, wenn Brix zurückkommt und euch nicht straft."

Die Frauen verstummten. Jetzt spürten sie ihre Verlassenheit: die Männer im Kampf getötet, und der Sohn. Sie saßen beisammen und fingen an zu weinen. Meine Trauer konnte ich mit niemandem teilen.

Erst als die Tage länger wurden und die Meisen anfingen zu zwitschern, kamen Brix und Loic ins Haus zurück. Mich rührte er nicht mehr an. Lo klopfte die Bettfelle aus.

Gegen Ende des Winters, zum Fest des Sonnen- und Heilergottes Imbolc, fand die große Stammesversammlung in Dirks Siedlung Dreieichen statt. Menschen aus dem weiteren Umkreis trafen sich dort, mindestens ein Mann aus jedem Gehöft, begleitet von Frauen, die ihre Verwandten besuchten. Lo wies mich an, Vorräte für die Reise einzupacken und Räucherspeck als Gastgeschenk. Im Vorbeigehen sagte sie:

„Du gehst mit uns."

Ich zuckte zusammen: da war es, das Schicksal, das mich weitertrieb.

Loic konnte es kaum erwarten, seine Mutter und die Geschwister wiederzusehen. Ständig fragte er:

„Wann gehen wir endlich? Warum nicht gleich? Wir könnten doch…", bis Brix ihn zurechtwies.

Für Gwendolyn bestickte ich ein Band mit allen Stichen und Mustern, die ich kannte.

Und dann war es soweit: die Leute vom Dorf sammelten sich, um die Schar zu verabschieden, die sich auf den Weg machte – die meisten gingen zu Fuß. Sie führten auch ein junges Rind und zwei Schweine mit, die gut ernährt worden waren, um geopfert oder gegessen zu werden. Rufe gingen hin und her, gute Wünsche und Grüße. Ich ritt auf Ora, deren Winterfell ihre Magerkeit verdeckte. In einen Sack hatte ich meine Sommerkleidung, ein Fell, die schwarze Trinkschale, das Figürchen der Göttin Uni und eine Borte, an der ich stickte, eingepackt. Lange noch hörte ich Gwendolyn rufen:

„Manto, komm bald wieder!"

Im Laufe der drei Reisetage trafen wir auf kleine Gruppen von Menschen an den Weggabelungen; elende Gestalten: nur Haut und Knochen! Es war kein froher Zug, der nach Dreieichen gelangte. Dort hatte man in allen Häusern Lager errichtet und verteilte die Besucher. Brix und seine Leute waren bei Dirk und Eilyn einquartiert, die traurig berichteten, dass ihr jüngstes Töchterchen an Brechdurchfall gestorben sei. Loic war hin- und hergerissen zwischen seiner Mutter, an die er sich immer wieder schmiegte, und Brix, dem er in allem folgte. Eilyn sah es mit einem dankbaren Lächeln: ihr Sohn hatte genug zu essen und liebte seinen Pflegevater.

Ich war kaum überrascht, Grimmulf zu erblicken, der mich zufrieden musterte, so, als sei der Handel schon abgeschlossen. Ein junges Mädchen, das seine blonden Haare mit einem roten Band geschmückt hatte, wurde von Eilyn angewiesen, sich um Brix' und Los Bequemlichkeit zu kümmern. Es holte ein Bärenfell, polsterte eine Bank damit, lächelte Brix an und schlug die Augen nieder. Er schmunzelte, als er ihr hinterherschaute. Lo setzte sich sehr aufrecht und würdig neben ihn, während ihre Finger am Fell zupften. Fast tat sie mir leid: sie wollte mich und das werdende Kind loswerden. War es besser, dafür eine

Jungfrau mit mächtiger Verwandtschaft in Kauf zu nehmen? Lo schaute sich gequält um, und unsere Blicke trafen sich einen Moment, während sie unwillkürlich an die glänzende Halskette fasste. Ich schüttelte den Kopf, die Kette sollte Lo behalten, sie brachte kein Glück.

Am nächsten Morgen gingen die Männer zum Versammlungsplatz. Nach den Reinigungsriten zündete der Priester Wachslichter an und opferte das Rind. Stück für Stück warf er es unter Beschwörungen in einen tiefen Schacht, um die Götter der Unterwelt zu nähren, und erflehte Fruchtbarkeit für das neue Jahr.

Später beratschlagten die Männer über das Wetter, die verdorbenen Ernten und die Hungersnot. Die Sonne schien so mild, als wolle sie ein gutes Wachstums- und Erntejahr verheißen. Aber Brix berichtete von meiner Vision und seinem Entschluss, nach Süden auszuwandern.

Ein alter Druide mit grauen Haarsträhnen, namens Myrdin, von Hunger und Strapazen ausgezehrt, sagte:

„Auch andere Stämme erwägen über das Gebirge zu ziehen, manche haben sich schon im letzten Jahr auf den Weg gemacht. Holt diese Frau."

Ora folgte mir auf den Fersen, als ich zum Platz ging – hier in der Fremde war sie besonders wachsam. Ich verneigte mich vor Myrdin. Er sagte:

„Brix hat von deiner Vision berichtet, tanze für uns und frag deine Göttin erneut."

Seit den Besucherströmen hatte ich nicht mehr getanzt und zögerte, doch Myrdins Blick erinnerte mich an Avile. Und kaum hatte ich einen Schritt gemacht, bewegten sich meine Füße, Beine, Arme und Hände wie von alleine; die Sehnsucht nach dem Rausch durchflutete mich wie eine Woge, und da Ora sich nicht vom Fleck rührte, tanzte ich um sie herum. Meine Zöpfe lösten sich, ich vergaß die Versammlung der Männer, die Unfreundlichkeiten, das kalte winterliche Land. Ich schnupperte den Duft von Rosmarin und Thymian, vernahm die Klänge der südlichen Heimat, das Blau des Meeres, und blieb taumelnd stehen. Wo war ich? Immer noch im Winterland? Ich hob erstaunt den Kopf, strich die Haare aus dem Gesicht, und sagte:

„Ihr werdet nach Süden gehen."

Myrdin sagte:

„Gib mir ein Zeichen, an dem ich prüfen kann, ob es wahr ist."

Ich hielt seinem Blick stand, schaute in seine Augen, wie in einen Brunnen, tief und tiefer und sah … Ich wandte mich fröstelnd ab.

„Was hast du gesehen?", fragte Myrdin, „Nun, was ist es?"

Ich sah den erschöpften Mann in seinem zerrissenen Gewand an und wisperte:

„Ich sah die untergehende Sonne im Meer versinken; du wirst noch heute sterben."

Da murrten die Männer und kamen zornig auf mich zu, aber Myrdin bot ihnen Einhalt:

„Lasst sie, es hat seine Richtigkeit. Lasst sie ihren Weg gehen, und ihr, ihr zieht über das Gebirge, wenn der Schnee geschmolzen ist. Die Wettergötter sind noch lange nicht besänftigt."

Er hob seine Hände und segnete mich. Da fing Brix, der seit dem Streit mit Lo nicht mehr mit mir gesprochen hatte, an zu schluchzen. Es schnürte ihm die Kehle zu, und er rang nach Luft.

Am Abend, als die Sonne ihre Strahlen mit sich nahm, tat Myrdin seinen letzten Atemzug. Ich wurde gemieden, verkroch mich, und träumte mich in die Heimat zurück.

Nach den Trauerfeierlichkeiten und Myrdins Bestattung wurden die länger werdenden Tage begrüßt und ein neu geborenes Lamm geopfert. Dann brachen die Stammesgruppen auf, um in ihre jeweiligen Siedlungen zurückzukehren. Auch Brix, Lo, die blonde Jungfrau und Loic machten sich auf den Weg, ohne ein Wort des Abschieds. Barry schaute zu mir zurück, ohne seinem Herrn von der Seite zu weichen.

In meinem Nest aus Fellen meinte ich, bei Goia zu sein, aber warum tat mein Bauch so weh? Er krampfte sich zusammen und ich musste brechen. Die Wehen setzten viel zu früh ein, denn das Kind sollte erst im Frühsommer zur Welt kommen. Eilyn und die alte Suri schlugen die Felle zurück und verscheuchten die neugierigen Kinder. Suri tastete den verhärteten Leib ab und wunderte sich: so etwas hatte sie noch nie erlebt. Weder durch die Bauchdecke, noch durch die Scheide war das Köpfchen zu spüren, und obwohl sie angestrengt nach den Herztönen lauschte, konnte sie nichts hören.

„Ich weiß nicht", sagte sie, „ich weiß nicht, ob da ein Kind ist. Ich kann weder etwas ertasten, noch etwas hören."

Ich war vor Erschöpfung halb ohnmächtig, und bekam Fieber. In den nächsten Tagen verschwand die Bauchwölbung allmählich.

„Bei Dana", sagte Eilyn kopfschüttelnd, „Wenn das Lo hört, was soll man davon halten?"

Suri meinte: „Weißt du noch, als die Hündin Isa scheinträchtig war? Gerade so kommt es mir vor."

„Aber sie ist eine Zauberin", entgegnete Eilyn, „sie hat das Kind aus Wut weggezaubert, weil Brix gegangen ist. Sie hat ihn ganz verrückt gemacht – er soll geschluchzt haben! Und siehst du, wie seltsam sie ist? Wie eine Schlafwandlerin."

Währenddessen lief Grimmulf beunruhigt hin und her. Er fürchtete um sein besonderes Hochzeitsgeschenk für den Fürsten:

„Was ist los mit ihr? Was hat sie? Wir müssen bald nach Norden aufbrechen."

Brianne, eine Frau, mit einem kleinen Schreihals auf dem Arm, holte Tücher, um Wickel zu machen. Sie meinte:

„Wir sollten sie gut pflegen, damit sie keinen Grund hat, uns Böses zu wollen, und bald mit Grimmulf ziehen kann." Und dabei blieb es.

6 In Grimmulfs Hand

„...lieben Sie Ihre Einsamkeit...“
R.M. *Rilke*

Als ein laueres Lüftchen wehte, die Buschwind-
röschen zwischen dem trockenen Laub glänzten,
und Hummeln schwerfällig über den Boden
brummelten, machten wir uns auf den Weg. Die
Mondsichel stand am Himmel und Amseln sangen
in den Wipfeln. Schweigsam ritten wir durch die
hügelige Landschaft, die kahlen Laubwälder, jeder in
seine Gedanken versunken.

Wenn wir in einer Siedlung eine Suppe oder einen
Brei zu essen bekamen, senkte ich den Kopf und
dachte an die versteckten Vorräte in Brix' Dorf. Ich
schämte mich wegen der Verfluchung meiner Mutter
und wegen der Leere meines Leibes. Nichts als Wind
hatte ich geboren. Obwohl ich unablässig zu Uni
betete, wurde mein Herz nicht leichter. Doch wie
schon früher, wirkte das Gehen im Laufe der Tage
und Wochen heilsam.

Weidenkätzchen blühten in zartgelben Tupfen,
und an geschützten Stellen spross frisches Gras. Hin
und wieder scheuchten wir einen Feldhasen auf, und
einmal sahen wir zwei Hasen, die sich gegenseitig
ansprangen und prügelten. Da wusste ich, dass ein
Kampf bevorstand.

In der Siedlung Hochdorf trafen wir auf Wanderhandwerker. Bran und seine Söhne Albin und Raik
fertigten Bronzeschmuck: Hals- und Gürtelketten,
Fibeln und Armreife. Grimmulf erzählte ihnen von
der bevorstehenden Fürstenhochzeit, dem glän-
zendsten Fest aller Zeiten. Er selber sei ausgeschickt
worden, fremdländische Menschen und Waren aus
dem Süden herbeizuholen. Das kam Bran und seinen Söhnen gerade recht, sie beschlossen mitzuzie-
hen. Grimmulf sagte:

„Ihr werdet das Geschäft eures Lebens machen!
Dem Bräutigam bringt es Glück, nicht nur die Barden, sondern auch Kunsthandwerker wie euch fürst-
lich zu entlohnen."

Während Grimmulf und Bran das weitere Vorge-
hen besprachen, schaute ich gebannt zu, wie Albin
Entwürfe neuer Schmuckstücke als Wachsmodelle
fertigte. Mit seinen schlanken Fingern und
Modellierhölzern ließ er quellende Pflanzen, Tier-
und Menschenwesen entstehen, die ineinander ver-
schlungen sich ständig zu verwandeln schienen. Ich
staunte über die Lebendigkeit der sich spiegelnden
Ornamente und sagte:

„Sie sind Tanzbewegungen ähnlich, sie kommen
vor, gehen zurück, wölben sich, quellen auf, pulsie-
ren und schwingen in rhythmischem Ablauf."

Unwillkürlich ahmte ich die Dynamik der Ornamente tänzerisch nach. Der zwölfjährigen Raik sah,

wie sich meine Wangen vor Freude rosig färbten und meine Augen strahlten. Er stand mit offenem Mund da, als ich ihn beglückt anlächelte. Auch Grimmulf schaute mir zu und malte sich das Hochzeitsfest aus: Raik, nur mit einer hellblauen Schärpe bekleidet, reichte mir die Schale für das Trankopfer, und Bran und Albin boten den Tafelnden goldfunkelnde Schmuckstücke an. Dann würde ich zum Klang von Trommeln und Flöten in Ekstase fallen und dem Fürsten Antwort auf seine Fragen geben. Grimmulf strich sich mit der Hand übers Kinn: welch Glück, dass wir auf die Kunsthandwerker gestoßen waren! Schon lange hatte ich nicht mehr gelächelt. Er hatte sich Sorgen gemacht.

Grimmulf besorgte gefärbte Wolle zum Brettchen weben, rotes und blaues Stickgarn und eine Nadel, die er mir anvertraute, damit ich unterwegs und an den Abenden Borten für mein Kleid stickte. Ich errötete vor Freude über die Kostbarkeiten; wie gerne hätte ich Goia meine Schätze gezeigt! Dann ging er mit mir zu einem Händler, um Stoff für ein weit schwingendes Kleid zu wählen. Ich musste erklären, wie eine Etruskische Haube aussieht, und dem Gerber Anweisungen zum Nähen von Schnabelschuhen aus rot gefärbtem Kalbsleder geben. Währenddessen schmiedeten Bran und Albin Armringe aus Bronze und Klapperbleche für meinen festlichen Auftritt. Auch Raik hätte brennend gerne etwas für mich getan. Er fragte:

„Darf ich dein Pferd führen?"

Ich lachte: „Danke dir, aber Ora folgt mir von alleine."

Er schaute verlegen zu Boden.

Bran erstand Bronzebarren, belud sein stämmiges Pferd, und weiter ging es nach Nord-Westen. Die Stare flöteten, Vögel zwitscherten und suchten Halme für den Nestbau, ein Spatz zupfte an Oras Winterfell. Das waren gute Zeichen. Aber dann fing es an, in dicken Flocken zu schneien, und die Störche, die im Herbst davon fliegen und im Frühling wieder erscheinen, standen langbeinig in ihren schneebedeckten Nestern. Das ließ einen kalten Empfang im Norden befürchten. Unterwegs achtete ich auf die Gestimmtheit von Göttern und Geistern in Felsen und Quellen und bedachte sie mit Zeichen der Aufmerksamkeit, und sei es nur eine Blume oder ein besonderer Stein, den ich gefunden hatte.

Vor dem Eingang einer Höhle glühten Kohlen in der Asche eines heruntergebrannten Hirtenfeuers. Ich suchte trockene Gräser und Holz, um es anzufachen, blies in die Glut, bis die Flammen züngelten, und sprach Gebete für die Muttergottheiten in der Tiefe der Erde, die dem Land Fruchtbarkeit schenken. Und möge das Wetter sich bessern, damit die Störche ihre Eier ausbrüten und ihre Jungen aufziehen können! Die Störche mit ihren drei Farben waren den Muttergottheiten heilig: Weiß stand für das junge, unschuldige Leben, Rot für Blut, Kampf und Liebe, Schwarz für Alter, Weisheit und Tod. Sie waren Boten zwischen der Anderswelt und dem Leben auf der Erde im Tageslicht.

Da es Abend war, kochten wir uns einen Brei und suchten Schutz für die Nacht unter dem Felseneingang.

Bran kannte sich in der Gegend aus, er erzählte gerne von seiner Frau, den jüngeren Kindern und der Verwandtschaft. Bald würden wir zu seiner Siedlung kommen. Er wollte eine Zeitlang dort verweilen. Grimmulf wurde unruhig und gab die Länge des Weges zu bedenken, der vor uns lag. Aber Bran blieb unbekümmert und meinte, inzwischen müssten die Störche Nachwuchs gebracht haben. Auch hätte er zu Hause ein bequemes Bett.

Seine Frau, die ein Mädchen geboren hatte, empfing uns freundlich. Ich hatte Zeit, an meinen Borten zu arbeiten. Gerne nahm ich den Säugling auf den Arm und dachte wehmütig an mein flüchtiges Kind. In dieser Familie wäre ich gerne geblieben, aber Grimmulf wurde immer angespannter und blieb auch dann gereizt, als wir schließlich aufbrachen. Er herrschte mich an, mit wogenden Hüften und dramatischen Schreien zu tanzen. Er äffte meine träumerischen Bewegungen nach, und die eintönigen Gesänge und Anrufungen der Göttin - er ertrug es nicht. Erschrocken über seinen Hass, drehte ich mich hektisch, bis sich die Botschaften entzogen und das verzerrte Gesicht der Göttin mich erstarren ließ.

„Tanz weiter", schrie Grimmulf drohend mit erhobenem Arm.

Als er sich auf mich stürzen wollte, ging Bran dazwischen und sagte:

„Meinst du, der Fürst sieht gerne eine Tänzerin mit blauen Flecken?"

Grimmulf wandte sich wutentbrannt ab.

War er ein Mensch oder ein böser Geist, der mich verderben wollte? Ging der Dienst an den Göttern nicht über alles?

Viel später, in Grimmulfs Dorf Geirheim, erzählte mir die Kräuterfrau Póra, er sei als kleiner Junge vom Vater des jetzigen Fürsten Eskil als Friedensunterpfand nach einer kriegerischen Auseinandersetzung mitgenommen worden. Mutterseelenalleine musste er Quälereien erdulden und lernen, den Mächtigen zu gefallen, sich durch besondere Leistungen hervortun, um nicht verspottet und misshandelt zu werden. Beim Hochzeitsfest des jungen Fürsten Eskil hoffte er, endlich Anerkennung zu bekommen, bevor er nach dreißig Jahren in seine Heimat zurückkehrte.

Aber je näher wir dem fürstlichen Ort kamen, desto finsterer wurde er, denn seine Hoffnungen schlugen in die bittere Gewissheit um, sich mit mir, der fremden Tänzerin nur lächerlich zu machen. Im Wald lachte ein Specht.

Bran verweilte gerne in den Siedlungen und auf den Höfen, die unseren Weg säumten. In aller Gemütsruhe packte er seine Ware aus, während die Leute zusammenliefen. Er machte den Frauen Komplimente, scherzte mit den Kindern und versäumte kein Geschäft. Es seien schon viele auf dem Weg zur Hochzeit vorbeigekommen, sagten die Leute: Artisten, Barden, Händler, Ring- und Faustkämpfer. Wir seien spät dran. Die Tage wurden lang und länger und am längsten Tag des Sommers sollte die Hochzeit stattfinden. Bran ließ das gleichgültig, Geschäft war Geschäft, ob in kleinen Siedlungen oder auf dem Fest. Grimmulf blickte finster und sagte nichts mehr, es würde sowieso schief gehen, also, was soll´s.

Als wir mitten in den Hochzeitsvorbereitungen in Eskils Siedlung namens Feuerring ankamen, ging unsere Ankunft im Gedränge unter. Wir bahnten uns einen Weg vorbei an Töpfen mit brutzelnden Speisen. Frauen rupften Hühner und Enten, Kindern stopften Federn und Flaum in Säcke, Spaßmacher brachten sich in Stimmung. Grimmulf verhalf uns zu einem Nachtlager am Rande der Siedlung und Bran und seinen Söhnen zu einem Stand in einer Gasse; die besten Plätze waren längst belegt. Schon am übernächsten Tag sollte die Vermählung stattfinden. Auf dem Festplatz wurde die Bahn für die Kampfspiele abgesteckt, Tische und Bänke wurden herbeigetragen und mit grünen Fichtenzweigen geschmückt. Der Opferstein wurde gesäubert und Fackeln neben den geschnitzten Holzpfählen der Götter Freyr und Freyja aufgestellt, die Liebe und Fruchtbarkeit bringen.

Fürst Eskil rückte stolz den Bart, als er am Tag der Hochzeit seine Braut im lichten Gewand, auf den geschmückten Platz führte. Sein goldener Halsreif und seine Armspangen funkelten. Es wurden ein weißer Stier und eine weiße Kuh geopfert, bevor die Reiterspiele begannen, Ringkämpfer und Wettläufer auftraten. Dann setzte sich die Festgesellschaft zu Tisch, um zu speisen. Wir saßen an langen Tafeln zusammen mit Artisten und Handwerkern. Kinder flitzten mit Kannen voller Bier und Met und Schüsseln mit Ochsen- und Wildschweinbraten herum. Barden besangen den Ruhm der fürstlichen Familie und des Stammes, später dichteten sie aus dem Stegreif auf das junge Paar und veranstalteten Wettgesänge. Eskil hob sein funkelndes Gefäß auf das Wohl der Gäste, die ihm Glückwünsche zujubelten. Die Braut hatte ihre geflochtenen, blonden Haare zu einer Krone aufgesteckt so wie Turan, die Göttin der Schönheit in meiner Heimat.

Es drückte mir die Kehle zu: ich war erst 14 Jahre alt und würde niemals heiraten. Ob Tagon ein Kind hatte? Wie durch einen Nebel sah ich die Tanzbären, Feuerschlucker und Possentreiber, bis Grimmulf sagte:

„Jetzt, jetzt sind wir dran."

Ein Barde kündigte mich an und ich trat mit Ora, die nervös tänzelte, auf den Platz. Grimmulf heischte nach Aufmerksamkeit, und bat den Fürsten um eine Frage. Mit vom Met gerötetem Gesicht wandte sich Eskil seiner Braut zu und sagte:

„Ich will wissen, wie viele Söhne sie mir gebären wird."

Gelächter bei den Tafelnden und obszöne Bemerkungen. Ich wurde von Kopf bis Fuß gemustert, aber noch während ich zur Göttin betete, redeten alle wieder durcheinander, schrien nach Bier und Speisen. Die Lautstärke schwoll an, der Ton wurde schärfer, kaum jemand achtete auf mich. Grimmulf hatte Recht gehabt: zu wenig wogender Busen, üppige Hüften und wild fliegende Haare. Ich fühlte mich wie im Brausen des Windes, im Heulen des Sturmes und sah Blitze zucken, die nicht aus den Wolken, sondern aus den Fäusten der Prassenden kamen.

Meine Augen füllten sich mit Tränen, als ich in eine leere Wiege blickte, neben der eine einsame

Frau saß: das war die Braut. Es tat mir weh um sie, um alle kinderlosen Frauen. Der Schreck riss mich in die Gegenwart zurück, die aufgeladene Atmosphäre auf dem Platz traf mich wie ein Schlag in die Magengrube. Ein Betrunkener torkelte auf mich zu, da sprang Ora vor und biss ihn in die Schulter. Der Mann brüllte auf, hieb der Stute seine schwere Faust auf die Nüstern, und als wäre das das Zeichen gewesen, brach sich die Gewalttätigkeit Bahn: die Männer verhöhnten sich gegenseitig und wurden handgreiflich. Die Frauen drängten schreiend zusammen, einige stürzten sich mit ihren Männern ins Getümmel und feuerten sie an.

Grimmulf zog mich eilig vom Platz zu den Unterkünften:

„Hol deine Sachen, wir brechen auf", sagte er mit zusammen gebissenen Zähnen.

Wir verließen die Siedlung im Schutz der Dunkelheit, und hörten noch lange die Kampfesschreie vom Festplatz.

„Und Bran?", fragte ich.

„Der muss schauen, wie er durchkommt", sagte Grimmulf, „seine Geschäfte hat er ja gemacht."

Ohne Pause ritten wir bis zum Morgengrauen. Ich sah, wie Ora schnaubte und blutigen Schaum von ihren Nüstern schleuderte. Als wir abstiegen und ich ihren Kopf berührte, schrak sie zurück und zitterte. Ich sprach beruhigend auf sie ein, lehnte mich sachte an ihren Hals und summte Etruskische

Lieder: zuerst wehmütige und, als ich sah, dass sie die Ohren spitzte, auch fröhliche.

Grimmulf stand abseits in Gedanken versunken. Immer wirkte er fremd, ob hier im Birkenwäldchen, in dem wir Rast machten, oder neben dem Fürsten und seinen Leuten. Er hatte mir gesagt, seine Eltern und die Schwester seien gestorben, er habe noch zwei Brüder. Er machte eine wegwerfende Bewegung mit dem Kopf, als wolle er etwas Lästiges loswerden, stieß die Luft heftig aus, und fragte:
„Wie viele Söhne wird der Fürst bekommen?"
„Keinen", sagte ich, „kein einziges Kind."
Da lachte er gehässig und meinte:
„Du kannst in meinem Stamm weissagen."
Lieber wäre ich mit Bran und seinen Söhnen weiter gezogen.

Wer uns ohne Eile nebeneinander durch den Wald reiten sah, wunderte und fragte sich, ob wir Menschen oder Götter seien, die sich zu einem Spaziergang in die sichtbare Welt begeben hätten. Ich trug ein in dieser Gegend noch nie gesehenes Gewand mit bunten Borten, und der Mann neben mir wirkte fremd und unnahbar. Die Menschen wagten kaum, uns anzusprechen, wenn wir vorbeizogen, und wunderten sich, dass wir die angebotenen Speisen annahmen, und dem Mann ihre Sprache geläufig war. Wir waren Fremdlinge, wohin wir auch gehen würden. Wir wurden nirgendwo erwartet; besser war es unterwegs zu sein.

Allmählich löste ich mich aus dem Netz von Begierde und Neid der Menschen, die mich verstoßen hatten. Ich saß lieber auf Oras Rücken, als den trügerischen Boden mit den Füssen zu berühren. Vielleicht lag es an dem Kind, dessen Bewegungen ich gespürt hatte, bevor es sich verflüchtigt hatte. Es ließ mich in der Schwebe zurück.

Ich hatte es nicht eilig anzukommen: nicht dazuzugehören bedeutete Härte, Widerstand, und Schmerz. Weiter und weiter ins Ungewisse.

Wir hielten uns Richtung Norden durch das flache und hügelige Land. Es war nur ein paar Stunden Nacht. Grimmulf kannte den Weg zu einem Handelsplatz. Von dort wollte er mit dem Schiff über das Meer in seine Heimat gelangen.

Das Schiff, das uns mitnahm, beförderte Salz und Getreide. Die Luft strich über meine Haut, und ich schaute auf die Inseln und die menschenleere Küste, an der wir entlang glitten. Ich dachte an die Fahrt vor einem Jahr zusammen mit Goia. Das Schaukeln des Schiffes war so tröstlich wie die Umarmung auf ihrem Schoß als Kind, und meine Augen brannten, weil das Leben anders war als erhofft.

Die wortkargen Männer würdigten mich kaum eines Blickes, und Grimmulf sprach kein Wort. Nach drei Tagen segelten wir in eine Meerenge zwischen felsigen und bewaldeten Inseln hindurch, die sich im Wasser spiegelten. Wie schön das war.

Dort, wo das Schiff in einer Bucht anlegte, war eine Siedlung mit Lagerschuppen und Gehöften. Das Schiff wurde entladen und mit Fellen und Trockenfisch für die Rückfahrt beladen. Die Dorfbewohner schauten uns misstrauisch an, als wir nach einer Unterkunft für die Nacht fragten.

„Wer seid ihr?", wollten sie wissen.

„Wir kommen aus dem Land, das südlich des Meeres liegt, und ich will heim zu meinem Stamm; Geir war mein Vater, er war Stammesführer", sagte Grimmulf.

„Wir sind nicht gut Freund mit deinem Stamm, aber wir wollen die Gastfreundschaft nicht verletzen, ihr könnt diese Nacht bleiben", sagte eine Frau und wies ihre Tochter Jodis an, uns Grütze vorzusetzen.

Während wir unseren Getreidebrei löffelten, entstand ein unangenehmes Schweigen, und Grimmulf sagte auf mich deutend:

„Ihr könnt sie alles fragen, was ihr wissen wollt, sie ist Wahrsagerin."

„Na, dann soll sie mal sagen, was die Zukunft bringt", meinten die Leute.

Da tanzte ich, und versuchte das Bild von Not und Zerstörung, das sich über freundlichere Bilder legte, wegzuschieben. Ich sagte:

„Nehmt euch in Acht, es wird vielleicht einen Überfall geben, stellt Wachen auf."

Das wollten die Leute nicht gerne hören.

Als wir am nächsten Morgen weiterzogen, lief uns eine Horde kleiner Jungs über den Weg. Sie schwenkten übermütig ihre Holzschwerter. Mit Kriegsgeheul gingen sie auf uns Fremde los, aber eine Frau packte sie am Hemd. Ich lachte über einen Jungen, der sein Schwert durch die Luft sausen ließ, und schrie:

„Ich schlag euch den Kopf ab."

„Áki, jetzt reicht es", rief die Frau. „Diese Kinder, sie wissen nicht was sich gehört", sagte sie entschuldigend.

Grimmulf verzog keine Miene, schaute aufmerksam auf Häuser und Wege, so als wolle er sich alles gut einprägen.

Wir nahmen den Weg durch ein Flusstal, und gelangten nach fünf Tagen an einem windigen, kühlen Nachmittag in Grimmulfs Heimatdorf Geirheim an.

„Hier ist es", sagte er rau und sprang vom Pferd.

In seiner dreißigjährigen Abwesenheit hatte sich die Siedlung um einige Holzhäuser vergrößert. Das Langhaus seiner Familie war bei Weitem das Größte. Zusammen mit den Speicherhäusern lag das umzäunte Anwesen am Dorfplatz. Nichts regte sich: die Männer waren beim Fischen, schauten nach den Booten oder nach den Herden, die Frauen und Kinder sammelten Pilze und Beeren in den Wäldern. Außerhalb des umzäunten Dorfes vor einer abseits gelegenen Hütte saß eine alte Frau an einem Feuer, warf hin und wieder etwas in einen Kessel und murmelte dazu.

„Die Póra" sagte Grimmulf ungläubig, „das muss die Kräuterfrau sein."

„Póra", rief er zu ihr hinüber, und sie hob lauschend den Kopf.

„Póra", rief er lauter, „kennst du mich noch? Ich bin Grimmulf Geirson."

Er ging zu ihr hin und sie fragte:

„Bist du Grimmulf Geirson, der als kleiner Junge fort musste?"

„Ja, der bin ich."

„Lass dich anschauen", sagte sie und streckte die Hände aus, „ich bin steinalt und sehe nicht mehr gut."

Grimmulf beugte sich zu ihr hinunter, so dass sie sein Gesicht mit ihren krummen Fingern abtasten konnte.

„Der Grimmulf" murmelte sie, „die Nase wie der Vater ... und wen hast du bei dir?"

„Eine Etruskerin, sie heißt Manto. Ich erzähl dir später davon", sagte er, von plötzlicher Unruhe erfasst. „Kann sie bei dir wohnen?"

Póra schimpfte vor sich hin und brabbelte etwas, das nicht nach einem Willkommensgruß klang.

„Ich lass dir Brennholz und Fleisch bringen", sagte er.

Póra wandte sich brummend ab. Zu mir sagte er:

„Bleib hier, du kannst in die Hütte gehen." Dann ging er mit großen Schritten zum Haupthaus in der Dorfmitte.

„Er will dich loswerden" kicherte Póra, „aber die wollen ihn auch nicht haben."

Sie machte eine vage Geste zum Dorf. Die alte Frau stank nach fauligem Fleisch, und auch der Dampf ihres Kessels roch seltsam. Ich blieb unschlüssig stehen, der Wind hatte die Wolken zusammengetrieben, und dicke Tropfen klatschten auf den Boden und die Blätter eines Holunderstrauches. Die Hütte mit Grassodendach, auf dem Farnkräuter wuchsen, stand halb verborgen unter den Ästen einer mächtigen Fichte. Ich führte Ora unter das schützende Nadeldach, klopfte ihren Hals und sprach ihr gut zu, dann trat ich über die Holzschwelle in den verrußten Raum. Die Alte rührte weiter in ihrem Topf mit einem Singsang von Beschwörungen.

In der Hütte war es dunkel; nach und nach erkannte ich Kräuterbüschel, Wurzeln, Mohnkapseln, und Girlanden von getrockneten Kröten, Schlangen und Fischen, von Rindenstücken und Wachs, die an den Wänden und der Decke hingen. In Tontöpfen standen ranzige Pasten, die streng rochen. In einer

Ecke war das Lager der alten Frau mit Fellen und Decken; mitten im Raum gab es eine Feuerstelle. Wo sollte hier noch Platz für mich sein? Ich schaute mich um und entdeckte die Brennholzkammer. An einer Wand war eine Lagerstätte aus Rundhölzern gebaut. Mit einem Büschel Fichtenzweigen säuberte ich sie von Spinnweben und Mäusekot. Póra kümmerte sich nicht um mich, mit halb geschlossenen Augen rührte sie weiter in ihrer Brühe. Ich ließ mich auf die Stämme nieder, und stützte den Kopf in die Hände. Was sollte ich hier? So wie draußen die Regentropfen auf die Holunderblätter prasselten, fühlte ich mich in der Wirklichkeit aufprallen.

Während ich betete, hörte ich die Überraschungsrufe der Dorfbewohner über Grimmulfs Rückkehr. Dann verblasste die Außenwelt und ich gelangte in einen lichten Raum über meinem Kopf, der sich weitete, mich in Wärme und Geborgenheit hüllte. Ich nannte ihn beglückt: „Die Wohnung der Göttin".

Am Abend brachte ein Junge Filzdecken, ein Fell für mein Lager und eine Schüssel Suppe. Er sagte, ich solle mit ins Haupthaus kommen. Das Dorf lag am Waldrand unter einzelnen hohen Fichten. Durch die Stämme hindurch, sah ich das Weideland mit grasenden Schafen. Ora hatte sich zu ihnen gesellt und rupfte Grasbüschel, so, als habe sie alle Zeit der Welt. Es musste seine Richtigkeit haben, dass ich hierhergekommen war. Auf dem Weg von Póras Hütte zur Dorfmitte fiel die Scham von mir ab, eine taube Nuss zu sein, deren Frucht hohl war. Ich richtete mich auf und trat in das Haus.

Die Gespräche verstummten und die Dorfbewohner starrten mich an: die einen neugierig, da sie noch nie eine Fremde gesehen hatten, andere misstrauisch. Grimmulf verkündete:

„Manto wird für uns tanzen und weissagen. Ich habe mit eigenen Augen gesehen, mit eigenen Ohren gehört, wie ein alter Druide sie gesegnet hat. Ich war dabei, als sie dem Fürsten Eskil auf dem großen Hochzeitsfest geweissagt hat. Sie wird uns unschätzbare Dienste leisten, den günstigsten Zeitpunkt für Beutezüge nennen, so dass wir reich beladen, als Sieger zurückkommen."

Der Stammesführer Halfdan, Grimmulfs älterer Bruder, zog die Augenbrauen zusammen und sagte:

„Lass es uns besprechen, Bruder, sie betet zu einer fremden Göttin, und wir beten zu Odin und Thor, zu Freyr und Freyja. Wir wollen unsere Götter nicht kränken: sie sorgen für unseren Nachwuchs, für die Geburt der Lämmer, der Zicklein und Fohlen, für das grüne Gras auf den Weiden, die Früchte auf dem Feld und an den Sträuchern."

Er wölbte die Brust: „Wir beten zu Thor für Mut im Kampf, zu Odin für erfolgreiche Beute- und Kriegszüge."

Er klopfte Grimmulf gönnerhaft auf die Schulter:

„Eine fremde Göttin aus dem Süden, wie soll sie sich hier auskennen?"

Er lachte, und die Versammelten stimmten mit ein. Grimmulf fuchtelte wie ein Ertrinkender mit den Armen und rief:

„Stellt ihr eine Frage, und ihr werdet sehen!"

Aber sein Ausruf ging in den Bezeugungen für Odin und Thor unter.

Halfdan und seine Männer hatten schon seit längerem beschlossen, im Herbst jene Hafensiedlung zu überfallen, durch die wir gekommen waren. Aber obwohl sie Odin mehrmals Opfer brachten, erhielten sie keine eindeutige Antwort: der Rauch des Opferfeuers schwankte hin und her anstatt gerade aufzusteigen, das Feuer brannte eine Weile, dann glimmte es nur noch vor sich hin. Die Männer wurden ungeduldig: Häuser in Stand zu setzen war auf Dauer langweilig, sie lechzten nach Kampf. Streit brach aus, und nach dem dritten vergeblichen Versuch, von Odin eine Antwort zu bekommen, rief Halfdan ärgerlich:

„Grimmulf, hol deine Tänzerin, lass sehen, was ihre Göttin zu sagen hat."

Als ich auf den Kultplatz beim Moor trat, lachte ich leise, da mir alles bekannt war: die Nadelbäume, der Abend, das Feuer, die Männer, die im Kreis saßen, die Spannung, die in der Luft lag, und Grimmulf, der seine Chance witterte. Ich hatte bunte Stoffstreifen an mein Gewand genäht. Im Feuer knisterten Fichtenzapfen und die Funken sprühten. Die Freude, am richtigen Ort zu sein, machte mich schwindelig. Im Scheppern und Klirren der bronzenen Armbänder und Rasseln, hob ich Arme und Gesicht. Mein Leib schlängelte lustvoll vor und zurück und streifte die Männer. Im Rausch öffnete ich mein Mieder und ließ die Brüste hüpfen. Ein ungeahnter Triumph ergriff mich, ich hob die Röcke und drehte mich mit entblößter Scham, lachte und schrie. Als ich in Zuckungen zu Boden stürzte, die Beine öffnete und das Becken vor- und zurückschwang, stöhnten die Männer auf. Grimmulf beugte sich zu mir hinunter, angespannt lauschend.

„Drei Nächte", keuchte ich, „drei Nächte nach dem Schwarzmond sollt ihr auf Beutezug gehen."

Grimmulfs Gesicht glühte: wenn der Beutezug gelänge, hätte er, dank der Etruskerin, seinen Platz in der Gemeinschaft erobert. Schon jetzt schauten ihn die Männer mit anderen Augen an, während sie zu mir herüberschielten.

Später in der Hütte würgte es mich vor Ekel: hatten sich wilde, nordische Götter in meinen Tanz gedrängt? Ich hörte Póra grässlich kichern und spotten. Ich drückte die Nägel in die Handflächen und wagte nicht aufzuschauen, als ein Junge eine Schüssel dampfender Gerstensuppe mit Speck brachte.

Tränen tropften auf den Löffel, als ich ihn zum Munde führte.

Die vorausgesagte Zeit nahte, die Männer schärften ihre Waffen, und die Frauen packten Trockenfleisch für die Reise ein.

Fünf Nächte nachdem sie fortgeritten waren, hatte ich schwere Träume: ich hörte fernes Kriegsgeheul und Angstschreie; sah, wie Männer erschlagen und Frauen vergewaltigt wurden. Die Bilder folgten Schlag auf Schlag, ich war nass vor Schweiß. Dann sah ich zwei Männer, die Jodis, das junge Mädchen, das uns einst bewirtet hatte, abfingen, als es in den Wald flüchtete, ihm die Kleider vom Leib rissen und sich an ihm vergingen. Ich sah, als würde ich mich über sie beugen, ihr schreckensstarres Gesicht, die wirren Zöpfe und ihren geschändeten Leib. Ihr kleiner Bruder wisperte in einem fort ihren Namen, ohne sich zu rühren. Es war Áki, der sich uns in den Weg gestellt hatte.

Die unerträglichen Bilder ließen mich nicht mehr los. Der Schmerz presste schaurige Töne aus meiner Kehle, und Póra, die nur noch das Weiße meiner Augen sah, rüttelte und schlug mich, und als das nichts half, flößte sie mir ein Getränk ein. Mein verkrampfter Körper erschlaffte.

Am nächsten Tag dämmerte ich vor mich hin: es war wie damals auf der Halbinsel, dasselbe holzige, ungelenke Gefühl meines Körpers und der quälende Durst.

Einige Tage später kamen die Männer siegreich zurück. Zwischen all den Säcken, blökenden Schafen und gefangenen Kindern entdeckte ich Áki. Ich stellte mich den Reitern in den Weg und sagte in einem Ton, der keine Widerrede duldete:

„Gebt mir das Kind."

Grimmulf und Halfdan schauten sich an, der eine nickte, der andere zuckte mit den Schultern. Ich nahm das verängstigte Kind an der Hand und ging zu Póras Hütte.

Das Prahlen, Grölen und Feiern hielt die Nacht hindurch an. Ich verkroch mich mit dem Jungen, der keinen Ton sagte, auf meinem Lager.

Áki folgte mir in den Wald zum Heidelbeeren Pflücken, ins Haupthaus, um Vorräte zu holen und Brennholz zu schleppen. Aus Filz nähte ich ihm Winterkleidung und dankte der spitzbübischen Göttin dafür, dass sie mir doch noch ein Kind geschenkt hatte.

„Áki", sagte ich, „Jetzt bleibst du bei mir; wenn du groß bist, darfst du wieder heim, aber verrate es niemandem, sie würden dich nicht lassen. Versprich es mir."

Áki nickte ernst:

„Ja, ich will bald groß sein."

Die gelben Blätter der Espen zitterten im Wind. Nachts kam der erste Frost. Ich wurde öfters zum Kultplatz geholt, denn es gab drängende Fragen. Halfdan und seine Frau Frida bekamen kein Kind, obwohl Frida mehrmals bei Nacht nackt auf dem Quellstein geritten war, den sie mit Öl eingestrichen hatte, um besser hin- und herzugleiten, und der Quellmutter Opfer gebracht hatte. Ich sah im Tanz, wie Frida ein Kind zur Welt brachte, das merkwürdig schlaff wirkte. Eine andere Familie wusste nicht mehr ein noch aus, weil die Männer in ihren Tobsuchtsanfällen den Hausrat zerschlugen. Außerdem wollte das Dorf wissen, ob sie einen Racheangriff zu befürchten hätten, und wann der günstigste Tag zum Schweineschlachten sei. Vor allem die älteren Männer und Frauen sahen es nicht gerne, dass ich immer öfters herangezogen wurde. Sie sagten, Odin und Thor würden sich eines Tages rächen, und netzten ihre Pfahlbilder mit Blut. Halfdan jedoch lief mit stolzgeschwellter Brust herum, denn ich hatte nichts über die schwache Gesundheit des werdenden Kindes verraten.

Die Männer lechzten danach, eine entferntere Siedlung zu überfallen. Jetzt im Herbst, lockten die Vorräte und die Tiere hatten sich über den Sommer fett gefressen. Ich tanzte und sah die erfolgreichen Männer auf dem Rückweg ihres Beutezuges mit schwer beladenen Tieren und einer Schar Kindersklaven. Dann aber verschwand das Bild in einem weißen Wirbel und mir wurde schwindelig. Obwohl ich am Feuer tanzte, begann ich zu frieren und am ganzen Leib zu zittern. Ich zog die Arme um den Körper und kauerte am Boden nieder, während ich den peitschenden, eisigen Wind zu spüren meinte. Schließlich berührte Grimmulf mich an der Schulter. Meine Zähne klapperten. Wo war ich? Ich ging näher zum Feuer, um mich aufzuwärmen.

„Und", fragte Grimmulf, „was hast du gesehen?"

Ich rang nach Luft:

„Der Raubzug wird erfolgreich sein, aber auf dem Rückweg werdet ihr von einem Schneesturm überrascht, und einige Männer werden erfrieren."

„Um diese Zeit sind die Schneestürme noch nicht gefährlich" meinte Grimmulf spöttisch: „Du Südländerin glaubst, ein paar Schneeflocken seien der Weltuntergang. Je schneller wir uns auf den Weg machen, desto besser."

„Dein Tanz, neulich, hat mir besser gefallen", lachte Halfdan anzüglich, „da war dir nicht so kalt."

Er griff mir zwischen die Beine, und sagte:

„Heiß ist es da, lass mal nachfühlen."

Benommen, wie ich war, ließ ich mich widerstandslos vom Platz drängen, und er warf mich ins Moos. Ein Mann rief:

„Pass auf, dass sie dir nichts anhext."

Halfdan lag schwer auf mir. Er keuchte. Als er in seiner Männlichkeit gestärkt wieder aufstand und seine Hose zuband, gab er das Zeichen zum Aufbruch für den übernächsten Morgen.

Seit Wochen waren die Männer schon unterwegs. Als der Vollmond sich am nächtlichen Himmel rundete, sagten die Frauen, in den nächsten Tagen müssten die Männer zurückkommen. Der Mond war von einem weißen Hof mit rötlichem Rand umschlossen, und das Wetter schlug um. Sturm kam auf, wirbelte die Blätter durch die Luft und heulte in den Kronen der Fichten. Eilig wurden die Tiere in den Stall getrieben, und am nächsten Morgen war die Landschaft schneebedeckt. Als alle meinten, das Unwetter würde sich beruhigen, und zu den Türen hinausschauten, sahen sie eine schwarze Wolke, die das Land verdunkelte und den Himmel auslöschte. Es fing an, so dicht zu schneien, dass man das nächste Haus nicht mehr sehen konnte. Nach zwei Tagen und zwei Nächten reichte der Schnee fast bis zu den Dächern, und die Haustüren gingen nicht mehr auf. Áki konnte sich durch die Fensteröffnung zwängen und die Tür von außen freischaufeln. Dann kam die Sonne wieder, und der Schnee blendete und glitzerte; Ich ließ Ora vorausgehen, um einen Weg ins Dorf zu bahnen. Die Frauen fragten angstvoll nach ihren Männern und jammerten, das Weltenende sei gekommen, der drei Jahre währende Winter vor der großen Feuersbrunst, die alles Leben verschlingen würde.

Dann trampelten sie einen Weg in den brusthohen Schnee, um den Männern entgegen zu gehen. In meinen Träumen sah ich Krähen in den Schneewehen hüpfen und einen kreisenden Raubvogel.

Als die Männer schneeverkrustet im Dorf erschienen, die erschöpften Pferde hinter sich herziehend, fehlten mehrere. Im Haupthaus halfen ihnen die Frauen, sich ihrer starren und nassen Kleidung zu entledigen, versorgten sie mit Decken und Fellen, heißen Getränken und Suppe. Sie fragten nach den Zurückgebliebenen, ob sie nachkämen. Grimmulf wich meinem Blick aus; er hielt sich kaum auf den Beinen und fiel erschöpft in einen unruhigen Schlaf. Einige Frauen machten sich mit zwei großen Schlitten auf den Weg, um nach den Vermissten und den im Schnee zurückgelassenen Vorräten und Tieren zu suchen. Sie kamen Tage später mit einigen Schafen und zwei überlebenden Männern, die sich zwischen den Tieren in einer Schneehöhle verkrochen hatten. Auf einem der Schlitten lag der tote Halfdan. Drei andere Männer, die erfroren waren, hatten sie den Raubvögeln und Wölfen überlassen und den anderen Schlitten mit Linsen- und Getreidesäcken beladen, die sie aus dem Schnee gezogen hatten. Die geraubten Kinder waren allesamt umgekommen. Erst jetzt, nachdem die Frauen wussten, welche von ihnen Witwen waren, hoben sie an zu klagen und zu schreien. Mich trafen drohende Blicke.

Regengüsse tauten den Schnee auf, und Halfdan wurde in seinem besten Gewand, mit Bronzeschmuck, dem Amulett aus Wolfszähnen, Schwert und Trinkhorn nahe beim Kultplatz bestattet. Birkenpechfackeln steckten im aufgeweichten Boden und qualmten im nassen Wind. Der schönste der erbeuteten Widder wurde geopfert und die Götterpfähle wurden mit seinem Blut besprengt. Dann schütteten die Männer den Grabhügel auf, und es gab ein üppiges Leichenmahl. Die Macht ging auf Grimmulf über, der die Witwe seines Bruders, Frida, zur Frau nahm und Stammesfürst wurde.

Grimmulfs jüngerer Bruder Ôlvir suchte Verbündete und behauptete, der Ausgang des Beutezuges sei Odins Rache. Im Dorf brodelte es vor Anschuldigungen, Angst und Neid. Dann verbreiteten zwei fremde Männer, von denen nicht genau auszumachen war, woher sie kamen, Unruhe im Dorf. Sie lungerten herum, und ich ließ Áki nicht aus den Augen. Als sie fort waren, bekam ich wieder Albträume und sah, wie erschöpfte Kinder einen Weg entlang stolperten. Ich würgte und musste mich übergeben. Der bittere Geschmack ließ sich nicht wegspülen. Plötzlich sah ich in die Augen meines Vaters, des Sklavenhändlers, schrie gellend und schlug um mich, bis Póra mir das Getränk einflößte. Áki rührte sich die ganze Nacht und den Vormittag über nicht vom Lager, bis ich die Augen öffnete. In dieser endlosen

Zeit war sein Heimweh noch gewachsen, denn als er mir die Wasserschale reichte, sagte er:

„Ich bin jetzt bestimmt so groß wie du."

Die Tage wurden kürzer und ich versank in Einsamkeit. Die Übergänge zwischen Gegenwart, Vergangenheit und Zukunft verschwammen. Wenn ich mein Gesicht in der Schafwolle vergrub, die ich zum Spinnen geholt hatte, war ich wieder am Ort meiner Kindheit, in Goias Hütte. Dann sprach ich Etruskisch und Áki lief eine Gänsehaut über den Rücken. Wurde ich von grauenhaften Träumen überfallen und hörte nicht mehr auf zu schreien, holte er Póra. Je öfter ich nach dem Trunk verlangte, desto seltener gelangte ich in jenen lichten Raum, den ich die Wohnung der Göttin nannte. Ich war wie ein ausgeplündertes, leeres Gefäß, eine vom Wind zerfetzte Wolke.

Dämmerte ich dann Tag und Nacht vor mich hin, schnitzte der Junge Tiere, Häuser und Menschen aus Weidenholz und baute sein heimatliches Dorf auf.

Dann und wann klopfte jemand mit einer Frage an die Tür, aber die Besucher blieben spärlich, jetzt, wo es auf den Winter zuging, und es alle Hände voll zu tun gab. Die Bilder, die mir erschienen, verzogen und verzerrten sich. Wie Wasserspiegelungen, gerieten sie ins Schwanken und entglitten. Meine einzige Freude war eine Kohlmeise, die in den Zweigen der

Fichte herumhüpfte, und mit einem Zwitschern auf meine Hand flog, um Krümel zu picken. Aber eines Tages lag der Vogel tot vor der Tür. Ich hob ihn auf und strich mit seinen seidigen Federn über meine Wange. Dann nahm ich die Figur der Göttin Uni in die Hände und flehte sie an, mir die Gabe der Weissagung zu nehmen, da ich nicht stark genug sei, die Bilder zu ertragen. Nie wieder wollte ich den günstigsten Zeitpunkt eines Beutezuges voraussagen und all die Gräuel in meinen Träumen erleben. Ich wollte Grimmulf bitten, mich im Frühjahr nach Süden ziehen zu lassen. Bis zum nächsten Herbst könnte ich zu Brans Siedlung gelangen.

Die Gebete und Gedanken gaben mir die Kraft, den Winter zu überstehen. Ich fühlte mich wieder ruhiger. Ich ließ Áki von einem Felsblock auf Oras Rücken klettern, damit er reiten lernen konnte; seine Wangen färbten sich rot vor Kälte und Eifer.

Frida war grau im Gesicht, sie hatte Schmierblutungen und ihr war übel. Täglich gab Póra ihr stärkende Medizin und rieb ihre Glieder ein. Grimmulf war besorgt um sein Ansehen.

Als ich ihn im Frühling bat, mich gehen zu lassen, drohte er:

„Dich sollte man im Moor versenken, nichts als Unglück hast du gebracht."

Ich musste mit Áki ins Langhaus ziehen, denn ich durfte keinem anderen Stamm in die Hände fallen. Wenn ich tanzen sollte, schüttelte ich den Kopf. Zwang er mich, erhaschte er nur noch verworrenes Gebrabbel, bevor ich zu Boden sank. Áki schämte sich seiner Pflegemutter. Er suchte sich einen anderen Schlafplatz, und freundete sich mit Skorri, einem Jungen seines Alters an.

Im Hochsommer brachte Frida ihr Kind zur Welt. Es war ein Junge, aber das Neugeborene wollte nicht schreien. Als es Grimmulf zu Füßen gelegt wurde, stieg ihm die Zornesröte ins Gesicht. Er wandte sich ab und sagte voller Abscheu, solch ein Schwächling könne nicht sein Sohn sein. Anstatt ihn aufzuheben und anzunehmen, gab er ihm einen Fußtritt. Frida wimmerte. Sein Bruder Ôlvir, der drei gesunde Kinder hatte, höhnte:

„Nicht mal Halfdan und du zusammen …"

Grimmulf bückte sich, ergriff den leblosen Säugling und schleuderte ihn unter die Hunde, die sich gierig auf ihn stürzten. Er schrie:

„Wir machen Krieg mit Eskil, mit dem Volk, das unseren Vater besiegt hat und mich so lange als Geisel festgehalten hat. Manto soll tanzen!"

Gestützt auf zwei Frauen, da ich mich kaum auf den Beinen hielt, bewegten sich meine Glieder von alleine, sobald das Scheppern der Klanghölzer und Bleche ertönte. Ich lächelte abwesend, und tanzte so lange, bis Grimmulf mich ungeduldig anherrschte:

„Was sagt deine Göttin? Wann ist der beste Zeitpunkt?"

Das Lächeln wich aus meinem Gesicht, ich zog die Brauen angestrengt zusammen und versuchte ein Bild zu erfassen. Schweißgebadet blieb ich stehen, senkte den Kopf und stöhnte:

„Es ist zu heiß beim Feuer."

„So", zischte Grimmulf, „dir ist zu heiß, dann weiß ich ein ganz besonderes Opfer für Odin."

Die Frauen schleppten mich zu meinem Lager zurück. Ich hörte noch eine Weile ihr Schwatzen und helle Kinderstimmen. Ich dankte der Göttin, dass sie mir die Gabe genommen hatte und spürte zugleich, dass ein anderes Leben mir nicht vergönnt war.

Als die Dorfbewohner zum Opferplatz zogen, wurde es ruhig im Haus. Ich hörte Ora wiehern. Verschwommen sah ich, wie Tagon damals sein Fohlen opferte und die Fleischkeule den Töchtern des Volna anbot. Tränen liefen mir über das Gesicht.

Als die Frauen mit großen Fleischstücken vom Opferplatz kamen, wurde gebraten, gekocht und gebrutzelt, und der Fleischduft zog durch das Haus. Dann gingen sie mit dampfenden Schüsseln und bettelnden Kleinkindern an ihren Röcken zum Festschmaus.

Im Haus waren nur noch die bettlägerige Frida und ich. Weil es so ruhig war, wachte ich auf und setzte mich hin. Jede Bewegung schmerzte. Ich wollte aufhören zu weinen, aber die Tränen rannen einfach weiter. Frida flüsterte erstickt:

„Mein einziges Kind … den Hunden …" sie schluchzte auf: „und dein Pferd … geopfert."

In den nächsten Wochen machten sich alle bis auf ein paar alte Menschen, schwangere Frauen und Kinder auf den Weg. Auch Halbwüchsige zogen mit, denn es würde kein leichtes Unterfangen sein, Eskil und seine Leute, die weit in der Überzahl waren, zu besiegen. Grimmulf hatte den Vorteil der genauen Ortskenntnis und war vertraut mit ihren Lebensgewohnheiten. Er wusste, dass die Männer nach dem Sommerfest tagelang betrunken waren. Seine Rache kochte und seine Entschlossenheit überzeugte auch die Gegner, obwohl die Losbefragung zweifelhaft ausfiel. Ein alter Mann warnte sie, denn Grimmulfs Pferd hatte schrill gewiehert.

Die Überlebenden der Siedlung am Meer, die im vorigen Herbst überfallen worden waren, mussten den Aufbruch in Geirheim mitbekommen haben, denn mitten im Sommer schlichen sie sich in den wenigen dunklen Nachtstunden in die ungeschützte Siedlung und setzten die Häuser in Brand. Áki sprang vom Lager auf, weil es brenzlich roch, zog

den schlaftrunkenen Skorri mit sich, und lief gerade-
wegs seinem fassungslosen Vater in die Arme.

„Das ist mein Freund Skorri", sagte er und legte
ihm den Arm um die Schultern.

Frauen und Kinder rannten schreiend aus den
brennenden Häusern, und wurden gefangengenommen, die Alten erschlagen. Da fiel Áki etwas ein:

„Vater", sagte er, „Manto ist noch im Haus."

Das Dach brannte lichterloh, die Flammen braus-
ten auf, das Gebälk knackte und zerbarst.

Manto hatte eine Vision. Sie staunte: sie war ein
Mann in nie gesehener, wattierter Kleidung, und ihr
Geliebter Tagon verwandelte sich in einen Reiter,
der golden glänzte wie die Sonne. Sie ritten durch ein
rotes Felsentor.

Teil 2: Fernando aus Genua

„Warum wollen Sie irgendeine Beunruhigung, irgendein Weh, irgendeine Schwermut von Ihrem Leben ausschließen, da Sie doch nicht wissen, was diese Zustände an Ihnen arbeiten? ... Da Sie doch wissen, daß Sie in den Übergängen sind, und nichts so sehr wünschten, als sich zu verwandeln."
                                                                R.M. Rilke

Ich erzählte Renate von meiner Italienreise nach Tarquinia, und von Mantos Geschichte:

„Sie durfte nicht sie selbst sein, musste sich durchlässig machen für die Botschaften der Göttin, und sich den Forderungen der Stammesführer beugen. Und als sie sich weigerte, blieb nur noch der Tod."

„Jorun, heute darfst du deinen eigenen Weg gehen. Sei mutig!", sagte Renate.

Endlich wagte ich einen beruflichen Neuanfang. Und ich ging einer weiteren drängenden Lebensfrage nach, die mich umtrieb:

„Ich habe panische Angst, verletzt zu werden oder andere zu verletzen, und mein Gesicht zu verlieren. Woher kommt das?"

„Geh von dem letzten Bild in Mantos Geschichte aus, von ihrer Vision", sagte Renate. „Wer ist der Mann mit der seltsamen Kleidung? Versuch ihm nachzuspüren."

„Er reitet, er ist erschöpft, die Kleidung ist zerrissen ... seine Hände sind schlank und beweglich ... wenn er redet, redet er auch mit den Händen. Er könnte Italiener sein … aus einer Hafenstadt, wo der Handel floriert … vielleicht Genua."

„Gut", sagte Renate, „was willst du tun?"

„Ich reise natürlich nach Genua!", sagte ich, „gehe in der Altstadt spazieren, lasse die Atmosphäre auf mich wirken, und suche in den engen Gassen ein Haus für meinen Helden. Dann setze ich mich auf die Treppe beim Dom, neben einen der treuherzig guckenden Steinlöwen, und lasse die Geschichte beginnen.

7 Geschwister

Bist du 's Fernando? Auf seinem Steckenpferd springt er durchs Haus. Die braunen Locken fliegen auf und nieder. Mal wiehert er wie ein Pferd, mal feuert er es an, während die kleine Schwester Bella aus vollem Halse lacht und mit ausgestreckten Armen hinter ihm her tapst. Fernando, wo bist du? Die Treppe rauf und runter, auf die Holzbank hüpfen, bis die Mutter Ricarda die Augenbrauen zusammenzieht, von ihrer Handarbeit aufschaut, und den Sohn am Schlafittchen packt:

„Fernando, jetzt reicht 's!"

Neben ihr sitzt Simiona, die zu groß für solche Kindereien ist und sich mit Nadel und Faden abmüht; sie verzieht den Mund über die kleinen Geschwister und schüttelt unwillig den Kopf; lieber hätte sie einen älteren Bruder gehabt.

Ricarda, eine stolze Frau mit hochgesteckten dunklen Haaren, hatte sich das Leben anders vorgestellt: mit einem Samtkleid wie es die Nachbarin, die Frau des Uhrmachers trägt, und einem Mann, der nicht Tag für Tag bis spät in den Abend hinein in der Werkstatt hockte, und seinen Rücken über den Messinstrumenten beugte, die er minutiös zusammenbaute. Abends sollte Zeit und Muße sein, über den Domplatz zu promenieren. Seufzend legte sie das Mieder für Simionas neues Kleid beiseite, das sie mit einer Rosenranke bestickte, und eilte zur Magd in die Küche - an alles musste man sie erinnern. Gia, gutmütig und behäbig, stand schon wieder schwatzend am Fenster.

„Gia, vergiss nicht den Fisch zu kaufen. Ist noch Petersilie da? Und Salz?"

Ricarda schnitt den Lauch für die Suppe klein, während Gia noch einmal mit dem Einkaufskorb durch die schmalen Gassen bis zum Hafen lief.

„Und schwatz nicht mit Antonia und Gisela, und ich weiß nicht wem, beeil dich!", rief ihr Ricarda hinterher.

Die Kleinen tobten im Wohnraum: Fernando stieß bei einem wilden Sprung an die Tischkante, stürzte und hielt sich schreiend den Kopf. Sofort war die dreijährige Bella bei ihm, spitzte die Lippen und zerrte seine Hände fort, um den Schmerz wegzublasen. Fernando schubste sie grob zurück. Die Mutter strich die Hände an der Schürze ab, zog die Kinder ungeduldig auf die Füße hoch, und sagte:

„Ich will nichts mehr von euch bis zum Essen hören."

Das Steckenpferd mit der abgenützten Flachsmähne stellte sie entschieden in die Ecke. Fernando war wieder auf den Boden gerutscht und griff nach den Bauklötzen, während Bella schniefte:

„Darf ich mitspielen?"

„Nein", sagte Fernando böse, „lass mich in Ruhe."

Da setzte sie sich in einen Winkel, lutschte an ihrem Daumen und ihr Blick folgte sehnsüchtig jeder Bewegung ihres Bruders. Simiona ging zufrieden zur Mutter in die Küche und schnitt freiwillig Zwiebeln, um ein Lob zu bekommen.

Als die Suppenschüssel dampfend auf dem Tisch stand, schickte Ricarda Fernando in die Werkstatt hinunter, um die Männer zum Essen zu holen. Hier war es so eng, dass kaum Platz war, aneinander vorbeizukommen. Es roch nach Metall und Schmierfett und beim Quietschen der Feile zog sich Fernandos Gesicht zusammen. Er hielt sich die Ohren zu und schrie:

„Das Essen ist fertig!"

Sein Vater Eugenio war in seine Arbeit vertieft, Marcello, der Geselle, wusch sich die Hände in einer Emailschüssel und der schlaksige Lehrling Carmelo, Fernandos Vetter, streckte sich erleichtert. Fernando schaute wie immer auf die Kopie der Weltkarte des Juan de la Cosa, die eingerahmt neben der offenen Tür hing. Es waren Burgen und Schiffe darauf gemalt, und jedes Mal war er von den heiligen drei Königen aus dem Morgenland fasziniert, die nach Jerusalem ritten. Sie waren prächtig gekleidet und hielten wertvolle Geschenke in ihren Händen.

Am Abend, als Eugenio im Sessel saß, dessen Bezug Ricarda mit Blüten und Blättern in dunklen Rottönen bestickt hatte, sagte sie:

„Fernando wird bald sechs Jahre alt, findest du nicht, dass wir einen Lehrer nehmen sollten, um ihn zu unterrichten?"

Eugenio schaute sie verwundert an:

„Wo denkst du hin? Wir sind keine Adligen und in ein paar Jahren wird er bei mir in der Werkstatt genug zu lernen haben."

„Er sollte schon vorher lesen und schreiben lernen, und auch die Mädchen. Simiona und Bella könnten Laute spielen."

Eugenio sagte, in Gedanken vertieft:

„Stell dir vor, heute kam Signor Gasparo und fragte, ob jemand von uns einen Portolan, eine Sammlung Seekarten mit Navigationslinien kopieren könne. Alle wollen jetzt zu den Neuen Indien. Vielleicht könnte Fernando bei einem Lehrer das Karten Zeichnen lernen; die Aufträge häufen sich. Er griff nach der Hand seiner Frau, und sagte:

„Du bist eine kluge Frau. Weißt du Jemanden, der in Frage kommt"?

Ricarda lächelte geschmeichelt und sagte:

„Meine Schwester Violetta und ihr Mann haben einen Lehrer für ihre Kinder eingestellt. Er könnte an zwei Tagen in der Woche zu uns kommen, und wir bräuchten seine Unterkunft nicht zu bestreiten."

Eugenio legte wohlwollend den Arm um die Taille seiner Frau und schob sie zur Treppe. Während er ihr den Hals küsste, dachte sie sehnsüchtig an die Kette mit glänzenden roten Steinen, die sie in der Auslage des Goldschmiedes gesehen hatte.

Als der junge Lehrer Baldo Colucci zum ersten Mal im Haus erschien, hatte Ricarda ihre Kinder herausgeputzt. Sie hieß ihn willkommen und stellte die Kinder vor:

„Das ist Fernando, gerade 6 Jahre alt geworden, Simiona ist 10, Bella 3 Jahre."

Die Kinder begrüßten den Lehrer, und Fernando wischte seine Hand verstohlen an seiner Hose ab, denn Coluccis Hand war verschwitzt. Simiona flüsterte ihm zu:

„Guck mal wie dick der Lehrer ist."

Ricarda sagte Baldo Colucci nochmals, was sie von ihm erwarte. Er verbeugte sich viele Male, und versicherte ihr, dass ihre begabten Kinder rasch lernen würden, wischte sich die Stirn mit einem Tüchlein und schien erleichtert, als er mit den Kindern um den Tisch saß und Ricarda in die Küche lief. Er zwinkerte ihnen zu:

„Kennt ihr die Geschichte von Gino und seinem Esel Beppo und dem Eselsrennen? Die erzähl' ich euch und dann beginnen wir Buchstaben zu üben und schreiben das Wort Esel."

Er hatte eine angenehme Stimme, und die Kinder hingen an seinen Lippen. Nicht einmal Simiona störte es mehr, dass er rundlich war.

Fernando lernte mit Begeisterung, Simiona war fleißig und ernst und in allem die Beste, während Bella mehr auf ihren Bruder schaute als auf den Lehrer. Schrieb er einen Buchstaben krumm, so strengte sie sich an mit der Zungenspitze zwischen den Zähnen, den Buchstaben genauso krumm nachzuschreiben. Fernando machte sich einen Spaß daraus, extra wirr zu schreiben, um Bella, nachdem sie sich abgemüht hatte, auszulachen. Sie schaute ihn dann traurig an und knabberte an einer Strähne ihrer rotblonden Haare.

Colucci zeigte den Kindern auf der Weltkarte, die in der Werkstatt hing, wo die freien Städte Genua, Venedig und Pisa lagen.

„Unsere Stadt Genua", sagte er, „schaut auf das Meer; die Berge im Rücken der Stadt schützen sie und den schmalen Küstenstreifen."

Er deutete mit dem Zeigefinger auf Genuas Handelsniederlassungen in fernen Städten:

„Hier, in Sevilla leben angesehene Genueser Kaufmannsfamilien, und im Hafen von San Lúcar am Guadalquivir werden die Schiffe für die Expeditionen nach Hispaniola und Kuba in der Neuen Welt ausgerüstet."

Seine Hand fuhr in einem großen Bogen über den Atlantik.

„Die Erde ist eine Kugel", sagte er, „Magellan hat den endgültigen Beweis erbracht, indem er sie vor ein paar Jahren umsegelte."

Dann ließ er die Kinder einen Ausschnitt der Karte abzeichnen. Bald zeichnete Fernando nicht nur auf seiner Schiefertafel, sondern auf jedem Fetzen Papier, Leder oder Stoff, der ihm unter die Finger kam: Galeonen mit geblähten Segeln, Fahnen und Wimpeln, Winde mit aufgeblasenen Backen, Meeresungeheuer mit sich windenden Fischschwänzen und fast nackte Menschen mit Federn auf dem Kopf. Er zeichnete auch noch, wenn der Lehrer längst gegangen war, Simiona ihre Handarbeit wieder aufgenommen hatte und Bella ihn ohne einen Mucks mit leicht geöffnetem Mund anhimmelte.

Wenn er jetzt auf seinem Steckenpferd durchs Zimmer preschte, war er der Entdecker, der siegreiche Konquistador, und mehr als einmal musste Bella als Indianer oder Meeresungeheuer herhalten oder sollte auf dem Kopf auf der anderen Seite des Erdballs herum laufen. Auf seinen Aufsatz, einen Brief aus Hispaniola an die Familie, war er mächtig stolz:

„Liebe Eltern, liebe Schwestern, Corrado und alle Verwandten in Montello,

ich reite den ganzen Tag über Land und zeichne Karten. Mein Pferd heißt Doro, es ist braun und hat einen weißen Fleck auf der Stirn. Es galoppiert immer, wenn ich will. Die Indianer haben Federn auf dem Kopf anstatt Haare. Bella bringe ich Gold und Edelsteine mit, der Mama Perlen. Ein paar kann sie Simiona abgeben.

Ich küsse und umarme euch, euer Fernando."

Außerhalb der Stadt auf dem Hügel Montello oberhalb des Flusses Bisagno lag der Bauernhof von Eugenios Bruder Corrado und seiner Frau Faustina. Dort hatten auch Ricarda und Eugenio ihren Gemüsegarten. Am Hang waren Terrassen mit Weinstöcken und Olivenbäumen angelegt und dort, wo das Gelände ins Schwemmland überging, lagen kleine Felder und Gärten und die Weideflächen der Ziegen, Schafe und Esel. Einmal in der Woche ging Ricarda mit der Magd, die den Handwagen zog, und den Kindern, durch die Porta di Sant´ Andrea aufs Land hinaus, um im Garten zu hacken, Unkraut zu rupfen, Obst und Gemüse für die Woche zu ernten und die Verwandten zu besuchen. Auch Fernandos Vetter Carmelo grub den harten Boden um, las Steine auf, besserte Mäuerchen aus und hatte Gelegenheit seine Eltern und Geschwister zu sehen. Was der Garten nicht hergab, konnte Ricarda bei ihrer Schwägerin gegen Waren aus der Stadt eintauschen: Ziegenkäse, Olivenöl, und frisch gebackenes Brot aus Kastanienmehl.

Im September mussten Fernando und Carmelo Trauben schneiden, bis ihnen der Rücken wehtat, damit es mit Wasser verdünnten Wein zum Essen gab. Im Oktober im Wald säckeweise Esskastanien sammeln, denn der Boden taugte nicht zum Weizenanbau- Gnocchis aus Kastanienmehl machten die Bohnen- und Linsensuppe nahrhaft. Im November kletterten sie in die Olivenbäume und schüttelten die Äste. Und dann noch Corrado beim Schlachten helfen, und, und, und … die Arbeit nahm kein Ende. Wenn sie Glück hatten, fanden sie eine Stunde vor oder nach dem Abendessen, um durch den Wald zum meist trockenen Bett des Bisagno hinunterzulaufen und auf den Taubenfelsen zu klettern.

Ja, schwere Arbeit war es, wenn im Sommer die Hitze drückte und im Winter die Tramontana lausig kalt über die Berge blies. Und doch gab es wunderbare Tage, an denen sie sich frei wie ein Vogel fühlten, wenn sie von ihrer Arbeit hochschauten, sich streckten, und mit der Hand über den Augen den Blick über das glitzernde Meer streichen ließen. Manchmal segelte eine Flotte Handelsschiffe auf den Hafen zu und glitt am Leuchtturm vorbei. Winzig sahen die Galeonen von hier oben aus, so ähnlich wie die, die auf den Karten eingezeichnet waren, und Fernando prägte sich die Umrisse des Hafens, der Steilküste und der Stadtmauer ein. Meist war es Carmelo, der sagte:

„Komm, wir müssen weitermachen", oder Simiona, die maulend das Bändel ihres Strohhutes knotete, Majoran, Thymian und Fenchelsamen erntete und genau darauf achtete, dass ihr Bruder nicht faulenzte.

Auf dem Rückweg in die Stadt nahm Fernando Bella an der Hand und erzählte ihr von seinen Abenteuern: wie er den Bach durch Strudel und wirbelndes Wasser überquerte, wie er den Taubenfelsen erklomm und Indianer verscheuchte, die mit rauen Schreien ähnlich denen der Fasanen in den Wald flohen. Er zeigte ihr eine rostrote Feder, die er gefunden hatte. Dann lief Bella tapfer und erschauernd den langen Weg bis nach Hause, obwohl sie sehr müde war. Sie vergaß zu quengeln, um auf dem Wagen oben auf dem Gemüse sitzen zu dürfen.

Ricarda geriet ins Träumen; eines Tages sagte sie zu ihrem Mann:

„Fernando ist so begabt, er könnte ein Handelsmann mit einer Niederlassung in Sevilla werden!"

Ihr sonst so stiller Mann wurde ärgerlich: was sie sich einbilde! Ob ihr Leben ihr nicht gut genug sei? Wer solle denn die Werkstatt weiterführen? Die Mädchen vielleicht? Ricarda beschwichtigte ihn, hielt aber Augen und Ohren offen, um den Sohn voranzubringen, und die Töchter einmal gut zu verheiraten. Sie wies den Hauslehrer an, den Kindern mehr abzuverlangen; Fernando war begabt im Schreiben

158

und Zeichnen, Simionas Lautenspiel klang angenehm, und Bella hatte eine liebliche Stimme.

Fernando bekam zusätzlich Unterricht in Latein, Mathematik und Astronomie. Latein war die Sprache der Gelehrten und des Klerus, mit der man sich in allen Landen verständigen konnte. Wer weiß, bei den ausgedehnten Handelsbeziehungen Genuas in alle Himmelsrichtungen und den Entdeckungen ferner Seewege, konnte es auch für einen Handwerker wichtig werden, sie zu beherrschen. Fernando musste viele weise Sprüche und Gebete auswendig lernen. Bella war sprachlos vor Bewunderung, wenn ihr Bruder auf Latein deklamierte. Um nicht ganz ins Hintertreffen zu geraten, zeigte sie ihm stolz den Gänsekiel, den sie zurechtgeschnitten hatte.

Das Jahr 1528 brachte Neues, sowohl für die Stadt wie auch für Fernando. Der Admiral Andrea Doria, der mit seiner Flotte die Stadt Marseille für den französischen König, Franz I, befreit hatte, wandte sich von diesem ab, nachdem der Dank ausblieb. Er schloss ein Abkommen mit Kaiser Karl V. Diese vertragliche Liaison stellte die Republik Genua unter den Schutz Spaniens und sicherte ihre Unabhängigkeit. Die französischen Statthalter mussten die Stadt verlassen, und Andrea Doria wurde zum Dogen ernannt.

Als Zwölfjähriger kam Fernando in die Lehre bei seinem Vater. Am liebsten machte er Botengänge, sei es, dass er einem Handelsmann ein Gerät lieferte, oder etwas besorgte, das der Vater nötig brauchte, wie Marmorstaub vom Steinmetz für die Stundengläser. Er flitzte durch die engen Gassen und bekreuzigte sich im Fluge an den Muttergottesbildnissen an den Straßenecken. Nie ging er den Weg gemächlich, er nahm den Umweg über den Hafen, und schlängelte sich zwischen Arbeitern, Kaufleuten, Gerüchen und Geschrei hindurch. Da konnte es sein - und es war meistens so, dass er stehen blieb und gaffte und sich mit all den Eindrücken vollsog. Plötzlich fiel ihm der Auftrag wieder ein und er sprang davon wie ein Hase. Wenn er außer Atem heim kam, sagte der Vater:

„Du hast dich aber beeilt", und schmunzelte.

Es war so: Fernando lernte rasch, was der Vater oder Marcello ihm auftrugen, wenn er aber den ganzen Tag in der engen Werkstatt sitzen musste, wurde er missmutig, machte Fehler und versank in Träumereien. Dann segelte er in Gedanken aus dem heimatlichen Hafen aufs hohe Meer hinaus, ritt in der Neuen Welt zusammen mit Hernán Cortés und seiner Schar zwischen feuerspuckenden Vulkanen hindurch bis nach Mexiko und stopfte sich die Taschen voller Gold aus Moteczumas Schatzkammer.

Auch die Sonntagvormittage langweilten ihn: Vater und Mutter grüßten auf dem Platz vor der Kirche San Donato Bekannte und Geschäftskunden. Die Kinder wagten kaum sich zu rühren, um nicht aus Versehen in die Abwasserrinne zu treten und mit nassen, übel riechenden Schuhen in der Kirche zu sitzen. Sie grüßten artig und ließen Lob und Bewunderung über sich ergehen:

„Simiona – eine junge Dame!", rief Signora Tremante, die Frau eines Händlers aus, „und Bella mit den verträumten Augen an der Hand des Bruders – wie reizend!"

Fernando beobachtete, wie seine Mutter die reiche Dame umschmeichelte und von den erstaunlichen Fortschritten ihrer Kinder erzählte, bis Signora Tremante sie auf einen Nachmittag einlud. Simiona, die mit ihren 16 Jahren im heiratsfähigen Alter war, errötete, denn die Signora hatte einen Sohn namens Enzo, der einige Jahre älter war als sie. Fernando schaute Bella hinter dem Rücken der Mutter an und verdrehte die Augen, er hasste solche Vorspiele.

In der Kirche San Donato wollte er während der Messe immer neben der schwarz-weiß geringelten Säule links beim Eingang sitzen, in deren schwarzen Streifen die Umrisse einer Karavelle geritzt waren. Bella bog den Kopf weit in den Nacken und bestaunte die Engel auf den Holztafeln an der Decke.

Mittags wurde zusammen mit den Familien der Geschwister von Vater und Mutter Ziegenbraten mit schwarzen Oliven oder an Festtagen auch Lammkeule mit Rosmarin gegessen. Meist traf man sich zum Essen auf Corrados Hof. Fernando, Carmelo und die anderen Vettern steckten die Köpfe zusammen und schmiedeten Pläne. Domenico schlug sich an die Stirn und rief:

„Ich hab´s, wir stellen eine Mannschaft für das Eselsrennen auf!"

Fernando und die anderen schrien und klatschten vor Begeisterung, und bestürmten ihre Eltern.

Fernandos Vater sagte zu seiner Frau:

„Die Jugend soll ihr Vergnügen haben, später wird es noch ernst genug, findest du nicht?"

Ricarda zögerte:

„Wenn ihr gewinnt, dürft ihr teilnehmen." sagte sie. „Ich möchte mich nicht schämen müssen, wenn mein Sohn vom Esel abgeworfen wird."

Die Kinder stritten übermütig, wer von ihnen in der Mannschaft mitreiten dürfe. Die Esel, die friedlich auf der Wiese grasten, hoben die Köpfe und wunderten sich, als sie, anstatt wie gewohnt im Schritt zu laufen, wenn sie Gemüse, und Käse zum Markt brachten, plötzlich galoppieren sollten. Pepito schüttelte nur die Ohren, bis ihn der Stock traf und er in Panik über das Feld stob. Er bockte und Fernando, der schräg auf seinem Rücken hing, versuchte sich an seinem Hals festzuklammern. Die Buben bogen sich vor Lachen, und sogar Bella, die stets voller Mitgefühl für ihren Bruder war, hielt sich den Bauch, bis ihr die Tränen übers Gesicht liefen. Fernando kam wütend mit dem Esel am Zügel zurück. Er fuhr seine Schwester an:

„Dich nehme ich nicht mehr mit, da kannst du dich drauf verlassen."

Und obgleich das eine schlimme Drohung war, konnte Bella nicht aufhören zu glucksen.

Die Esel rupften das Gras an der Böschung und knabberten an den Disteln. Schließlich standen die Buben abgekämpft beisammen, während die Esel lässig einherschlenderten. Gut, dass es noch zwei Monate bis zum Rennen waren.

An den Feierabenden sprach Fernando über nichts anderes, als über das bevorstehende Eselsrennen; meist saß er mit Bella zusammen auf der Holzbank oder, wenn der Vater noch in der Werkstatt war, auf dem kostbaren Sessel. Er spielte mit ihren Zöpfen und erläuterte die Vorzüge und Schwächen eines jeden Esels, wobei sein ausgemachter Liebling Pepito war. Bella schmiegte sich an ihn, glücklich seine Vertraute zu sein.

Anfang September gab es im Bergdorf ein Fest zu Ehren der Heiligen Jungfrau. Außer der Prozession, dem Gottesdienst und dem Essen an langen Tafeln, die sich auf der Straße aneinanderreihten, gab es zur allgemeinen Belustigung ein Eselsrennen auf dem Platz um die Kirche. Die Reiter traten jeweils in Familienmannschaften zu viert an und mussten die Kirche dreimal umrunden. Sie waren in Pagenkostüme gekleidet.

Die Menge umdrängte den mit Seilen abgesteckten Platz. Von den vier Mannschaften waren sie die zweite, die ins Rennen ging. Ihre Esel trabten los, und da sie wegen der johlenden Menge nicht ausbrechen konnten, galoppierten sie um die Kirche, als gälte es ihr Leben. Die Blicke folgten ihnen, wenn sie um die Kirche bogen, sich schräg in die Kurve legten, und wieder hervorpreschten: eine Runde, die zweite und die dritte, angefeuert von Rufen, Schreien und dem Wogen der Menge. Sie schossen über die Ziellinie, als Pepito mitten in dem Jubel auf dem buckligen Pflaster ausrutschte, mit Wucht stürzte und nicht wieder hochkam. Ein erschrockener Aufschrei, jemand half dem benommenen Fernando auf die Beine, prüfte, ob er noch alle Glieder bewegen konnte, klopfte ihm aufmunternd auf die Schulter und beglückwünschte ihn. Fernando sah, dass Pepito noch immer am Boden lag, sah, den gebrochenen Vorderlauf, kauerte sich neben dem Esel nieder und schlang die Arme um seinen Hals. Der Esel hatte die Augen vor Schmerz und Schreck weit aufgerissen. Fernando wurde zur Seite gezogen.

Nachdem der Esel getötet und weggeschleift worden war, schüttete jemand einen Eimer Wasser auf das Pflaster, um das Blut wegzuspülen.

Fernando stand wie betäubt da. Das Rennen ging weiter. Seine Mannschaft gewann und trat zur Siegerehrung an. Ein Mädchen steckte den Eseln eine Rose ans Zaumzeug. Als Francesca, die Tochter des Schmieds, in einem rosa Kleid hervortrat, um sie zu beglückwünschen, schrak er auf. Aus dem unwirklichen Nebel löste sich ihr sanfter Blick, ihr Gesicht umrahmt von dunklen Locken. Die Haarfülle wurde von feinen Zöpfen gehalten, die mit Spangen festgesteckt waren. Fernando staunte: so hatte er sie noch nie gesehen, so überirdisch schön. Er schaute sie mit offenem Mund an, ohne zu verstehen, was sie ihm sagte. Sie küsste ihn auf die Wange, und er schloss die Augen. War sie ein Engel?

Sie überreichte Carmelo einen Schinken als Siegespreis, und die Vettern gaben Fernando Püffe in die Seite.

„He! Die Leute lachen schon! Bist du verhext?"

Die Schöne schüttelte ihre Locken, warf Fernando einen Blick über die Schulter zu und ihre Wimpern hoben und senkten sich wie Schmetterlingsflügel.

Um Fernando war es geschehen: sie war´s, sie war die Frau seines Lebens!

Erst als Bella „Fernando" rief, ja fast schrie und an seiner Hand zerrte, kam er wieder zu sich.

Später, an der langen Festtafel, blickte Fernando immer wieder zur Schönsten aller Schönen hinüber, bis sein Vater, der neben ihm saß, sich zu ihm beugte und sagte:

Francesca ist hübsch geworden, findest du nicht?"

Fernando schaute ihn fassungslos an, denn hübsch war nicht das richtige Wort. Eugenio sagte:

„Weißt du, dass sie Nonne werden wollte? Aber ihre Eltern erlauben es nicht, sie ist ihre einzige Tochter."

Fernando nickte:

„Ja, sie ist eine Heilige."

„Na", meinte der Vater verblüfft, „so schaust du sie aber nicht an."

Fernando erwiderte nichts und warf Francesca nur noch verstohlene Blicke zu.

Auch Bella hatte gesehen, wie ihr Bruder das junge Mädchen anschmachtete, aber am Abend konnte sie ihn fragen und bestürmen wie sie wollte, schmollen oder wütend werden – sie bekam nichts aus Fernando heraus. Er schien sie kaum zu bemerken und verschwand in seiner Kammer. Bella blieb alleine auf der Holzbank sitzen.

8 Fort von daheim

„Warum denken Sie nicht, daß er der Kommende ist (Gott), der von Ewigkeit her bevorsteht, der Künftige, die endliche Frucht eines Baumes, dessen Blätter wir sind? Was hält Sie ab, seine Geburt hinauszuwerfen in die werdenden Zeiten und Ihr Leben zu leben wie einen schmerzhaften und schönen Tag in der Geschichte einer großen Schwangerschaft?“
R.M.Rilke

Ich, Fernando Santini, bin am 17. März 1516 in Genua geboren.

In der Werkstatt meines Vaters, in der ich meine Lehre machte, war es so eng, dass ich die Beine nicht ausstrecken konnte, ohne meinem Vetter Carmelo auf die Füße zu treten. Ich flüchtete, wenn möglich, auf den Hof meines Onkels Corrado, um durch die Hügel zu streifen. Mit Hilfe eines Kompasses, den ich selber gebaut hatte, orientierte ich mich und zeichnete Wälder, Felder und Bäche in eine Karte ein. Corrado rief begeistert:

„Genau, da ist der obere Waldrand, und das ist der verlotterte Stall vom Luigi, da ist der Taubenfelsen. Fernando, sogar den Nussbaum beim Hof hast du eingezeichnet! Es ist so, als könnte ich alles von weit oben sehen, mit Adlerblick! Und diese winzigen Ameisen sollen meine Esel sein?“

Er lachte und drückte mich an sich.

„Fernando, du Teufelskerl, ich kann deine Leidenschaft fürs Karten zeichnen verstehen. Mach weiter damit.“

Ich glühte vor Freude.

„Da“, sagte er „nimm die Salami mit.“

„Pepito?", fragte ich unsicher.

„Ja, das ist nun mal so", antwortete Corrado mit einem bedauernden Achselzucken.

Sonntags nach der Messe hielt ich sehnsüchtig nach Francesca Ausschau. Die Leute standen auf dem Vorplatz beisammen und schwatzten, die jungen Leute schlenderten aneinander vorbei und warfen sich Blicke zu.

„Ich sehe es doch", zischelte Bella, „du bist verliebt, aber hast du noch nicht gemerkt, dass sie einen Verehrer hat?"

Ich sagte abschätzig:

„Ach der, der mit den Daumen in den Hosentaschen vor ihr herumschwänzelt, meinst du den?"

„Ja, den meine ich. Außerdem ist sie zwei Jahre älter als du."

Ich zuckte zusammen - unvorstellbar, dass Francesca heiraten könnte. Aber dann heiratete sie doch, und ich wurde noch einsilbiger. Ich verlor den Boden unter den Füßen.

Eines Nachmittags kam ein Signor Lusoni in die Werkstatt und ließ sich von meinem Vater die neuesten Seefahrtsinstrumente zeigen, bestellte ein Astrolabium, einen Kompass und Stundengläser. Dann stützte er seine Hand mit dem goldenen Ring auf den Werktisch, sah mir beim Abzeichnen einer Karte von Genua zu und fragte:

„Wie alt bist du?"

„Bald 17 Jahre, Signor", antwortete ich.

Der Herr strich sich über den Bart und fragte:

„Kennst du dich mit Messinstrumenten aus und kannst sie reparieren?"

Ich schaute fragend zu meinem Vater hinüber, und dieser sagte lobend:

„Doch, er ist tüchtig, er hat schon viel gelernt."

Signor Lusoni sagte:

„Im Auftrag einer Handelsgesellschaft und einiger wohlhabender Herren stelle ich eine Expedition nach den Neuen Indien zusammen. Zuerst geht es nach Spanien, dann nach Hispaniola und schließlich wollen wir ins Landesinnere vorstoßen. Ich brauche jemanden, der Entfernungen messen und Karten zeichnen kann."

Ich sprang auf, und rief:

„Ja, das will ich machen! Vater, erlaubt ihr es?"

Eugenio trat einen Schritt vor und sagte:

„Das will gut überlegt sein, Signor, mein Sohn ist noch jung, und ich brauche ihn in der Werkstatt."

„Überlegt es euch", sagte Signor Lusoni, „denkt an die Verdienste, wenn wir die Westpassage nach Indien finden, und mit einer Schiffsladung Gold und Gewürzen zurück kommen. In einem halben Jahr sind die Schiffe in Stand gesetzt. Ich frage nach, wenn ich die Geräte abhole."

Er verabschiedete sich von Eugenio, der ihn zur Tür begleitete, und winkte mir zum Abschied:

„Also, hoffentlich auf eine erfolgreiche Fahrt im nächsten Jahr!"

Mein Vater hob abwehrend die Hände, als ich ihn bestürmte:"Nein, Fernando, da muss gar nichts überlegt werden, es kommt nicht in Frage."

Und am Abend machte er sich Luft:

„Mein einziger Sohn, jetzt, wo er in der Werkstatt nützlich wird!"

Er gestikulierte und fand kaum Worte für seine Empörung:

„Ruhm und Anerkennung, schön und gut, aber wie viele kommen von solchen Unternehmen überhaupt zurück?"

Er schlug auf den Tisch, als er sah, dass meine Mutter etwas einwenden wollte:

„Schluss, ein für alle Mal Schluss, kein Wort mehr!"

Mutter strich mir über den Kopf:

„Es wird sich wieder eine Gelegenheit bieten, ganz bestimmt. Bis dahin kannst du noch viel lernen."

Ich schüttelte unwillig ihre Hand ab und stürzte auf mein Zimmer.

Später kam Bella zu mir und flüsterte:

„Fernando, ich helfe dir."

Ich hob den Kopf, wischte die zornigen Tränen aus dem Gesicht.

„Du? Wie willst du mir denn helfen?"

„Ich richte dir Kleidung und packe Proviant in einen Sack", sagte sie eifrig, „ich bleibe wach, um dich in der Nacht zu wecken, damit du heimlich fortgehen kannst. Ich kann auch dem Signor eine Nachricht zukommen lassen …"

Sie stockte, umarmte mich stürmisch, und rief:

"Ich will nicht, dass du fortgehst, ich hab doch nur dich! Ich will immer, immer bei dir bleiben."

„Liebste Schwester", sagte ich, und nahm sie in die Arme, „du wirst eines Tages heiraten."

„Nein, Fernando, ich will nicht heiraten, und wenn du fort gehst, werde ich die ganze Zeit an dich denken."

Ich blickte in ihre feuchten Augen, auf die geröteten Wangen, den Schmollmund, die üppigen blonden Haare mit dem Kupferschimmer, hielt sie fest und küsste sie auf den Mund. Als ein Balken knackte, fuhren wir auseinander und blickten verlegen zur Seite.

Bella weinte vor Glück und dankte der Heiligen Jungfrau, dass ich sie wieder ins Vertrauen zog. Auf der Treppe oder in einer dunklen Ecke im Flur schmiedeten wir Pläne. Bella ließ es willig geschehen, wenn ich sie in der Küche, die die Magd längst aufgeräumt hatte, an mich drückte und auf meine Knie zog. Ich umfasste ihre kleinen Brüste und küsste sie. Einmal stand Simiona plötzlich in der Tür, um einen Becher Wasser zu trinken. Bella sprang auf. Licht und Schatten einer Tranlampe flackerten über Simionas Gesicht. Sie stieß hervor:

„Das sage ich der Mutter … ihr …unverschämt! Schämt ihr euch nicht!"

Ich stellte mich vor Bella und sagte:

„Dann erzähl ich Mutter, dass du dich heimlich mit Enzo triffst."

Simiona schlug erschrocken die Hand vor den Mund:

„Woher weißt du das? Übrigens heiraten wir bald. Bin ich froh, dies Haus zu verlassen und meine lieben Geschwister – verwöhntes Bürschchen, und dich, du kleine Schlampe."

Bella zuckte bei jedem Geräusch zusammen, so dass Ricarda sie besorgt anschaute. Manchmal schluchzte sie auch vor Anspannung und Gewissensbissen: Die süßen Empfindungen? Zur Beichte gehen? Undenkbar. Bella schüttelte den Kopf, ihre Gedanken und Gefühle verstrickten sich immer mehr. Auch mir schnürten Lust und Angst die Kehle zu. In der Nacht lauschte ich: Weinte sie in ihrer Kammer?

Ich beschloss das Elternhaus zu verlassen, bevor Schlimmeres passierte. Bella beauftragte ich, Signor Lusoni eine Nachricht zu übermitteln, und von da an mied ich sie. Weil Bella oft grundlos weinte, sagte die Mutter.

„Ja, meine Liebe, die Kindheit ist vorbei, es wird Zeit dir einen Mann zu suchen."

Eines Morgens beim Frühstück fragte Carmelo:

„Ist Fernando schon auf? Er ist nicht in der Kammer und seine Sachen sind weg."

Ricarda rannte erschrocken die Treppe hoch: keine Spur von Fernando, und Bella schluchzte in ihrem Bett.

„Weißt du wo Fernando ist?", aber Bella weinte und weinte, und erst nach und nach konnte die Mutter ein paar Sätze aus ihr herausbringen.

Fernando fort? Ricarda sackte auf den Bettrand. Sie versuchte wieder aufzustehen, aber ihre Knie zitterten.

„Du hast es gewusst?"

Bellas Weinen wurde noch heftiger. Ricarda hielt sich am Türrahmen und am Treppengeländer fest, als sie in die Werkstatt hinunterwankte. Eugenio hastete zum Hafen. Das Schiff war im Morgengrauen Richtung Westen ausgelaufen.

Ricarda fand einen Abschiedsbrief und las ihn ihrem Mann mit matter Stimme vor:

„Geliebte Eltern, mein Herz blutet. Aber, obwohl ich euch liebe und verehre, muss ich fort – fort von euch und der allerliebsten Schwester. Ich bitte um Verzeihung, das Fernweh frisst mich auf. Carmelo wird ein besserer Nachfolger für die Werkstatt sein als ich.

Sollte ich das Glück haben, ein berühmter Kartograph zu werden, und euch auf diese Art Ehre machen, hoffe ich auf eure Vergebung. Darum bitte ich inständigst, meine geliebten Eltern.

Euer Sohn Fernando."

Der Vater stützte den Kopf in die Hände, dann fuhr er Carmelo an:

„Hast du es gewusst?"

Aber nein, nur Bella hatte es gewusst und war untröstlich.

Gia stand händeringend in all dem Unglück, doch plötzlich stürzte sie aus dem Haus und hastete zum Pfarrhaus, zog die Glocke, schob die Haushälterin beiseite und packte den Pfarrer am Ärmel:

„Schnell, kommen Sie, Padre" keuchte sie.

Consolata, Ugolina und Agnese, die auf der Straße beisammenstanden, trauten ihren Augen kaum: so schnell war Gia noch nie gelaufen. Sie trippelte an der Seite des stattlichen Pater Felipe, dessen Schritte weit ausholten, soweit es die Soutane erlaubte. Was war passiert? Alle Blicke folgten ihnen, und die geflüsterten Vermutungen schwollen an.

In der Nacht war ich mit einem Kleidersack und einem Beutel Proviant mit tief in die Stirn gezogener Kappe durch die Gassen geeilt, immer dem Hafen zu. Die Mondsichel ließ das Pflaster nur schwach aufglänzen, aber ich kannte mich im Gewirr der Sträßchen und Abzweigungen aus wie in meiner Hosentasche. Hastig bekreuzigte ich mich an den Muttergottesbildnissen an den Straßenecken. Meine Sinne waren merkwürdig geschärft, als sähe ich deutlich die Häuser. Ich nahm alle Gerüche von Knoblauch, gebratenen Zwiebeln, Sonntagsbraten, Pferdeäpfeln, Urin und Schimmel, die ich jemals in den Gassen gerochen hatte, wahr; ich hörte Rufe, Befehle, Flüche und heiseres Lachen, und als ich um die Ecke bog, sah ich unter Lasten gebeugte Gestalten, die das Schiff beluden. Ich erkannte Signor Lusoni, der im Schein einer Lampe auf der Landungsbrücke stand. Er und ein Schreiber kontrollierten Waren und Menschen und trugen alles in Listen ein. Als ich auf ihn zulief, richtete er sich auf, packte mich am Arm und sagte:

„Moment mal, junger Mann, hast du meine Nachricht nicht bekommen?"

„Welche Nachricht?", fragte ich verwirrt.

„Haha, es war doch nur ein Scherz." lachte der Mann.

„Was?"

„Na, dass du mitfahren sollst. Schau mal, du bist zu jung, ich könnte Ärger kriegen, und gerade gestern habe ich einen Kartografen gefunden, der die Aufgabe übernimmt."

Ich war sprachlos vor Wut und Enttäuschung. Signor Lusoni tätschelte mir den Arm, sein Ring funkelte:

„Jetzt mach keine Geschichten, alle wollen Entdecker werden; aber jetzt hab ich Wichtigeres zu tun."

Ich zog mich in einen dunklen Hauseingang zurück bebend vor Scham. Nach Hause gehen? Den Eltern unter die Augen treten? Und Bella? Mein Gesicht brannte und ich fröstelte vor kaltem Schweiß. Ein Straßenköter schnupperte nach meinem Proviant und versuchte ein zaghaftes Wedeln. Als die Galeone in der anbrechenden Morgendämmerung aus dem Hafen gelotst wurde, war es wie in einem schlechten Traum. Mit der Zeit wurde der Hund dreister, er packte einen Zipfel des Beutels mit den Zähnen, zog und zerrte, knurrte, bis ich aus meiner Erstarrung auffuhr, den Proviant vor ihn hinschleuderte, ihm einen Fußtritt versetzte, den Kleidersack über die Schulter warf und schnellen Schrittes die Stadt verließ. Ohne recht zu wissen, wohin ich ging, langte ich beim Hof meines Onkels an, verkroch mich im Stall, warf mich ins Stroh und schlief ein.

Mein Vetter Mario fand mich dort am Morgen, rüttelte mich wach und holte Corrado vom Feld, als er nichts aus mir herausbrachte. Corrado wischte sich die erdigen Hände an seiner Hose ab, umarmte mich und führte mich ins Haus. Er stellte mir Milch und Brot hin und fragte:

„Bist du von daheim ausgerissen?"

Ich sah die Sorge in seinem Blick und auch die Lachfalten um seine Augen und musste plötzlich heftig schluchzen. Mit dem Kopf auf den Armen lag ich auf der Tischplatte, zuckte und bebte, während Corrado beruhigend auf mich einsprach. Tante Faustina und die Kinder standen erschrocken um uns herum.

„Was ist mit ihm? Heilige Jungfrau, was ist passiert?"

Dann sagte Faustina zur Magd:

„Antonia, lauf schnell in die Stadt, und gib Ricarda und Eugenio Bescheid, dass er hier ist."

Corrado scheuchte die aufgeregte Kinderschar aus dem Zimmer, und ich begann von Signor Lusoni und meiner Flucht zu erzählen. Ich schämte mich in Grund und Boden. Da ergriff Corrado meine Hände und sagte:

„Wie gut, dass du zurück bist Fernando, deine Eltern werden erleichtert sein."

„Aber …"

„Glaub mir, du bist zu jung für solch eine Fahrt, es ist lebensgefährlich, deine Eltern hätten keinen frohen Tag mehr gehabt."

Als Eugenio in die Tür trat, hatte ich mich etwas beruhigt. Ich stand unsicher auf, wischte mit dem Ärmel übers Gesicht und sah, wie blass mein Vater war.

„Mein Sohn" sagte Eugenio rau, und wir fielen uns in die Arme, während Corrado sich die Tränen aus den Augen strich.

Als wir heimkamen, stand Mutter wie versteinert an der Treppe. Schmallippig sagte sie:

„Du machst uns Schande", und wandte sich ab, als ich sie um Verzeihung bitten wollte.

Hilflos blieb ich stehen, bis mein Vater mich am Arm fasste und sagte:

„Geh in deine Kammer, ich muss mit deiner Mutter sprechen."

Oben auf dem Flur rührte sich nichts hinter Bellas verschlossener Tür. War sie gestraft worden?

Im Wohnzimmer ließen sich Ricarda und Eugenio erschöpft nieder und sprachen lange kein Wort. Dann sagte Ricarda gepresst:

„Morgen früh kommt Pater Felipe, wir müssen sehen … wegen Bella… sie kann nicht hier bleiben.

„Nimm es nicht so schwer", sagte Eugenio und berührte ihre Hand, „es sind doch Kinder."

„Die vorteilhaften Hochzeiten können wir vergessen", entgegnete Ricarda bitter, „und Gia, die Schwatzbase, war auf der Gasse, umlagert von

Marcella, Constanza und den anderen. Aus allen Häusern kamen sie gelaufen."

Am nächsten Tag sagte Pater Felipe:

„Ich habe mit der Oberin des Klosters Santa Lucia gesprochen, sie ist bereit die 15 jährige Bella für ein Jahr aufzunehmen. Es sind dort Töchter aus adeligen Familien, aber auch einige aus wohlhabenden Handwerkerfamilien. Die Nonnen sind bekannt für ihre Handarbeiten, und ihre Gesänge; die Gewänder, die sie besticken sind berühmt.".

Augenzwinkernd sagte er zu Ricarda:

„Die Mädchen, die ein, zwei Jahre im Kloster verbringen, werden gerne geheiratet. Es wird Bella freistehen, in den Orden einzutreten oder eine gute Heirat zu machen - so ein liebenswürdiges Mädchen. Aber ein bisschen Aufsicht wird nicht schaden."

Ricarda nickte.

„Sonntag nachmittags dürft ihr sie besuchen oder für ein paar Stunden abholen", sagte Pater Felipe.

Eugenio seufzte und sagte schweren Herzens:

„Ja, Pater Felipe, es wird das Beste sein. Wir werden sie heute Abend ins Kloster begleiten."

Der Pater erhob sich, schüttelte den Eltern herzlich die Hand und sagte:

„Schickt mir Fernando zur Beichte."

Später klopfte ich leise an Bellas Tür. Sie öffnete und fiel mir um den Hals, und wieder flossen die Tränen.

„Ich bin so froh, dass du nicht fort bist" schluchzte sie, „ich hab dich so lieb, so lieb."

Ich strich ihr traurig über das Gesicht:

„Dass du jetzt meinetwegen fort musst …", meine Unterlippe zitterte.

„Ach", sagte sie tröstend, „was ist schon ein Jahr. Und wir sehen uns an den Sonntagen."

Plötzlich stand Simiona auf dem Treppenabsatz und sah uns hasserfüllt an:

„Wenn Enzo mich jetzt nicht mehr heiraten will, seid ihr schuld … ihr …Turteltäubchen", sagte sie verächtlich.

Ich ging in die Werkstatt hinunter; Carmelo schaute mich verlegen an, wusste nicht, was er sagen sollte, und klopfte mir auf die Schulter. Eugenio saß, alt und erschöpft, am Werktisch über ein Gerät gebeugt.

Gegen Abend sah ich vom Fenster aus, wie Bella und die Eltern das Haus verließen. Sie hatten einen Mann mit Esel gemietet, um den Packen Kleidung und Bettzeug zu tragen. Bella ging mit raschem Schritt, als sei sie erleichtert fortzugehen.

Simionas Hochzeit mit Enzo kam doch zustande, obwohl Signora Tremante, seine Mutter, sich zierte und den Mund verzog.

Im Haus wurde es stiller, und Ricarda hatte mehr Zeit zum Sticken. Sie fragte ihren Mann:

„Und, was machen wir mit Fernando?"

„Er übernimmt einmal die Werkstatt, was sonst!"

„Aber siehst du nicht, wie abwesend er ist?"

„Das wird vorübergehen. Und wenn schon, Hauptsache, er arbeitet ordentlich."

An den Sonntagen schwärmte Bella von ihren Freundinnen und von himmlischen Gesängen. Sie lernte Heilkräuter zu Tees, Salben und Tinkturen zu verarbeiten, und prunkvolle Messegewänder zu besticken. Ihre Augen strahlten vor Freude, nur hin und wieder schaute sie mich traurig an – keinen Augenblick ließen uns die Eltern alleine.

Ricarda sprach Pater Felipe auf meine Zukunft an:

„Was soll aus Fernando werden, Pater? Er lässt die Schultern hängen und spricht fast nicht mehr."

Er sagte: „Ein junger Mann muss gehorchen und sich seinen Eltern fügen. Und du solltest auf deinen Mann hören."

Ricarda schaute betreten zur Seite; seit meinem Fluchtversuch und dem Auszug der Mädchen, war sie in deren Kammer gezogen. Insgeheim gab sie Eugenio die Schuld an ihrem mittelmäßigen Leben und es wurde ihr immer unerträglicher mit der Magd und dem Handkarren in den Garten hinauszuziehen. Kam ein Reiter oder gar eine Kutsche vorbei, richtete sie sich stolz auf, aber es schnitt ihr ins Herz, wie eine Bäuerin umherzulaufen. Und dann Eugenio, 15 Jahre älter als sie: ein alter Mann! Sie selber wurde bald 40, und besaß immer noch kein einziges Kleid aus schimmerndem Samt.

Es war Pater Felipe, der im April 1535, kurz nach meinem 19. Geburtstag, Eugenio und Ricarda eines Tages ansprach. Er hatte Nachricht von seinem Vetter, Fray Aniello, einem Franziskanermönch aus dem Kloster La Rabida in Spanien, erhalten. Er sagte:

„Er und zwei andere Mönche werden in die Neue Welt entsandt, um die Indianer zu bekehren und die Ansprüche der Kirche zu sichern."

Er hob die Augen zum Himmel, breitete die Arme aus, und fuhr mit bebender Stimme fort:

„So wird es doch wahr, alle Kinder Adams und Evas werden zum christlichen Glauben bekehrt, wie unser Herr Jesus Christus uns geheißen hat. Fray Aniello sucht nach einem Gehilfen, um das Land zu vermessen, und da ist mir gleich Fernando eingefallen. Bei meinem Vetter ist er gut aufgehoben; er kann viel von ihm lernen, und für sein Seelenheil sorgen."

Ricarda horchte erstaunt auf, und schaute zu meinem Vater, der die Augenbrauen zusammen schob:

„Das ist gut gesprochen, Pater Felipe, aber die Werkstatt? Ich habe nur einen einzigen Sohn."

„Aber versteh doch", sagte der Pater, „die Mönche werden das Paradies auf Erden finden, den Garten Eden mit den saftigsten Früchten, frischem Wasser, Blumen und zahmen Tieren, und dein Sohn hat Anteil daran! Wunder der Bekehrung, Gewinn für die Kirche und großes Ansehen für deine Familie. Außerdem ist Carmelo tüchtig; später, wenn Fernando aus der Neuen Welt zurückkehrt, mag er die Werkstatt vergrößern."

Eugenio schüttelte den Kopf, er wusste nicht recht, was er zu diesem Vorschlag sagen sollte, aber Ricarda griff nach seiner Hand und sagte sanft:

„Wir wollen es gerne überlegen, Pater. Es kommt so überraschend. Oh, Fernando wäre so glücklich."

Eugenio sagte:

„Ich fühl mich alt, wenn alle Kinder fortgehen, Pater, nichts ist mehr wie früher."

Pater Felipe sagte tröstend:

„Zu Pfingsten kommt Bella heim, sie hat sich prächtig gemacht, die Schwestern haben sie lieb gewonnen, und es hat ihr nicht geschadet, zwei Jahre von daheim fort zu sein, im Gegenteil. Du wirst noch viel Freude an deinen Kindern haben."

Eugenio seufzte; er verstand seinen Sohn nicht: eine gut gehende Werkstatt, Aufträge über Aufträge, zufriedene Kunden – aber, je mehr er auf seinen Sohn einredete, um ihn zur Vernunft zu bringen, desto einsilbiger wurde dieser – verstehe einer die Jugend!

Wie auch immer, es gelang Ricarda, Eugenio umzustimmen, und ich bekam die Erlaubnis zu reisen.

Einige Wochen, bevor ich mit meinem Schwager Enzo, dem Kaufmann, nach Marseille aufbrach, kam Bella nach Hause. Sie war ein blühendes Mädchen mit träumerischen Augen und einer Fülle rötlich blonder Haare, die den hochgesteckten Zöpfen entwischten. Die Nachbarinnen staunten, wie gut sie nähen und sticken konnte. Sie half der Schneiderin, die ins Haus kam, meine Reisekleidung zu nähen. Ricarda, die hoch erhobenen Hauptes durch die Gassen ging, ließ sich bei dieser Gelegenheit das Kleid ihrer Träume aus dunkelrotem Samt anfertigen. Die 16 jährige Bella bekam ein blaues Kleid.

Das Einzige, was Ricarda beunruhigte, war ihre ausbleibende Monatsblutung. Sie ließ Alba, die Schneiderin, hoch und heilig versprechen, nichts von den Abnähern zu verraten, die sie in die Taille einarbeitete, um den Stoff später, falls nötig, auszulassen. Alba meinte:

„Keine Sorge, Signora, auch wenn Sie nicht schwanger sind, nehmen sie mit den Jahren zu. Und auch Bellas Kleid bekommt Abnäher, sie wird doch bald heiraten - so ein hübsches Fräulein! "

Bella zu Hause! Zu unserer Verwunderung war es fast, als seien wir nie getrennt gewesen. Ich nahm ihr Gesicht in meine Hände und sagte:

„Weißt du noch, was ich dir früher alles erzählte, wenn wir vom Garten heimliefen?"

„Die Fasanenfeder, die du den Indianern ausgerupft hast, habe ich immer noch", sagte sie lachend, „und kein Felsen wird jemals größer sein, als der Taubenfelsen, auf den du geklettert bist!"

„Und ich werde endlich ein Pferd reiten! Der arme Pepito, damals beim Rennen."

„Was macht eigentlich Francesca?", fragte Bella.

„Sie versorgt das Haus für ihre Eltern und ihren Mann. Kinder hat sie noch keine."

„Bist du immer noch verliebt in sie?", fragte Bella spitzbübisch und schmiegte sich an mich.

„Du kleine Schwester!", sagte ich, und ich packte sie an den Oberarmen.

Dann ließ ich sie verwirrt los, ihre Arme waren fülliger geworden, ihre Brust spannte in dem zu kindlichen Kleid, ein warmer Duft stieg von ihr auf.

„Ha, die kleine, neugierige Schwester" rief ich und zog die Spangen aus ihrem Haar, das bis zur Hüfte herunterfiel.

Aber der Bubenstreich blieb mir im Halse stecken: Bella, in ihrer Haarpracht, schaute mich an wie die Maria Magdalena auf dem Gemälde in der Kirche.

Bevor das Schreckliche, Unaussprechliche geschah, schüttelte ich die Dumpfheit der letzten Jahre ab, streckte mich und schämte mich nicht mehr, größer als mein Vater zu sein. Waren meine Schultern nicht auch breiter geworden?

Wir packten Messinstrumente in eine Kiste mit Holzwolle.

„Verkauf sie in Marseille", sagte mein Vater, „um deine Reise zu bezahlen."

Ein Astrolabium war für Fray Aniello bestimmt. Auch Ersatzteile und Werkzeug verstauten wir sorgsam, ebenso wie Papier, Federn, Kohlestifte und Tinte.

Bella lehnte im Türrahmen, schaute zu und seufzte. Da sagte ich:

„Bis ich zurückkomme, bist du längst verheiratet. Signora Bertami umschmeichelt dich; welcher ihrer Söhne gefällt dir denn am besten? Sag schon! Gib zu, dass es Fabio ist!"

Bella wandte sich ab:

„Ich will nicht heiraten", sagte sie.

Carmelo blickte von seiner Arbeit hoch, und ich fragte:

„Und Kinder, willst du keine Kinder?"

Mutter beschwichtigte, weinte, drohte, bettelte und bekam Migräne - es half alles nichts, Bella blieb dabei, sie wolle nicht heiraten, und Ricarda musste Signora Bertami damit vertrösten, das Mädchen brauche noch etwas Zeit.

Jetzt, wo der lang ersehnte Abschied näherrückte, fielen mir alle jemals gehörten Schauergeschichten ein: Schiffe, die von Wellenbergen zerschmettert wurden, Konquistadoren, die abgemagert und um Jahrzehnte gealtert zurückkehrten oder in Sümpfen jämmerlich zu Grunde gingen, und von Spaniern, denen das Herz bei lebendigem Leib herausgerissen wurde. Am liebsten hätte ich mich wieder in Corrados Stall verkrochen. Ich schalt mich Angsthase, Schwächling, Kindskopf; noch feucht hinter den Ohren, lächerlich. Mit Mönchen reisen - schön und gut - ein Schutz war es wohl, aber wie sollte ich je ein Mann werden? Ich hatte nur Francesca nachgetrauert, meine Schwester ein bisschen gestreichelt, und jetzt war es zu spät, den schmachtenden Blicken meiner Cousine Carlotta nachzugeben oder dem anzüglichen Lachen der Magd Consolata. Je mehr ich innerlich zitterte, je mehr meine Angst wuchs, desto großspuriger gab ich mich gegenüber all den Verwandten und Nachbarn, die mich mit guten Ratschlägen überhäuften.

Ein letztes Mal ging ich mit Bella zum Hof des Onkels, um mich zu verabschieden, und als wir mit dem vollgeladenen Handwagen wortlos zurückliefen und Bella weinte, zog ich sie an mich. Verwirrt und sehnsüchtig, in Tränen aufgelöst, drängten wir in einen Seitenweg, klammerten uns aneinander, zerrten an den Kleidern, sanken ins Gras, fieberten, stöhnten und schluchzten.

9 Mit Mönchen unterwegs

„… nur seien Sie aufmerksam gegen das, was in Ihnen aufsteht, …Ihr
innerstes Geschehen ist Ihrer ganzen Liebe wert …"
R.M. *Rilke*

Enzo handelte mit Olivenöl, Getreide und Waffen.
Als wir mit dem Handelsschiff am Leuchtturm vorbei den Hafen verließen, sprang ich auf, um die Stadt
und die Küstenberge zu sehen.

„Dort", rief ich, „dort oben ist Montello. Weißt
du noch, Carmelo, wie oft wir auf den Hafen und
das Meer geschaut haben?"

„Ja, ja", sagte Carmelo der uns bis Marseille begleitete zerstreut, denn ihm ging anderes durch den
Kopf.

Vorläufig war er in der Werkstatt an Sohnes statt
getreten, und sein kleiner Bruder Olmo, ein lustiger
Bursche, sollte als Lehrling beginnen. Aus mir und
meinen Träumereien war er nie schlau geworden. Er
wollte sein Leben lang in Genua bleiben. Er holte
die Holzschüssel mit den eingelegten Oliven hervor
und die Mandelkuchen, die seine Mutter uns eingepackt hatte. Merkwürdig, kaum war man unterwegs,
kam der Appetit.

Am Abend, nachdem wir die Ware in einem
Raum der Handelsniederlassung untergebracht hatten, schlenderte ich mit Carmelo durch das Hafenviertel der fremden Stadt Marseille. Plötzlich blieb

Carmelo stehen, fasste mich am Arm, und sagte, rot bis über beide Ohren:

„Fernando, ich hab deine Schwester lieb, ich möchte Bella heiraten."

Fast landete meine Faust in seinem Gesicht; gerade noch konnte ich mich blitzschnell um mich selbst drehen, und mir an den eigenen Kopf schlagen. Ich blieb mit der Hand vorm Gesicht stehen, und Carmelo wunderte sich bestimmt einmal mehr über seinen seltsamen Vetter. Als ich die Hand vom Gesicht nahm, presste ich hervor:

„Warum nicht? Ja, warum eigentlich nicht? Wenn sie will, warum nicht."

Und Carmelo fügte unsicher hinzu:

„Du weißt, dass Carlotta dich mag? Soll sie auf dich warten?"

„Hör bloß auf mit heiraten und so", schrie ich, „nein, auf keinen Fall!", und als ich sein betretenes Gesicht sah, fügte ich hinzu:

„Nichts gegen Carlotta, versteh mich nicht falsch, aber ich will nicht heiraten."

Eine Frau mit verlockenden Rundungen strich dicht an uns vorbei, und murmelte:

„Na, mein Süßer?" Ich griff nach ihrem Arm:

„Warte, du!", und zu Carmelo, der schon wieder rot wurde und mich anstarrte, sagte ich: „Ich komme später."

Ich keuchte, das Herz schlug mir bis zum Hals.

„Na, na, ist ja gut", sagte Lucie, „du hast es aber nötig. Liebeskummer?"

„Ja, Liebeskummer, du sagst es", brachte ich hervor.

Ich gab der Frau eine Münze und ging in die Nacht hinaus. Hatte ich mit Bella …? Nein, unmöglich, sonst wäre ich doch nicht, zwei Tage später, zu einer Dirne gegangen. Nein, Bella doch nicht … Wirrwarr der Gefühle … Bella, meine geliebte Schwester …, ein Alptraum, ein süßer, verwerflicher, quälender Traum. Ich atmete durch. Gut war es, mit einer Frau zu schlafen, und wenn es auch nur „so eine" war. Morgen wollte ich wieder zu Lucie gehen und ihr ins Fleisch, in die drallen Schenkel greifen. Jeden Abend wollte ich zu ihr gehen, solange wir hier waren.

Nachdem die Astrolabien, Kompasse, und Jakobsstäbe verkauft waren und ich die Münzen in meinen Gürtel gesteckt hatte, segelte ich mit einem Handelspartner von Enzo nach Valencia und Sevilla weiter. Ein Italienischer Matrose brachte mir ein paar Wörter Spanisch bei, während wir das Deck scheuerten, und der Kapitän ließ mich, wenn er großzügiger Laune war, über seine Schulter gucken, um mir die Bestimmung der Schiffsposition auf der Seekarte zu zeigen.

So vergingen die Tage bis wir Palos erreichten. Von dort ging es mit einem Eselskarren zum Kloster La Rábida, wo ich nach Fray Aniello fragte. Dieser kam mit ausgestreckten Händen auf mich zu. Mein Herz stolperte vor Schreck, während er mich herzlich auf Italienisch begrüßte und mich umarmte. Er war um die fünfzig, nicht sehr groß und untersetzt, mit schütterem Haar. Während ich von der Fahrt berichtete, geriet ich innerlich zusehends in Aufruhr: Angst, Abscheu, Anziehung? Was war es? War es doch wegen Bella? Hatte ich doch ...? Wusste der Pater etwas? Es schnürte mir die Kehle zu.

Pater Aniello legte begütigend die Hand auf meinen Arm.

„Alles sehr aufregend, oder? Ruh dich heute aus, und morgen zeig ich dir das Kloster, meine Land- und Seekarten. Wir haben noch viel vorzubereiten bis zur Abfahrt in ein paar Monaten."

Er rief einen Novizen namens Alonso herbei:

„Richte dem Fernando eine Schlafstelle im Saal, und, ich zähle auf dich, dass du ihm Spanisch beibringst."

„Kannst du reiten?", fragte er mich.

„Nicht wirklich", sagte ich, „nur auf Eseln".

Es war mir peinlich.

„Dann bring ihm auch das Reiten bei, Alonso, er wird es in der Neuen Welt brauchen."

Der freundliche Franziskanermönch war mir nicht geheuer. Es wird doch gutgehen?

Vor der Abfahrt nach Hispaniola, schrieb ich meiner Familie, und auch ich erhielt einen Brief von daheim.

Mein Vater schrieb mir von Bellas und Carmelos Hochzeit. Mein Herz stolperte, ich ließ das Blatt sinken; das verstand ich nicht. So rasch? Bella wollte doch nicht heiraten; es schmerzte. Vielleicht hatte sie die Gelegenheit begrüßt, im Elternhaus bleiben zu können? Und Carmelo war sich durch die Heirat des Meistertitels sicher. Rechnete man nicht mehr mit meiner Heimkehr? Waren die Eltern so enttäuscht von mir? Die Gedanken schwirrten in meinem Kopf wie ein Starenschwarm.

Während ich in La Rábida Spanisch lernte und Fray Aniello mich auf den neuesten Stand der Kartographie brachte, war die Familie daheim in helle Aufregung geraten. Ricarda hatte die Abnäher aus ihren Kleidern herausgelassen. Längst wussten Gia und die ganze Straße, dass sie Nachwuchs erwartete.

„Der Eugenio kann es nicht lassen, sieht alt aus, aber oho!", lachten sie hinter vorgehaltener Hand.

„Ein Sohn geht, der nächste kommt, so ist das."

Sie waren noch nicht fertig mit ihrem Getratsche, als sie sich über die beschleunigte Heirat zwischen Bella und Carmelo wundern durften. Gia triumphierte:

„Na, ist ja auch kein Wunder, Carmelo alleine in seiner Kammer, und Bella alleine in der ihren - wirklich kein Wunder"!

„So", meinte Consolata spöttisch: „Gia alleine in einer Kammer und Marcello alleine…" „Hör auf, ich bin eine anständige Frau!", schrie Gia, „nicht so eine wie du, die junge Herren verführt!"

Als ich auf eine der fünf Galeonen stieg, die im Hafen von San Lucar lagen, dachte ich an meinen Fluchtversuch vor über zwei Jahren. Jetzt war es wirklich soweit, niemand wollte mir die Fahrt verwehren, und die Brust schwoll mir vor Stolz. Fray Aniello hatte günstige Fahrtkosten für mich ausgehandelt: ich sollte sowohl dem Koch, wie auch den Matrosen zur Hand gehen. Er und die zwei anderen Mönche, Fray Salvatore und Fray Bonifacio, verstauten Wachskerzen für die Messe und Bibeln in einer großen Kiste neben unserem Schlaflager. Auch Glasperlenschnüre, Spiegel und Schellen, um die Wilden anzulocken und zutraulich zu machen, silberne Kreuze für die Bekehrten, außerdem kleine Holzkreuze, die im Kloster hergestellt wurden.

Bevor die Schiffe ausliefen, ging es noch einmal an Land zu einer feierlichen Messe für all diejenigen, die in die Neue Welt reisten: Matrosen und Handwerker, junge Adelige, die ihr Glück suchten, und Abenteurer. Tränen flossen, Eltern schluchzten, junge Männer beneideten die Goldsucher und versprachen, so bald wie möglich nachzukommen.

Und kaum hatten wir abgelegt, wurde ich in die Kombüse gerufen, um den steinharten Schiffszwieback zu zerklopfen und mit Bohnen und Linsen zu einem Eintopf aufzusetzen. Am Abend war ich todmüde vom Wasser Schleppen, Austeilen der Portionen und Töpfe Scheuern. Alle Knochen taten mir weh. Ich kippte einen Becher Wein hinunter und rollte mich auf meinem Lager in eine Decke. Beim Einschlafen hörte ich, wie Fray Aniello sagte:

„Naturkinder sind es, strenge Zucht wird Not tun, damit sie lernen ein gottgefälliges Leben zu führen."

Und Fray Salvatore murmelte:

„Abscheulicher Götzendienst …"

Als am nächsten Tag die Sonne aufging, kletterte ich in die Trosse frei wie ein Vogel im Ostwind und stieß einen Jauchzer aus: das Schiff flog durch die Schaumkämme: uns voran eine Galeone und die drei anderen auf unserer Spur. Das Ufer war längst entschwunden, Genua und meine Kindheit erschienen mir wie ein ferner Traum, rührend wie Bellas Puppenstube. Ich spürte meinen Körper, meine Kraft und fieberte den Abenteuern entgegen: die Welt öffnete sich! Auf dem Weg zur Küche, ging ich breitbeinig über das auf und nieder reitende Schiff und dachte mitleidig an meinen Vetter: so etwas würde Carmelo nie erleben – dafür hatte er Bella. Ich griff nach dem Holzgeländer. Ob Bella glücklich war? Der heftige Wellengang zog und drückte in der Magengrube.

Das Wasser aus den Fässern, die wir vor zwei Wochen auf Lanzarote frisch gefüllt hatten, schmeckte abgestanden und im Zwieback raspelten, knabberten und raschelten die Mäuse. Ein Sturm war im Anzug, wir mussten kochen, bevor er losbrach, denn offenes Feuer war gefährlich. Vom ersten Schiff hatten wir das Warnsignal mit der Laterne bekommen, Abstand zu halten, um von den Wellen nicht gegeneinander geschleudert zu werden. Während ich Wasser, Holz, Oliven und Speck herbeischleppte, fragte ich mich, was es wohl in der neuen Welt zu essen gäbe?

Einmal, als ich zehn Jahre alt gewesen war, hatte ein Schausteller auf dem Domplatz einen Truthahn, der am Fuß angebunden war, vorgeführt. Er piesackte ihn, um ihm kollernde, glucksende Laute zu entlocken. Ich war fasziniert von der Hässlichkeit des baumelnden, violetten Kropfes, den der Vogel unwillig hin- und herschleuderte, bevor er sich aufplusterte, die Schwanzfedern zu einem Rad aufstellte und seine Brustfedern vor Spannung vibrierten.
„Die wilden Indianer essen solche Vögel" rief der Mann, „und dazu dieses hier."
Er schwenkte einen Maiskolben durch die Luft, dem etliche Körner fehlten, da Mägde und Haus-

frauen es nicht lassen konnten, ihn neugierig zu be-
fingern. Die Frauen kreischten auf, als er ihn zwischen die Beine hielt:

„Na, will niemand mehr anfassen? Die Hübsche,
da?"

Empörte Rufe und Gelächter.

„Nur eine kleine Münze", rief er mit sonorer
Stimme, „und ihr seht, wie es die Indianer treiben."

Er grinste anzüglich und hielt ein Kästchen hoch.
Ich holte die lange gehütete Münze hervor, die ich
zum Namenstag bekommen hatte, und durfte in das
Kästchen schauen. Dort war eine nackte Indianerin
zu sehen, mit Federn in den schwarzen Haaren, die
ihr bis zu den Schenkeln herabfielen. Daneben stand
ein Mann mit Bart und Helm. Mit einem Schieber,
der an dem Kästchen angebracht war, konnte man
das Bild bewegen: die Frau öffnete die Schenkel und
lehnte sich zurück, und aus dem Umhang des Mannes stach ein riesiges Glied hervor. Ich verstand das
hin und her der beiden nicht, aber das Gelächter und
Drängeln um mich herum verwirrten mich.

„Genug gevögelt!", rief der Mann und nahm mir
das Kästchen weg, „der Nächste, bitte!" Der Truthahn, der sich in die Enge getrieben fühlte, hüpfte
von einem Fuß auf den anderen und pickte die Leute
in die Waden.

Der Sturm heulte. Wellen donnerten über das
Deck. Ich saß bei den betenden Mönchen auf dem

Schlaflager, während die Angst in mir hochkroch, und fiel murmelnd in die Gebete ein. Aber wie Schafe einer Herde, die nach verbotener Weide streben, schweiften meine Gedanken zu den Münzen in meinem Gürtel ab: ein Pferd kaufen! In der Neuen Welt sollten sie fünfmal so teuer sein wie daheim, hatte ich gehört. Ich seufzte, ich war mit Mönchen unterwegs, und die gingen zu Fuß; Fray Salvatore sogar barfuß.

Das Schiff hob sich und krachte, erbebte. Ich sah Francescas Gesicht, so wie damals, als ich aus dem Nebel des Schreckens auftauchte, und wieder suchte ich Halt und Trost bei seinem Anblick. Wasser schoss die Treppe hinunter.

„An die Pumpen", schrie jemand und ein Hornsignal dröhnte.

Wieder hellwach, stürzte ich zu den Pumpen, wo sich die Männer ablösten oder mit Eimern und Kesseln Wasser schöpften und weiterreichten. Nach zwei Tagen, als das Schlimmste überstanden war, taumelte ich auf mein Lager und schlief wie ein Stein.

So überzeugt von sich, wie die Hidalgos, die jungen Adeligen, hätte ich auch sein wollen! So männlich und kühn, mit stolzgeschwellter Brust und den großartigsten Plänen für die Zukunft. Die Frauen mussten bei ihrem Anblick dahinschmelzen.

Und ich: Zwiebackklopfer, Wasserschlepper, Mönchsbegleiter! Einer der Prahlhälse stellte mir ein Bein im Vorübergehen. Ich schlug der Länge nach auf den Bretterboden, und die Bohnen, die ich in einem Korb schleppte, kullerten unter Spott und Gelächter in alle Richtungen. Zornig sprang ich auf die Beine und schrie:

„Merda und puta", holte einen Besen und fegte die Bohnen zusammen.

Sollten sie doch den Dreck mitfressen! Esteban, schwarzhaarig und strotzend vor Energie, klopfte mir auf die Schulter, und sagte:

„Die Langeweile an Bord, die Untätigkeit."

„Dann schlepp doch Wasser", knurrte ich.

Aber er fragte mich, woher ich sei, und ob ich mit Schwert und Lanze umzugehen wüsste. Er könne es mir beibringen. Zusammen mit seinem Bruder Gilberto trafen wir uns am Abend auf dem Hinterdeck. Ich war fasziniert von seinen raschen Bewegungen und seiner Geschicklichkeit. Und er war ein guter Lehrmeister. Wir freundeten uns an, wenn seine Überheblichkeit mich auch verunsicherte. Was fand er nur an mir? Bald versuchte er, mich zu überreden, mit ihm und seinem Bruder auf Goldsuche zu gehen. Fray Aniello, der unser Gespräch nicht mitbekommen hatte, nickte.

„Das ist Recht", sagte er, „werde du ein tüchtiger Gotteskämpfer. Nach allem, was man so hört, muss man auf der Hut sein vor den Indianern und ihrer

Hinterhältigkeit. Und wir mit unseren Kutten sind bei einem Kampf im Nachteil."

So kaufte ich mir später auf der Insel Hispaniola anstatt des ersehnten Pferdes ein Schwert, einen Helm und einen Harnisch aus wattierter Baumwolle.

Mit günstigen Winden hätten wir schon dort sein können, aber der Wind war abgeflaut. „Zuerst werden wir zwei Sklaven kaufen", sagte Esteban, der am Holzgeländer lehnte.

„Und Pferde und ein Maultier", fügte sein Bruder Gilberto hinzu. „Die Gerätschaften zur Goldförderung haben wir aus Spanien mitgebracht. Wir gehen auf Goldsuche oder auf Sklavenjagd."

„Mal sehen, wie es kommt", sagte Esteban, „wir schlagen uns durch, und sind in kurzer Zeit reich."

Er schlug seinem Bruder übermütig auf die Schulter.

„Wollt ihr in der Neuen Welt bleiben?", fragte ich.

„Wenn wir genug Gold und hübsche Indianerinnen kriegen, dann schon. Oder Bruderherz?"

„Santiago!", riefen beide den Schlachtruf und stießen ihre Schwerter in den blauen Himmel.

Als nach Wochen Land in Sicht kam, vibrierte alles vor Freude und Aufregung. Die warme Luft war feucht. Ich staunte über die üppige Vegetation und die halbnackten Männer, die nur mit einer Schambinde bekleidet waren. Indianerinnen boten Maisfladen, gelbe und orangene Früchte und bestickte Lederbeutel an. Ein Vogel mit leuchtend blauem Gefieder, dem man die Flügel gestutzt hatte, legte den Kopf schief, um sich im nächsten Moment auf die nackten Zehen der Vorübergehenden zu stürzen. Das Gewimmel an Leuten, fremden Klängen und nie Gesehenem berauschte mich.

Von Hispaniola aus segelten wir weiter nach Vera Cruz. Fray Salvatore kaufte ein Maultier und die kleine Gemeinschaft der Franziskaner vor Ort musste uns unzählige Fragen nach Land und Leuten und dem Weg beantworten. Wir bekamen sowohl indianische Lastenträger, wie auch einen Wegkundigen mit und einen zwölfjährigen Jungen namens Ignacio, der etwas Spanisch konnte.

Der Weg nach Mexico, für den wir über zwei Wochen brauchten, führte anfangs durch die tropische Küstenlandschaft, um dann immer mehr anzusteigen. Je höher das Gebirge wurde, desto kälter pfiff der Wind. Und nach mehreren Tagesreisen sahen wir schneebedeckte Vulkane, die über der Hochebene aufragten. Ignacio erzählte uns, dass sie auch im Sommer eine Schneekappe trugen. Es war Dezember, vor uns lag eine Wüste aus Lavageröll von hartem Gras und Kakteen überwuchert. Weiter stieg es zum verschneiten Pass zwischen den Vulkanen an. Fray Aniello fror in seiner Kutte trotz der

Decke, die er sich um die Schultern gebunden hatte, und fing an zu husten. Auf der anderen Seite des Passes fiel das Gelände zur Hochebene ab und wir sahen von weitem die von Cortés und seiner Armee eroberte und zerstörte Stadt Mexiko-Tenochtitlan, aus deren Schutthalden einige Gebäude und neu errichtete Kirchen herausragten. Der abschüssige Weg war rutschig, unser Schuhwerk schon seit Tagen durchnässt. Als wir endlich im Kloster San Francisco eintrafen, ein trockenes Lager bekamen und uns an einem Feuer wärmen konnten, war es der Himmel auf Erden.

Die Mönche handelten mit dem Vizekönig Don Antonio, die Grenzen des neuen kirchlichen Gebietes aus. Es gab nur eine grobe Skizze mit hohen Bergen im Norden und Westen, dem Grenzfluss Rio Verde im Süden und den angrenzenden Ländereien des Großgrundbesitzers Don Godfredo im Osten, zum Küstenstreifen hin. Fünf tributpflichtige indianische Dörfer waren als Kreise eingezeichnet. Fray Aniello wurde darüber unterrichtet, dass sowohl die Versklavung, wie auch der Verkauf von Indianern inzwischen verboten sei, dass er aber die Männer zu jeweils einem halben Jahr schwerer Arbeit verpflichten konnte und natürlich jederzeit zu außerordentlichen Arbeitseinsätzen. Eine Silber- oder Goldmine sei auf dem kirchlichen Grund nicht vorhanden. Fray Aniello war mit der Landzuweisung nicht zufrieden, es war vor allem gebirgiges Land ohne die fruchtbaren Ebenen, die ehemalige Soldaten des Cortes für sich beansprucht hatten.

„Ihr müsst verstehen", sagte der Vizekönig, „die Mönche wurden erst nach der Eroberung von Mexiko ins Land geholt, da waren die besten Ländereien bereits aufgeteilt. Wenn es wieder zu einer Landnahme kommt, werdet ihr berücksichtigt werden."

Von den ortsansässigen Mönchen, die schon vor einigen Jahren gekommen waren und die Sprache der Indianer aufzeichneten, bekamen wir ein Heft mit Gebeten und Wörtern auf Nahuatl.

Der schüchterne Fray Bonifacio erkundigte sich nach dem Unterricht der indianischen Kinder. Zuerst einmal sollten sie Gebete nachsprechen und Spanisch lernen. Ignacio, der kindliche Dolmetscher, sollte ihm dabei helfen. Er und Fray Bonifacio verstanden sich auf Anhieb und einer nahm den anderen unter seine Fittiche. Fray Salvatore, hochgewachsen, Anfang 30 und tatkräftig, machte Pläne für eine Kapelle, ein Haus für die Mönche und eine Schule, die er aus getrockneten Lehmziegeln bauen wollte.

Als wir nach zwölf mühsamen Tagesetappen den Rio Verde auf einer wackligen Holzbrücke überquerten, erblickten wir am anderen Ufer das Dorf „Rote Erde". Wir hörten Rufe und wurden vom Gekläff der Hunde empfangen. Ich war ganz Augen und Ohr: nackte Haut, bestickte Blusen und Ponchos, Vogelkrächzen, Kindergeschrei, Hundejaulen und fremde Gerüche. Ein junger Bursche, nur mit einem Lendentuch bekleidet, tötete einen Hund mit seinem Obsidianmesser, und zerlegte ihn, um sein Fleisch zu schmoren, während eine Indianerin Teig aus Maismehl für die Fladen knetete.

Fray Aniello vom Weg und den Hustenanfällen erschöpft begrüßte die Indianer, die sich vor der Hütte für die Mönche versammelt hatten. Er sprach ein Gebet, das Ignacio holprig übersetzte, und wischte sich die Stirn. Still sandte er ein Stoßgebet an die Jungfrau Maria, ihn bei der gewaltigen Aufgabe, die vor ihm lag, zu unterstützen. Er sehnte sich nach den weiß gekalkten Mauern seines Klosters in Spanien, seinen Studien und dem schattigen Garten. Als er den nackten Lehmboden in der Hütte sah, dachte er an sein bescheidenes Klosterbett, und was hätte er nicht für einen Stuhl gegeben!

Wir bezogen die zugige Hütte. Für jeden gab es eine Schilfmatte, auf die wir unsere schmutzigen Decken legten. Was wir sonst noch dabei hatten, wurde an der Wand gestapelt. Es war eng. Fray Aniello ließ sich schwer auf sein Lager sinken.

Schon am nächsten Tag suchte Fray Salvatore einen Platz für den Bau der Kapelle und der Schule. Die Indianerkinder mussten wochenlang Ziegel aus

Lehm, Asche und verkohltem Wüstensalbei herstellen und froren an den Händen. Bis zum Frühjahr half ich beim Hausbau mit, dann bekam ich zwei Indianer als Träger und Gehilfen, um das Land, das die Kirche beanspruchte, zu skizzieren und zu vermessen und in eine Karte einzutragen. Der eine, ein Indianer mit ernstem Blick in meinem Alter hieß José, der andere, ein hagerer älterer Mann mit wulstig vernarbter Wange, nannte sich Chico. Er war als Sklave gebrandmarkt worden. Die Narbe verunstaltete sein Gesicht. Verschlossen waren beide. Ich prallte an ihnen wie an einer Mauer ab. Wenn wir weitab vom Dorf durch Agavenfelder und Dorngestrüpp unterwegs waren oder unter einem verstaubten Baum nächtigten, blieb ich in „Hab-Acht-Stellung", das Schwert griffbereit. Ich war jedes Mal erleichtert, wenn wir am Ende der Woche wieder ins Dorf zurückkehrten, um am Sonntag die Messe zu hören, neue Vorräte und Wasser zu holen. Kaum in der Hütte, ergriff ich den Wasserkrug und leerte ihn in tiefen Zügen. Dann fiel ich auf meine Matte und schlief, bis Fray Aniello, der Plagegeist, mich weckte, weil die Indianerin Nenetl das Essen zubereitet hatte und er meine Skizzen sehen wollte mit der Lage der kümmerlichen Dörfer und Maisfelder. Er regte sich furchtbar über die Ausdehnung des Ödlandes auf. Hatte er nichts Besseres zu tun?

Einmal schaute mir José, der die Schlafmatten, Decken und Vorräte trug, beim Skizzieren zu und während einer Rast im Schatten einer Kiefer nahm er ein Stück Rindenpapier und meinen Kohlestift. Er zeichnete zwei Indianer mit Lendenschurz und Umhang, er zeichnete auch mich mit einer Karte und einem Stift in der Hand. Ich war verblüfft. Niemand hatte mir gesagt, dass Indianer zeichnen können. José schenkte mir die Zeichnung. Ich gab ihm einen Kohlestift, davon hatte ich zum Glück genügend. José deutete jetzt auf den Berg auf meiner Skizze und denselben Berg in der Landschaft. Ich stimmte ihm lebhaft zu. Wir lachten uns an, tranken einen Schluck Wasser und gingen wieder an die Arbeit.

Im Dorf kam es immer wieder zu Diebstählen; streunende Indianer, die vor der Sklaverei geflohen oder von ihrem Land vertrieben worden waren, schlichen in der Nacht auf die Felder oder gar in die Dörfer und griffen gierig nach Essbarem. Tagsüber lebten sie versteckt im felsigen Gelände. Manch ein Grundbesitzer spürte sie mit Bluthunden auf, die er auf sie hetzte. Grundbesitzer, Mönche und Aufseher führten ein strenges Regiment und waren nicht zimperlich mit Strafen. Sie verlangten so hohen Tribut an Mais, Bohnen und Truthähnen, dass den Indianern in den Dörfern nur wenig zum Leben blieb.

Als im folgenden Jahr der Mais zarte Körner ansetzte, stieß ich mit meinen Gefährten auf fünf
elende, durch Krankheit und Auszehrung geschwächte Gestalten, die sich in den Felsen verborgen hielten. Sogleich flogen Pfeile, und als die Diebe
sahen, dass wir nur drei Männer waren bepackt mit
Decken und Vorräten, stürzten sie sich mit
Kriegsgeheul auf uns. Ich zog mein Schwert, und als
ein Indianer mit wutverzerrtem Gesicht auf mich
zuwankte und seine Holzkeule schwang, kannte ich
kein Erbarmen. Alles Zögerliche war wie weggebla-
sen, meine Sinne hellwach. Ich hieb ihm in den Arm,
schwang zur Seite, um der Keule auszuweichen, und
stieß ihm in einer raschen Wendung, das Schwert in
den Bauch, hieb auf den am Boden Liegenden ein,
bis die Gedärme hervorquollen. Berauscht, sprang
ich hinüber zu José, der unter einem Keulenschlag
auf die Schulter zusammen gebrochen war, stach
und schlug auf den Angreifer ein. Wie von alleine
sauste mein Schwert hierhin und dorthin, und ich
selber schien in raschen Sprüngen und Wendungen
zu tanzen. Ich merkte kaum, wie ich, jetzt schon
heiser, den Schlachtruf „Santiago" ausstieß. Chico,
der einen Indianer durch einen Pfeilschuss in die
Kehle getötet hatte, kam mir zur Hilfe. Die zwei
anderen Diebe flohen.

Wir keuchten außer Atem, dann schwenkte ich
mein blutiges Schwert durch die Luft und stieß einen
Siegesschrei aus.

José war schlimm zugerichtet, wir verbanden seine Schulter und versuchten das Blut zu stillen. Wir waren weit von der Siedlung entfernt, und José konnte unmöglich den langen Weg bis dorthin schaffen. Mit ein paar Worten und Zeichen verständigten wir uns darauf, dass Chico ins Dorf laufen sollte, das er bis Einbruch der Nacht erreichen konnte. Am nächsten Tag würde er mit einem Maultier und einigen Männern zurückkommen. Ich blieb bei José, den wir vom Kampfplatz an einen geschützteren Ort im Windschatten der Felsen getragen hatten.

Chico lief über die Ebene davon und war schon bald meinen Blicken entschwunden; ich staunte, wie schnell und ausdauernd er über Stunden laufen konnte. Ich ging zu den erschlagenen Indianern. Ihre ausgemergelten Körper waren zerrissen, ein abgetrennter Finger lag im Sand, und das Blut färbte den Boden dunkel. Ich sammelte Keulen, Obsidianklingen und Pfeile ein. Dann setzte ich mich neben José und wischte ihm den Schweiß vom Gesicht. Aus seinem Mund rann blutiger Schaum; der Keulenhieb hatte nicht nur Schulter und Rippen zertrümmert, sondern auch die Lunge verletzt. Mit keuchender Stimme sagte er:

„Du, Frau."

Ich wollte nachfragen, was er meinte, als mir einfiel, dass Fray Aniello darüber gewettert hatte, dass die Indianer erst einen Feind töten oder gefangen nehmen mussten, bevor sie heiraten durften. Barbarische, unchristliche Sitten.

Ich holte den Wasserbeutel aus Tierhaut, aber José wollte nicht trinken. Er deutete auf das Ledertäschchen, das er bei sich trug, bis ich es öffnete. Es enthielt einige trockene Blätter, die er mit zitternder Hand in seinen Mund schob. Den blauschwarzen Stein in Form eines Frosches, der in dem Beutel war, legte er mir in die Hand und sagte:

„Frau, … Yolotli."

Ich setzte mich, und lehnte mich an den Felsen. Erst jetzt spürte ich die Erschöpfung, sah meine Verletzungen an Beinen und Armen und das fremde Blut, das an mir klebte und verkrustete. Es ekelte mich. Schon kreisten Geier am Himmel und ließen sich hüpfend neben den Leichen nieder.

Als es dunkel wurde, fiel ich in einen oberflächlichen Schlaf, ein Knacken schreckte mich auf:

„Hörst du, da ist jemand" flüsterte ich.

José hauchte kaum hörbar:

„Koyoten."

Das also waren die schlürfenden, schmatzenden Geräusche. Oh, lieber lebendig sein, dachte ich. Wie schnell konnte man in diesem Land tot sein! Ich tastete nach dem Stein in meiner Tasche.

Als ich mitten in der Nacht aus dem Halbschlaf auffuhr, lag die Mondsichel wie eine Schale am Himmel und das Meer der Sterne glitzerte über uns.

„José?"

Keine Antwort.

„José?"

Kein Atemhauch, José war tot. Ich faltete seine Hände und begann zu beten.

Gegen Mittag sah ich die kleine Gruppe Indianer mit dem Maultier ohne Hast über die Ebene traben. Sie wissen schon, dass José tot ist, dachte ich und stand auf. Dort, wo am Vortag die Toten gelegen hatten, waren nur noch Knochen. Ein Büschel Haare hing in einem Dornenbusch. Kreuz und quer Schleifspuren, Pfotenabdrücke im Sand, die Spuren der Geierfüße, und verlassene Ameisenstraßen. Ich war froh, bei José geblieben zu sein.

Nach dem Begräbnis kam außer Chico ein anderer Indianer namens Santos zur Kennzeichnung der Grenzen des kirchlichen Besitzes mit. Mehr Männer waren nicht abkömmlich, da sie das Wohnhaus für die Mönche und eine Schule mit Schlafsaal bauen mussten. Als wir zu dem Kampfplatz kamen, den ich in der Karte als Ort der Knochen einzeichnete, ließ ich die Indianer ein Holzkreuz fertigen und aufstellen. Warum musste ausgerechnet José sterben? Ich hatte Chico den Stein gezeigt, den ich von ihm bekommen hatte, und dazu fragend „Frau Yolotli?" gesagt, aber Chico blieb undurchdringlich und erwiderte nichts. Unmöglich seinen Gesichtsausdruck zu entziffern.

Im Dorf war die Atmosphäre angespannt.
Während der Messe dachte ich an Daheim, an die schwarze Marmorsäule mit der eingeritzten Galeone, neben der ich als Kind immer hatte sitzen wollen. Jetzt war ich in der Neuen Welt und hatte seit der Abreise aus Spanien nichts mehr von meiner Familie gehört. Die fanatische Stimme von Fray Salvatore riss mich aus meinen Gedanken:

„Ihr kommt alle in die Hölle, die Flammen der Höllenglut werden über euch zusammenschlagen, wenn sich nicht alle Indianer, die auf dem Boden der heiligen Kirche leben, taufen lassen! Kommt zur Taufe, sonst müssen wir schmerzhafte Strafen verhängen. Wir sind verantwortlich für die Herde, wir werden nicht dulden, dass auch nur einer von euch verloren geht!"

Er schnappte nach Luft und fuhr in bebendem Ton fort:

„Wenn die Schule fertig gebaut ist, werden alle Kinder zwischen sechs und 16 Jahren, auch die aus den entlegenen Dörfern, zur Schule kommen und hier wohnen. Dann ist es aus mit dem Götzendienst, und der wahre Glaube wird siegen."

Er wischte sich die Stirn, und ich erschrak über die finsteren Gesichter der Zuhörer. Hatten sie überhaupt etwas von der Predigt verstanden? Ignacio übersetzte schlecht und recht.

Die Mönche sangen auf Lateinisch. Ich bemerkte, dass ein Mädchen von etwa 16 Jahren zu mir hinüberschaute und den Blick senkte, wenn sich unsere Augen trafen. Sie war stämmig und hatte die dunkle Hautfarbe der Menschen, die viel auf dem Feld arbeiten. Ihre schwarzen Haare waren über den Ohren zu Schnecken hochgesteckt und mit einem Glasperlenband geschmückt. Nach der Messe kam sie zu mir und sagte:

„Yolotli, Schwester von José" und deutete auf sich.

Es verschlug mir die Sprache: Sie also war es? Fray Aniello kam auf uns zu und fragte:

„Nun?", und sein Blick ging zwischen mir und Yolotli hin und her.

Ich erzählte widerstrebend von Josés Geschenk, und Fray Aniello meinte:

„Du sollst sie heiraten".

„Aber, ich will doch nicht heiraten", sagte ich erschrocken.

„Warum nicht, dann machst du schon keine Dummheiten, und es ist wichtig, die Indianer stärker an uns zu binden, damit sie von unserer Lebensart durchdrungen werden."

„Aber, wenn ich nach Italien zurückkehre ...", wandte ich ein.

Schmerzlich sah ich Francescas Gesicht vor mir, Francesca, die Unerreichbare, noch immer ersehnte."

„Nun, das sieh mal nicht so eng", sagte der Mönch und legte mir eine Hand auf die Schulter, „da hat die Kirche ihre Regelungen getroffen. Wenn du zurückgehst, kannst du sie als Ehefrau oder Dienerin mitnehmen oder hier lassen. Und für uns, für die Kirche ist es gut, wenn du heiratest. Dass du in Sünde mit einer Frau lebst, werde ich nicht dulden", sagte er mit drohendem Unterton. „Überleg es dir."

Er wandte sich Yolotli zu, deutete sowohl auf sie als auch auf mich und nickte. Ich hätte im Boden versinken wollen und machte mich aus dem Staub.

Das durfte nicht wahr sein! Mein Widerwillen gegen Fray Aniello und seine Forderungen, schneller zu arbeiten, genauestens Bericht zu erstatten und nun auch noch zu heiraten, schlug in Hass um. Gerne hätte er mich als Aufseher der Bauarbeiter gesehen, der, wenn es sein musste, auch mit der Peitsche strafte, denn den Mönchen widerstrebte es, selber Hand anzulegen. Es schüttelte mich vor Abscheu, ich war froh, einstweilen mit der Vermessung des Landes und dem Zeichnen der Karten beschäftigt zu sein. Außer der Karte für die Mönche hatte ich eine Kopie für den Vizekönig Don Antonio anzufertigen und eine andere für die Mutterkirche in Spanien.

Am nächsten Sonntag nach der Messe, kam das Mädchen wieder zu mir. Ihre Haare glänzten in der Sonne, sie trug einen langen Rock und eine bestickte Baumwollbluse. Ihre schwieligen Hände hatte sie vor dem Bauch gefaltet.

Als ich zur Flucht ansetzte, stellte sich Fray Aniello in den Weg.

„Willst du der Kirche nicht einen kleinen Gefallen tun? Hast du´s dir überlegt?"

Die Wut auf den Mönch, der mich in die Enge trieb, schoss hoch:

„Nein", schleuderte ich ihm ins Gesicht, und ging weg.

Später, als das Herzklopfen nachließ, schüttelte ich den Kopf und holte Luft. Und wenn ich das Mädchen heiratete? Nur für die Zeit in der Neuen Welt? Warum musste sich dieser verfluchte Mönch in alles einmischen? Ich nahm mir vor, am nächsten Sonntag mit Yolotli zu sprechen.

Aber am nächsten Sonntag war sie nicht da und ich fing den belustigten Blick einer Indianerin auf, als ich mich unauffällig nach rechts und links umschaute. Kichernd liefen zwei Mädchen nach der Messe an mir vorbei. Wollte sie mich nicht mehr? War sie krank? Oder fortgegangen? Ich schalt mich einen Dummkopf.

Als ich Chico nach dem Mädchen fragte, murmelte dieser Unverständliches und machte eine

Geste, die alles und nichts bedeuten konnte. Missmutig überlegte ich, wann ich mit den Kartierungen fertig sein würde. Keinen Tag länger wollte ich bleiben. Die Mönche waren anmaßend, die Indianer schwiegen und ich hatte die Nase voll. Das Heimweh nach meiner Familie, den Klängen meiner Sprache, ja, sogar nach der engen Werkstatt, schnürte mir den Hals zu. Ich machte mir Sorgen, weil ich seit zwei Jahren keinen Brief mehr von Daheim bekommen hatte, obwohl ich regelmäßig schrieb. Gingen die Schiffe unter? Lag Genua im Krieg?

Als endlich der ersehnte Brief kam, küsste ich ihn und drückte ihn an mein Herz. Dann suchte ich mir einen Platz an der Rückseite der Hütte abseits der Blicke der Mönche und öffnete ihn. Mein Vater hatte ihn vor Monaten geschrieben. Er berichtete von Matteo, dem jüngsten Sohn, meinem kleinen Bruder. Ich rechnete nach: er war schon anderthalb Jahre alt. Simiona sei eine kluge Kaufmannsfrau, leider noch ohne Nachwuchs; Bellas und Carmelos Tochter Estella sei entzückend … Ich ließ den Brief sinken, es schmerzte, schmerzte höllisch, es hatte mich kalt erwischt. Die Werkstatt liefe gut, es gäbe viele Aufträge, schrieb der Vater und fragte, wann ich nach Hause käme. Corrado hinke nach einem Unfall, sonst aber sei die Verwandtschaft wohlauf.

Ich stützte den Kopf in die Hände: zu Hause brauchte man mich nicht wirklich, was sollte ich dort? Und war nicht alles viel zu eng daheim? Und hier? Mit feindlichen Indianern durch die Landschaft trotten von einem fiesen Mönch bewacht?

Ein Schatten fiel auf mich, und als ich den Kopf hob, stand Fray Aniello vor mir.

„Hast du gute Nachrichten von zu Hause?", fragte er.

Ich sprang auf, und schrie außer mir:

„Das geht dich nichts an!"

Verblüfft, wich er zurück und knurrte:

„Benimm dich, ich sage dir, das werde ich nicht nochmals durchgehen lassen", und hob den Arm, wie zum Schlag.

„Ich bin nicht dein Sklave!", zischte ich.

Fray Aniello zuckte zusammen, er öffnete den Mund, um etwas zu erwidern, fasste sich an die Brust und keuchte unter einem Hustenanfall.

Auf den Feldern wurde der Mais geerntet, es war Hochsommer und glühend heiß. So viel Wasser wie man jetzt ausschwitzte, konnte man unmöglich mitschleppen. Deshalb blieb ich bis zum Herbst im Dorf und zeichnete die Kopien. Als die Temperaturen wieder erträglicher wurden, nahm die Arbeit ihren Lauf. Während ich kartierte und die Entfernungen mit dem Messband maß, fällten meine Begleiter verkrüppelte Kiefern, um Pfähle und Kreuze zu fertigen, die sie in Sichtweite voneinander auf der Grenze einschlugen. Drumherum schichteten sie Steinhaufen auf. Die Mönche hatten mich angewiesen, den kirchlichen Besitz großzügig zu vermessen. Aber wozu sollten die kahlen Felsen und die öden Flächen mit spärlichem Gras, Steinen und Salbeigestrüpp gut sein? Wir machten auch Erkundungen nach Norden in der vergeblichen Hoffnung, auf fruchtbares Land zu stoßen. Das Land war endlos und trocken wie eine alte Brotkruste.

Im Frühjahr 1538 kamen wir in das tributpflichtige Dorf, das am entferntesten von unserer Siedlung lag. Da ich von dort sechs Indianer für den Schulbau mitnehmen sollte, ließ ich alle Männer auf dem Dorfplatz antreten, um die Kräftigsten auszusuchen. Plötzlich fiel mir die Kinnlade herunter: war das nicht Yolotli, die vor einer Hütte Mais stampfte? Ich starrte zu ihr hinüber und die Indianer brachen in Lachen aus. Es war ein Albtraum: Frauen, Kinder und Männer schlugen sich auf die Schenkel vor Lachen. Yolotli, denn sie war es, hielt sich die Hand vor den Mund und die Feder in ihrem Haar bebte und zuckte. Auch machte sie keine Anstalten, zu mir zu kommen. Die Schamesröte stieg mir ins Gesicht, meine Hand fuhr zum Schwertknauf und ich brüllte die Genuesischen Flüche, die keinem Mönch zu Ohren kommen durften. Ein gewitzter Indianerjunge machte mich nach, stolzierte gekränkt herum und schrie ähnliche Laute wie ich. Die Dorfleute bogen sich vor Lachen, und weil doch nichts half, fiel ich in das Lachen ein, bis mir die Tränen übers Gesicht liefen.

Als wir das Dorf verließen, reichte Yolotli mir mit gesenkten Augen Maiskuchen und Truthahnfleisch. Tröstlich, das Essen.

Fray Aniello machte Druck, ich solle mich mit den Kartierungen ins Zeug legen, um neue Aufgaben zu übernehmen. Fray Salvatore sei in den entfernteren Dörfern unabkömmlich, um die Indianer im Christlichen Glauben zu unterweisen und sie zu taufen. Die Inquisition achte nun strenger darauf, ob die Indianer dem Götzendienst abgeschworen hätten, sie habe einen Katalog an Bestrafungen bei Zuwiderhandlungen erstellt.

Seit zweieinhalb Jahren war ich in der Neuen Welt und 22 Jahre alt. Ich wollte endlich mit den Karten fertig werden und gehen. Nicht umsonst war ich Genueser, stolzer Bürger einer unabhängigen Stadt; da konnte Fray Aniello noch so oft sagen:

„Schließlich hat Pater Felipe dich unter meinen Schutz gestellt."

Wenn der spanische Grundbesitzer aus der Nachbarschaft, Don Godfredo, der mit einer Indianerin verheiratet war, nach der Messe zum Essen blieb, spitzte ich die Ohren, hörte von der Suche nach den sieben Städten von Cibola: Wunder über Wunder, Gold und Silber, das Paradies auf Erden. Dorthin

wollte ich! Entdecken, erobern, mich durchkämpfen.
Ödland kartieren, so ein Schwachsinn.

Yolotli wohnte wieder im Dorf und kam zur
Messe. Was sollte ich machen? Sie heiraten? Ich
hatte gehört, dass Goldsucher und Soldaten mit
indianischen Frauen herumzogen. Die Frauen waren
ein karges Leben gewohnt, sie stellten keine Ansprüche und wussten, wie man aus Mais und Kakteen-
früchten Nahrung zubereitet, wie man aus Agavenfa-
sern und Nesseln Kleidung webt. Sie wussten wie
man in diesem Land bei Hitze, Trockenheit und
Kälte überlebt. Und doch, heiraten hatte ich mir
anders vorgestellt, mit einer Genueserin wie
Francesca im Kreis der Familie. Aber heim wollte
ich noch nicht, auch wenn die Mönche mir keinen
Lohn zahlten.

„Einen Lohn?", hatte Fray Aniello entgeistert auf
meine Frage erwidert. „Du hast doch alles zum Leben. Und siehst du denn nicht, wie wir uns plagen,
um den heiligen Glauben zu verbreiten. Was wir auf
uns nehmen? Was für Opfer wir leisten? Und du
junger Mann, der noch viel vom Leben zu lernen
hat, der sich glücklich schätzen darf, unter unserer
Führung zu stehen, du willst einen Lohn? Ist dir der
Gotteslohn nicht gut genug?"

Fray Aniello schüttelte den Kopf, und ich wusste
nicht mehr, ob ich undankbar war, vielleicht sogar
anmaßend und schluckte meinen Ärger hinunter.

Einen Tag in der Woche blieb ich nun im Dorf, um die Indianer beim Hausbau zu beaufsichtigen und mit anzupacken. Yolotli ging manchmal über den Dorfplatz ohne mich anzuschauen.

Und wenn ich Yolotli heiratete und mit ihr fortginge? Warum konnte ich mich nicht entschließen? Ich stellte mir Bellas spöttischen Blick vor, den abweisenden Gesichtsausdruck meiner Mutter, dann auch Francescas Erstaunen, wenn ich mit einer kleinen, kräftigen Indianerin heimkäme. Mein Vater würde sich jede Bemerkung verkneifen, aber den Mund ärgerlich zusammenpressen, nur Corrado würde Yolotli herzlich empfangen. Beim Gedanken an Corrado wurde mir warm ums Herz. Wie gut wäre es mit ihm zu sprechen! Ich könnte ihn fragen:

„Was meinst du, soll ich Yolotli heiraten?"

Und er würde antworten:

„Ist sie eine tüchtige Frau, liebst du sie?"

Ich würde sagen:

„Fleißig ist sie bestimmt, das sehe ich an ihren Händen, aber lieben ..., nein."

„Warum überlegst du dann, ob du sie heiraten willst?"

„Ich bin so alleine und, du weißt schon, so ganz ohne Frau ..."

„So, träumst du vor dich hin, anstatt zu arbeiten?" sagte Fray Aniello unwillig, der plötzlich neben mir stand.

Ich zuckte zusammen und ballte meine Hände zu Fäusten, als ich aufsprang:

„Wenn ich mit den Karten fertig bin, gehe ich fort!"

„Undankbarer!", fuhr mich der Mönch an. „Denk an dein Seelenheil und das deiner Familie. Du kannst uns hier nicht im Stich lassen, wir haben dir die Überfahrt ermöglicht."

„Ich habe die Reise selber bezahlt", sagte ich, " ich werde gehen und vorher Yolotli heiraten."

Fray Aniello starrte mich an.

Am nächsten Sonntag ging ich zu Yolotli und sagte ihr, ich wolle sie heiraten. Sie sagte „ja", als sei es längst überfällig. Mit der Heirat mussten wir aber noch warten, denn Fray Aniello war krank. Er hatte hohes Fieber und schwitzte, bis seine Kutte zum Auswringen war. Nenetl kam nicht mehr nach, mehrmals am Tag seine Kleidung zu waschen und zu trocknen. Sie gab ihm lange Baumwollhemden, in denen er nackt und schutzlos wirkte. Sie flößte ihm einen schleimlösenden Tee ein, der Brechreiz verursachte.

Yolotli brachte mir jetzt jeden Tag eine Leckerei und lächelte mich an: einen Maisfladen mit Marmelade aus Kaktusfrüchten oder eine Fleischtasche mit Chili, die mir die Tränen in die Augen trieb. Ich fächelte mir mit der Hand Luft in den Mund und hüpfte von einem Bein aufs andere, bis Yolotli kicherte. Ihre Tante fertigte über Wochen einen flachen Korb aus Gräsern, mit farbigen geometrischen Mustern an. Die ganze Zeit über schimpfte sie vor sich hin und ich fragte Yolotli:

„Was brabbelt sie die ganze Zeit beim Korbflechten?"

„Ach, es ist der Hochzeitskorb", sagte Yolotli „während sie ihn herstellt, darf sie alles über dich sagen, was sie will, aber wenn er fertig ist, muss sie den Mund halten."

Ich schaute sie und die Tante, die mich schief anlächelte, verblüfft an.

„Was schimpft sie denn über mich?", wollte ich wissen.

„Sie sagt, du bist fremd und verstehst nichts von unseren Sitten, und sie hat Angst, dass du mit mir fortgehst. Außerdem hast du weder Mutter noch Schwester, um den Hochzeitsmantel zu weben."

Das hatte ich nicht erwartet, dass Heiraten bei den Indianern kompliziert sein könnte.

Da Fray Aniello nicht gesund wurde, übernahm Fray Salvatore im Sommer die Hochzeitszeremonie, und Fray Bonifacio überließ uns fürs Erste den Schulhausanbau als Wohnung. Es war ein kleiner Raum mit schrägem Dach aus Agavenblättern. Allein schon deswegen lohnte sich das Heiraten. Nach der Messe setzten Yolotlis Verwandte uns beide auf eine

Schilfmatte und knoteten die Zipfel unserer Kleidung zusammen, um die Heirat zu besiegeln. Sie hielten lange Reden auf Nahuatl und gaben uns ihrem Tonfall nach zu urteilen unendlich viele gute Ratschläge mit in die Ehe. Die Tante verwöhnte uns mit Leckerbissen, und die kleine Frau, die nun meine Frau war, erfüllte mich mit Zärtlichkeit. Sie war ruhig und tüchtig und ich hatte sie gerne um mich. Plötzlich fiel es mir nicht mehr schwer, nach Hause zu schreiben:

„Ich habe eine Indianerin namens Yolotli, das bedeutet Hase oder Herz - ich weiß nicht genau - geheiratet. Sie kann gut kochen; heute gab es Hundefleischgulasch."

Und ich lachte mir ins Fäustchen über die entsetzten Schreie, die Bella, Simiona und meine Mutter beim Lesen des Briefes ausstoßen würden, über Gias Gekreische und Getratsche. Und Francesca …, nun ja, sie hatte mich nicht gewollt, was soll´s. Es war einfach gut, einen Menschen an meiner Seite zu haben, der zu mir gehörte.

Dass Yolotli kleine Ahnenfiguren aus Ton verehrte, ihnen Maismehl hinstreute und sie mit Blumen schmückte oder ein Figürchen im Feld vergrub, um die Maisgöttin um gutes Wachstum zu bitten, störte mich nicht. Auch nicht, dass sie zur Beschwörung der Berg- und Regengötter ihr Abbild aus Teig buk und ihnen Kleidung aus bemaltem Papier anzog.

Es erinnerte mich an die Spiele der Kindheit, an die Fasanenfeder, an das, was der Wind mir in den Hügeln zugeflüstert hatte, an Zaubersteine, die man nicht verlieren durfte, und an die Lehmgrube, aus der Bella und ich Tonklumpen geholt hatten, um Menschen und Tiere zu formen. Yolotlis Götter- und Geisterverehrung gab mir das Gefühl, sie schon seit Urzeiten zu kennen. Ich setzte den kleinen Frosch, den ich von José bekommen hatte, zu den Ahnenfiguren. Dann nahm ich Yolotli, die mir ernst zugeschaut hatte, in die Arme:

„Du bist jetzt meine Heimat", sagte ich.

Im Dezember des folgendes Jahres, als die Indianer den Regengott beschworen, das Wasser vom Himmel fließen zu lassen, und eines ihrer zahlreichen Feste vorbereiteten, waren die Karten fertig gezeichnet. Fray Aniello, der eigentlich zum Vizekönig und zu seinen Glaubensbrüdern nach Mexiko reisen wollte, war durch die Lungenentzündung abgemagert und litt an Schwindelanfällen. So schlug er Fray Salvatore vor, an seiner Stelle zu gehen. Aber dieser lehnte entschieden ab, und es wurde beschlossen, Chico und Santos mit mir auf den Weg zu schicken. Fray Aniello schrieb mit zittriger Hand Begleitschreiben und Bittbriefe an Don Antonio de Mendoza und auch an das Mutterkloster La Rabida in Spanien. Er wies mich an, Unterstützung im Kloster San Francisco zu holen, um beim Vizekönig vorzusprechen. Die heilige Kirche, die mit der Missionierung die allerwichtigste Aufgabe in Neuspanien erfülle, müsse besser mit Ländereien und Dörfern ausgestattet werden. Auch bräuchten sie dringend spanische Siedler, um das Land zu bebauen und der Kirche zu sichern, um die Indianer in Schach zu halten und um sich vor plündernden Abenteurern zu schützen. Fray Aniello sank erschöpft zurück, blass und kurzatmig, mit Schweißperlen auf der Stirn. Nenetl, die ihm schon wieder einen Heiltrank einflößte, lachte gutmütig. Wenn jemand krank war, hatte er die Götter oder die Ahnen beleidigt, indem er ihre Gebote nicht einhielt. Hatte dieser nun gegen seinen Gott, der der Stärkste aller Götter sein sollte, gesündigt, oder waren die indianischen Götter über ihn verärgert? Das blieb ihr ein Rätsel.

Yolotli und ihre Verwandten lockerten die harte Erde in den Maispflanzungen und befreiten sie von Unkraut. Auch war es schwere Arbeit, die menschlichen Fäkalien bis auf die entlegensten Felder zu bringen, um sie zu düngen. Ich versprach ihr, etwas aus der Stadt mitzubringen.

„Was möchtest du?"

Yolotli überlegte und sagte:

„Verschiedene Bohnensorten für die Aussaat, und …", ihre Zunge fuhr über die Oberlippe, „etwas Chocolatl."

Dabei sah sie mich fragend an, denn Kakao, das köstliche Getränk, war eigentlich nur für reiche Leute. Ich schob sie in die Hütte zurück und küsste sie.

„Für deinen süßen Mund bring ich dir Chocolatl", sagte ich.

Neugierige Menschen gab es genug im Dorf, und der Anstand verbat es, in der Öffentlichkeit zärtlich zu sein. Es war nicht recht, sie zurückzulassen, dachte ich. Ob wir uns jemals wiedersehen würden? Auch sie, die ein tapferes Herz hatte, wollte mich nicht gehen lassen. Chico und Santos warteten mit dem Proviant und den in die Schlafmatten eingerollten Karten, die auf keinen Fall nass werden durften, auch wenn der Regengott die Gebete der Indianer erhören sollte.

Wir brauchten zwei Wochen für den Fußmarsch über die Gebirgspfade bis zum Franziskanerkloster. Fray Geronimo erzählte uns: Fray Marcos de Nizza, ein französischer Mönch, sei im Herbst von der Erkundung der sieben Städte von Cibola zurückgekehrt. Der Vizekönig plane für das Frühjahr einen Eroberungszug, um das Land für den Kaiser in Besitz zu nehmen und die Indianer zum christlichen Glauben zu bekehren. Auch hoffe man auf noch größere Goldschätze wie bei der Eroberung von Mexiko.

Begleitet von Fray Geronimo empfing mich der Vizekönig Antonio de Mendoza. Er studierte meine Karten, ließ sie sich erläutern und nickte anerkennend. Aufmerksam las er den Brief von Fray Aniello, der ihn um fruchtbares Land für die Kirche bat. Antonio de Mendoza klopfte mit den Fingern auf die Karten und sagte:

„Kaiser Karl V. sucht nach Land für Siedler in der Neuen Welt, deshalb werde ich eine Expedition zu den sieben goldenen Städten von Cibola ausrüsten. Er wünscht Aufzeichnungen und Skizzen über Landschaften, Berge, Flüsse, Wälder und fruchtbares Land, das sich für den Getreideanbau eignet. Seine Majestät will wissen, wie groß die Dörfer sind, wovon die Menschen leben, was für Haustiere sie halten und was sie essen. Er will über die Entfernungen Bescheid wissen, über die Wege, und womit die Leute Handel treiben. Wärest du bereit diesen Auftrag zu erfüllen?"

Mein Herz machte einen Satz, es verschlug mir die Sprache. Mendoza versprach mir wie den Soldaten, die er für die Expedition gewinnen konnte, die Ausrüstung und ein Pferd aus seiner Zucht. Er hatte nichts gegen meine indianische Frau einzuwenden, solange sie bereit wäre beim Kochen und bei der Pflege Verwundeter, falls es zu Kämpfen käme, zu helfen.

„Aber", fügte er hinzu: „der Kaiser besteht auf einem friedlichen Umgang mit den Indianern."

Natürlich sagte ich zu, dankte und küsste ihm die Hand.

Wie im Traum lief ich über den Markt, zwischen den Büscheln und Girlanden von leuchtendroten Chilischoten hindurch, den Truthähnen und Kürbissen. Konnte es wahr sein? Ich sollte mit Yolotli auf die Reise gehen, unbekanntes Land entdecken, Karten zeichnen und ein eigenes Pferd besitzen? Ich musste ein paar Mal tief durchatmen, bis ich mich besann, was ich auf dem Markt kaufen wollte. Außer Kakao und schwarzen, bunten, länglichen und runden Bohnen, kaufte ich Sandalen aus gegerbtem Leder für mich und Yolotli und für sie noch ein rot gefärbtes Kaninchenfell.

Dann machten sich Chico, Santos und ich mit der Post für die Mönche auf den Rückweg. Es war kalt und windig und es regnete. Ohne große Zwischenfälle schafften wir den Weg in nur zehn Tagen.

Als wir den Rio Verde überquerten, liefen uns Kinder entgegen, und die Erwachsenen schauten von ihrer Arbeit auf, winkten und hießen uns willkommen. Aber wo war Yolotli?

„Wo ist sie?", fragte ich ihre Tante.

„Fray Salvatore hat sie in das Dorf Maisort mitgenommen", sagte sie.

Mir schoss das Blut in den Kopf.

„Mitgenommen?", fragte ich ungläubig, „meine Frau mitgenommen?"

„Ja", meinte die Tante ausweichend, „er wohnt jetzt die meiste Zeit dort."

Ich stellte das Gepäck im Schulanbau ab, und ging zu Fray Aniello.

„Warum ist Yolotli nicht mehr im Dorf?", fragte ich ärgerlich.

„Fray Salvatore brauchte jemanden zum Übersetzen."

„Warum nimmt er nicht Ignacio mit?"

„Ignacio bringt die Wörter durcheinander."

„Aber sie ist meine Frau", empörte ich mich, „warum hat man mir vor meiner Abreise nichts davon gesagt?"

"Immer noch so eigennützig?", erwiderte Fray Aniello. „Man könnte meinen, du seist kein guter Christ."

„Aber ...", begann ich, doch der Mönch schnitt mir das Wort ab und seine Stimme klang scharf, als er sagte:

„Und was ist mit den Götzen, die sie angebetet hat? Sag nur, du hast es nicht gewusst! Sei froh, dass sie zum rechten Glauben geführt wird."

Ich legte wortlos den Packen Briefe, den ich mitgebracht hatte, auf den Boden und verließ die Hütte. So müde ich auch von der Reise war, machte ich mich gleich auf den Weg nach Maisort, das ich in drei, vier Stunden erreichen konnte. Gegen Abend kam ich zu den Feldern, sah das Dorf und die Kapelle, die Fray Salvatore in seiner Mitte errichten ließ. Aus einer Hütte hörte ich das an- und abschwellende Murmeln von Gebeten. Ich schaute zur Türöffnung hinein, sah Fray Salvatore, Yolotli und andere Indianerinnen, die kniend ins Gebet vertieft, den Oberkörper vor- und zurückwiegten. Ich bekreuzigte mich und wartete, bis Yolotli mich bemerkte. Als die Gebetsstunde beendet war, kam sie mit traurigem Blick heraus gefolgt von Fray Salvatore, der sich zu seiner ganzen Größe aufrichtete:

„Du siehst, Fernando, deine Frau hat sich nützlich gemacht; sie hat sich von dem abscheulichen Götzenkult abgewandt."

Ich wusste nicht, was ich sagen sollte, schnell konnte man als Ketzer gelten. So biss ich die Zähne zusammen und erwiderte nur:

„Danke Fray Salvatore. Morgen gehe ich mit Yolotli nach Rote Erde zurück."

"Sie hat hier eine wichtige Aufgabe", entgegnete Fray Salvatore grimmig, „die Kirche braucht sie."

"Yolotli ist keine Nonne, sie ist meine Frau", sagte ich.

Auf dem Rückweg am nächsten Tag, als wir längst außer Sichtweite des Dorfes waren, setzten wir uns auf einen roten Felsen.

„Warum bist du traurig, Yolotli, freust du dich nicht, dass ich zurück bin?", fragte ich.

Und als sie nicht antwortete:

„Hat Fray Salvatore dir etwas getan? Dich geschlagen?"

Voller Kummer sagte sie:

Er hat die Figuren meiner Ahnen zerbrochen, und mich versprechen lassen, sie nie mehr anzubeten. Jetzt beschützen sie mich nicht mehr."

"Und wenn du zur Jungfrau Maria betest?", fragte ich unsicher.

"Das tue ich ja, aber es ist nicht dasselbe, wie die Ahnen, die eigene Familie."

Sie schluchzte auf:

„Ich habe sie gekränkt und darf ihnen kein Maismehl mehr hinstreuen."

Ich streichelte ihre Hand und nach einer Weile huschte ein Hoffnungsschimmer über ihr Gesicht:

„Ich werde die Jungfrau Maria bitten, meine Ahnen zu versöhnen; ich will es versuchen."

Und als ich sie in die Arme nahm, sagte sie:

„Ich habe Angst gehabt, du kommst nie mehr zurück. Der Tag meiner Geburt ist kein glücklicher Tag. Ein indianischer Priester hat mir gesagt, Menschen, die an diesem Tag zur Welt kommen, werden immer wieder von ihrer Familie getrennt."

„Aber, meinst du, das stimmt wirklich?", fragte ich erschrocken.

„Ja", sagte sie, „meine Mutter ist gestorben, als ich noch klein war, mein Vater später bei der Arbeit im Silberbergwerk und José, mein Bruder, bei dem

Überfall. Und dann hat Fray Salvatore die Ahnen-figuren zerbrochen und befohlen, ich müsse die Familie meiner Tante verlassen und mit ihm gehen. So ein Abenteurer wie du, würde bestimmt nicht mehr zurückkommen", hat er gesagt.

Ich kochte vor Wut, gab den Steinen Fußtritte, dass sie davon polterten und spuckte aus. Aber dann erzählte ich Yolotli von der bevorstehenden Expedition. Wir würden nur noch ein paar Tage im Dorf verbringen, bevor wir aufbrachen. Ich sagte ernst:

„Yolotli, solange du bei mir bist, ist das Glück auf meiner Seite."

Da lächelte Yolotli.

„Schau mal", sagte sie, und hielt mir den kleinen Frosch aus Stein auf der flachen Hand entgegen, „ich habe ihn gerettet."

Fray Salvatore ließ sich nicht mehr blicken, und Fray Aniello blieb einsilbig, nachdem er meine Pläne vernommen hatte. Müde sagte er:

„Komm zurück, Fernando, wir brauchen dich hier."

Plötzlich hatte ich Mitleid mit dem kranken Mönch, ein Knoten löste sich in meiner Brust, und ich sagte:

„Gott sei mit dir, Fray Aniello, möge er dir Gesundheit schenken."

Er richtete sich auf und sprach den Reisesegen.

10 Coronado meine Sonne

„Es ist nötig, … daß uns nichts Fremdes widerfahre, sondern nur das, was uns seit lange gehört.
R.M. Rilke

Als wir im Januar 1540 aufbrachen, schien die Sonne. Zusammen mit Chico, der das Gepäck trug, erreichten wir die Stadt Mexico. Wir konnten im Schulgebäude des Klosters wohnen, und Fray Geronimo schärfte mir ein, auf der Expedition nach fruchtbarem Land für die Kirche Ausschau zu halten, und nach Gestein, das auf Gold- und Silbervorkommen schließen ließ.

„Du musst dem Vizekönig nicht alles berichten", sagte er und schaute mich durchdringend an, „halt die Augen offen, und lass uns durch Chico Nachrichten zukommen, damit wir unter den Ersten sind, die Ansprüche durchsetzen können."

Am nächsten Tag meldete ich mich bei Vizekönig Don Antonio an. Dieser sagte:

„Selbstverständlich unterstehst du ausschließlich Coronados Kommando und hast auch mitzukämpfen, wenn nötig. Zwar wünscht der Kaiser eine friedliche Landinbesitznahme, aber wir kennen die Indianerstämme, die dort leben nicht."

Dann wiederholte er nochmals, worauf es dem Kaiser ankam, und was er selber wissen wollte.

„Du hast eine verantwortungsvolle Aufgabe", sagte er, „aber sei dir bewusst, dass andere Expeditionsteilnehmer beauftragt sind, deine Berichte auf Vollständigkeit und Wahrhaftigkeit zu überprüfen."

Dann wies er den Stallmeister an, mir ein Pferd auszuwählen, und den Schatzmeister, mir eine Lohnvorauszahlung zu geben.

Als ich das Pferd am Zügel aus dem Stall führte, hatte ich nicht das erwartete Glücksgefühl, sondern spürte einen Druck im Kreuz, als treibe mich eine eiserne Faust voran.

Auf dem Markt handelten Yolotli und ich um eine kleine Stute mit Damensattel und beschafften uns Proviant, denn die Reise bis Compostela, dem Sammelplatz der Armee, würde einen Monat dauern. Ich kaufte Papier und Stifte für Aufzeichnungen und Skizzen, und Yolotli erstand ein Messer, Glasperlen und verschiedene Kürbissamen, die sie einem Boten für ihre Tante mitgab.

Bevor wir aufbrachen, schrieb ich einen Brief nach Hause. Ich erzählte von der bevorstehenden Expedition zu den sieben Städten von Cibola:

„Sicher sind es die sieben Städte, die von sieben spanischen Bischöfen im 8. Jahrhundert gegründet wurden, nachdem sie von den Mauren vertrieben wurden, und über das Meer nach Westen flüchteten. Auch die Indianer sprechen von sieben reichen Städten. Möglicherweise finden wir dort noch Spanier! Fray Marcos de Nizza, der im Herbst auf Vorerkundung war, hat nur die erste Stadt aus der Ferne gesehen und sich nicht weiter vorgewagt, nachdem der schwarze Sklave und verbündete Indianer, die ihn begleiteten, getötet worden waren. Aber ich habe ihn predigen hören. Die Stadt soll so groß sein wie Mexico, unermesslich reich, mit silbern glänzenden Mauern im Morgenlicht. Er gerät in Verzückung, wenn er von der bevorstehenden Mission predigt, von den zahlreichen Seelen, die dem rechten Glauben zugeführt werden sollen."

„Stellt euch vor", schrieb ich weiter, „ich habe nun ein eigenes Pferd namens Doro, und für Yolotli habe ich eine braune Stute gekauft. Wir haben sie Dulce genannt. Ich brauchte meine ganze Überredungskunst, um Yolotli dazuzubringen aufzusitzen. Die Indianer haben keine Pferde, auch keine Kühe, Schafe oder Ziegen, nur Hunde und Truthähne. Es war ganz ungewohnt für sie, das Pferd auch nur zu streicheln.

Morgen brechen wir nach Compostela auf. Euch allen viele Grüße, Küsse und Umarmungen."

Die Vorfreude auf die Expedition, ließ keinen Raum für Heimweh.

Yolotli hatte sich aus dem roten Kaninchenfell warme Hausschuhe für die Winternächte genäht, und ich lachte, weil sie aussahen wie Tatzen. „Hasenfuß", nannte ich sie scherzhaft, aber Yolotli war alles andere als ängstlich, wenn es nicht ihre Götter oder Ahnen betraf. Auch ihre Scheu vor dem

Pferd überwand sie schnell. Als sie sich an das Wiegen des Schrittes gewöhnt hatte, verblüffte sie mich, indem sie sagte:

„Ich will so einen Sattel, wie du ihn hast, auf diesem Sattel sitzt man ja ganz schief, so kann ich nicht tagelang reiten."

Also tauschten wir den Damensattel um, Yolotli nähte sich weite Beinkleider, die sie unter ihrem Rock trug, und in kürzester Zeit saß sie sicher im Sattel und brauchte keine Belehrungen mehr. Ich schaute sie erstaunt an. Erst jetzt fielen mir ihr entschlossener Mund auf und das feste Kinn; klein war sie, aber alles andere als ein Püppchen. Es kam mir vor, als habe ich plötzlich eine andere Frau an meiner Seite. Das verstand ich nicht: War sie schon immer so gewesen oder war alles Kindliche mit dem Weggang aus Rote Erde von ihr abgefallen? Ein bisschen kränkte es mich, dass sie erwachsen geworden war.

Ich traute meinen Augen kaum, als ich auf dem Markt Esteban und seinen Bruder Gilberto entdeckte.

„Seid ihr's?", rief ich. „Seid ihr's wirklich?"

Esteban drückte mich so fest an seine Brust, dass ich nach Atem rang. Die Wiedersehensfreude! Ich prahlte vom Kampf mit den Dieben.

„Ich hab mich tapfer geschlagen", rief ich, „dank deinem Unterricht! Und ihr, was habt ihr in der Zwischenzeit gemacht? Wie ist es euch ergangen?"

„Wir waren zuerst auf Goldsuche, mit nur mäßigem Erfolg. Die Indianer, die für uns gearbeitet haben, taugten nicht viel; sie wurden krank und immer schwächer", sagte Esteban verächtlich. „Das hat alles viel gekostet, das Gold wog es kaum auf."

Sein Bruder sagte:

„Dann sind wir zum Vizekönig gegangen und haben unsere Empfehlungsschreiben aus Spanien vorgezeigt. Was sollte er machen? Er hat uns Kost und Logis gegeben, wie so vielen anderen Hidalgos. Er konnte ja schlecht von uns verlangen unser Leben als Bauern zu fristen." Er lachte. „Aber lukrative Posten hatte er nicht mehr zu vergeben."

„Warum seid ihr nicht nach Spanien zurückgegangen?" fragte ich.

„Unser ältester Bruder hat den Familienbesitz geerbt, wir Jüngeren müssen uns nach etwas anderem umschauen", sagte Esteban. „Man macht sich mit Empfehlungsschreiben auf den Weg zu den Wichtigen und Angesehenen des Landes und hofft eines Tages standesgemäß unterzukommen."

Und sein Bruder fügte hinzu:

„Stell dir vor, Don Antonio wurde von 200 Hidalgos belagert, die auf einen Posten lauerten! Und da er mutige, abenteuerlustige Leute für die Expedition braucht, die unter Coronados Kommando die sagenhaften sieben Städte erobern soll, hat er uns in seiner Armee verpflichtet. Solch eine hochkarätige Armee hat es noch nie gegeben."

„Gold", sagte Esteban gewichtig, „diesmal wird nicht geknausert. Diesmal nicht!"

„Ihr geht auch nach Compostela!", rief ich aus. „Dann haben wir dasselbe Ziel!"

Ich erzählte von meinen Kartierungen, und stellte Yolotli vor.

„Allen Ernstes, deine Frau?", fragte Esteban befremdet.

„Habt ihr inzwischen geheiratet?", fragte ich schnell, denn sein abschätziger Blick auf die stämmige Indianerin war mir nicht entgangen.

„Nein", sagte Esteban, „ohne festen Wohnort ist das nichts, aber", und er machte eine lose Handbewegung zu zwei Indianern und einer Indianerin hinüber, die ihre Diener waren, „wir sind soweit versorgt." Ich verstand erst nicht, und er sagte:

„Nun ja, eine für beide, das muss reichen."

Sein Bruder klopfte ihm scherzhaft auf die Schulter:

„Es bleibt alles in der Familie, stimmt ́s, Bruderherz? Außerdem heißt sie Papalotl, das bedeutet Schmetterling."

Am nächsten Tag machten wir uns zusammen auf den Weg: Esteban und sein Bruder, prächtig anzusehen, in voller Rüstung zu Pferd, gefolgt von ihren schwer bepackten Indianern, die barfuß liefen. Ich ritt in meinem Baumwollharnisch mit Helm, hinter mir Yolotli in ihrer selbstgenähten Reitkleidung - lächerlich. Peinlich, wie die Brüder Yolotli angeschaut hatten! Und wie hellhäutig und anmutig ihre Indianerin war; immer zu Diensten. Was war ich für ein Bauerntölpel! „Klotz am Bein" kam mir immer wieder in den Sinn, obwohl ich versuchte den hartnäckigen Gedanken abzuwehren, aber ich ärgerte mich: Warum hatte ich Yolotli nicht in ihrem Dorf gelassen? Bei Fray Salvatore zum Übersetzen und Unterweisen des Katechismus. Wo war meine Verliebtheit geblieben? Mein Kopf glühte, ich nahm den Helm ab und kühlte mein Gesicht im Wind.

Yolotlis ockerfarbener Hund war uns schon den ganzen Weg gefolgt. Esteban meinte bei einer Rast:

„Ich hätte mal wieder Lust auf Hundefleisch", aber sie sagte erschrocken:

„Nein, diesen Hund nicht."

Und als Esteban nach dem Hund griff, zog sie ihn schnell an sich und sagte:

„Wenn ich sterbe, zeigt er mir den Weg, nur die gelben Hunde wissen den Weg in die andere Welt."

„Immer noch dein Aberglaube", sagte ich, und Gilberto meinte wegwerfend:

„Wer wird denn gleich ans Sterben denken. Wir wollen Abenteuer, Gold und Sklaven."

Er war aufgesprungen, hatte Papalotl unterm Kinn gefasst, und schob sie unter Gelächter ins Gebüsch.

Bei einigen Siedlungen konnten wir unterwegs Truthahn- und Welpenfleisch kaufen. Für die Nacht suchten wir möglichst an einem Bach Gras für die Pferde. Manchmal lief in der einen oder anderen Richtung ein Bote vorbei, so schnell wie ein Pferd im Trab. Kein Wunder, dass sich die Nachrichten in Windeseile verbreiteten. Den Weg konnten wir nicht verfehlen, es war eine Erdstraße, die von Mexico nach Compostela im Westen führte, dem Gouverneurssitz von Francisco de Coronado in Neu Galizien.

Yolotli war von ihrem Pferd Dulce abgestiegen, das außer ihr auch einen Kochtopf und Säcke mit Maismehl und Bohnen trug, denn alles konnte man Chico nicht aufladen. Sie führte es am Zügel und sammelte die ersten Frühlingskräuter.

Das Leben war so, wie es nun einmal war: Frauen mussten tapfer sein und brauchten ein festes, unerschrockenes Herz. Yolotli spürte die feuchte Hundeschnauze an ihrer Hand.

Ohne recht zu merken, was sie tat, fiel sie in einen Singsang, ein nicht enden wollendes Gebet an die Ahnen.

Mitte Februar 1540, nachdem wir 110 Leguas zurückgelegt hatten, erreichten wir das große Zeltlager vor der Stadtmauer von Compostela. Es hatten sich schon an die 300 Spanier, vor allem Adelige, 800 verbündete Indianer und Viehhirten mit Schaf- und Schweineherden, dem lebenden Proviant, versammelt. Wir konnten uns wieder Vorräte zulegen, und mit Tauschwaren, kleinen Messern, Spiegeln und Töpfen eindecken.

Bald begannen die Vorbereitungen für die Parade, die der Vizekönig abhalten wollte: Kanonen wurden auf Wagen verladen, Maultiere gestriegelt, Lastballen für Tiere und Träger geschnürt. Die Hidalgos polierten ihre Rüstungen bis sie funkelten, putzten die Musketen, plusterten die Helmbüsche auf. Die Indianer rührten Farbpasten für die Kriegsbemalung an, banden Glöckchen um die Waden, ließen ihre Rasseln ertönen, und schlugen die Trommeln.

Als der Kommandant Francisco de Coronado in seiner vergoldeten Rüstung auftrat, ging die Sonne auf: er überstrahlte die Armee. Ich glühte vor Verehrung: mein Leben wollte ich hingeben! Und der Eid, den ich geleistet hatte, verblasste demgegenüber; es war keine Frage, dass ich mich für diesen Mann in den Tod stürzen wollte. Einen kurzen Augenblick begegnete ich seinem Blick und eine Welle des Glücks durchfuhr mich. Im Nachhinein fragte ich mich, ob Coronado erstaunt die Augenbrauen gehoben hatte, oder war es nur Einbildung?

Coronados Frau Beatriz wohnte der Parade im Damensitz bei auf einem Rappen mit gewellter Mähne. Sie betörte durch ihre Schönheit. Sie war es, die ihrem Gemahl die vergoldete Rüstung geschenkt hatte. Männlich und stolz, sicher im Auftreten, redegewandt und von allen bewundert, so war dieser Mann. Ich war überwältigt.

Auch Yolotli erregte Aufsehen: sie war die Einzige unter den Indianern zu Pferd und ritt doch tatsächlich mit gespreizten Beinen, würdevoll, geradeaus schauend.

Am 23.Februar brach das Heer nach Norden, nach Culiacán auf. Mit den schweren Kanonen, 600 überlasteten Tieren, Trägern und Viehherden, kroch der Zug in einer Staubwolke voran. Auf dem mühsamen Marsch, der über einen Monat dauerte, drohte der Proviant auszugehen, denn die ortsansässigen Indianer waren nicht bereit, Mais und Bohnen zu verkaufen. Als er gewaltsam Nahrungsmittel beschaffen wollte, wurde der Proviantmeister durch einen Pfeilschuss getötet. Die Indianer, die sich hatten rächen wollen, wurden eingefangen und an Bäumen gehängt. Ich erinnere mich schaudernd an meinen 24. Geburtstag, am 17. März 1540: die Gehängten säumten den Weg und Yolotli sagte, dies sei ein schlimmes Vorzeichen, sowohl für mein neues Lebensjahr wie auch für die Expedition.

Culiacán bestand aus weiß getünchten Lehmhütten mit Strohdächern, die von zumeist christlichen Indianern bewohnt waren. Wir konnten bei ihnen unterkommen, uns ausruhen und die Adligen verschenkten den ganzen überflüssigen Krimskrams, den sie mitgeschleppt hatten: Kleidung aus Samt und Seide, Porzellantässchen und Zierrat. Die Kanonen und ein Großteil des Proviants wurden auf zwei Schiffe verladen, um das Heer von der Küste aus zu versorgen, denn Fray Marcos behauptete, die Route nach Norden verlaufe in Meeresnähe. Später stellte sich heraus, dass sich der Weg nach Nord-Osten immer weiter von der Küste entfernen würde und unzugängliche Gebirgsketten uns vom Nachschub abtrennen würden.

Da der Heereszug zu schwerfällig und die Verpflegung nicht sichergestellt war, beschloss Coronado mit nur 50 Reitern, einigen Fußsoldaten, und den verbündeten Indianern mit leichtem Gepäck vorauszueilen. Auch Fray Marcos und zwei weitere Mönche schlossen sich an. Der Großteil des Heeres sollte mit den Herden nach zwei Wochen folgen. Man verabredete, in Sichtweite Kreuze als Wegmarkierungen aufzustellen, Mitteilungen unter Steinhaufen zu legen und indianische Boten hin und her zu schicken.

Mein Herz klopfte bis zum Hals, als Coronado mich auswählte, beim schnellen Trupp mit zu reiten. Als er erfuhr, dass die berittene Indianerin zu mir gehörte, winkte er ihr mitzukommen. In Coronados unmittelbarer Nähe wuchsen mir ungeahnte Kräfte; wer weiß, ob ich sonst die kommenden Strapazen überstanden hätte.

Am 15. Mai brachen wir auf. Der Weg führte zum Petatlan, dem Grenzfluss des von den Spaniern eroberten Gebietes. Ab dort gab es nur noch Indianerpfade, die ins Gebirge hinaufführten. Fray Marcos de Nizza und einige Indianer liefen barfuß voran, da sie den Weg kannten: menschenleere Ödnis ringsum. Unsere Vorräte schrumpften und mussten rationiert werden. Tiere stürzten, brachen sich ein Bein oder verendeten an Erschöpfung; wir verloren zehn Pferde. Ich konnte den Anblick von Estebans verletztem Rappen, der vergeblich versuchte, wieder auf die Beine zu kommen, kaum ertragen. Esteban gab ihm den Todesschuss. Die Indianer starben unauffälliger: sie fielen einfach vor Erschöpfung um.

Im Tal von Sonora gab es Gras für die Pferde und etwas Mais für uns. Nach zwei Wochen erreichten wir Chichilticalli, ein verfallenes Haus aus rotem

Lehm ohne Dach. Vor allem die Pferde hätten dringend Ruhe gebraucht, aber die Vorräte waren zu knapp, um sich mehr als zwei Tage aufzuhalten. Von hier aus begann der 14 tägige Marsch durch die Wüste.

Tagelang fanden wir keinen Tropfen Wasser, denn die Bäche waren nur noch eine Spur im Sand und es war jetzt im Juni sehr heiß. Die Luft war so trocken, dass die Lippen einrissen, die Nase brannte und blutete. Die Indianer schnitten die Blätter und ersten Früchte der Feigenkakteen ab, klopften die Stacheln weg und drückten den Saft aus Fasskakteen zum Trinken aus. Die zermatschten Reste bekamen die Pferde als einziges Futter. Ich schaute auf meine roten, von abgebrochenen Stacheln entzündeten Hände. Eigentlich nicht der Rede wert, aber es verdross mich, dass ich dem Land nicht gewachsen war.

Die Indianer fanden essbare Wurzeln, auf denen sich herumkauen ließ, um den größten Hunger zu dämpfen. Wie ein Tier konnte ich nur noch an Essen und Trinken denken, während ich voranstrauchelte. Aber trotz qualvollem Durst träumte ich von den Großtaten, die ich für Coronado vollbringen würde. Eine Tagesetappe vor Cibola kamen wir an einen Fluss mit rotem, schlammigem Wasser. Dort schlugen wir unser Nachtlager auf. Endlich sahen wir wieder Indianer; sie liefen eilig davon.

Als wir am nächsten Tag ausgehungert und erschöpft über die Hochfläche bis in Sichtweite von Cibola kamen, war die Enttäuschung groß: weder eine glänzende Stadt, noch Gold oder Silber, nur ein Dorf aus eng aneinandergedrängten, mehrstöckigen Lehmhäusern mit Dachterrassen. Der äußerste Häuserring bildete die Dorfbefestigung. Nach innen grenzten zwei-, drei-, und vierstöckige Häuser an, so dass das flache Dach des unteren Hauses, die Terrasse des höheren bildete. Wir sahen, wie die Indianer die Leitern, über die man durch runde Dachluken in die Häuser stieg, einzogen. Während wir uns dem Dorf näherten, zeigten die Zuni-Indianer drohend auf eine mit Maismehl gezogene Linie. Die Hidalgos drängten zum Angriff, denn wir kamen um vor Hunger, aber Coronado bat um Ruhe und ließ wie auch später in jedem Ort die Schrift verlesen, die den Zuni mitteilte, es gäbe nur einen Gott im Himmel und einen Kaiser auf Erden. Dieser biete ihnen Freundschaft an, wenn sie sich mit ihm verbündeten und den rechten Glauben annehmen wollten. Wenn nicht, sei man genötigt, Krieg zu führen und die Folgen hätten sie sich selber zuzuschreiben. Taschkihn, ein Indianer, der die Zeichensprache beherrschte, die bei den indianischen Stämmen geläufig war, mühte sich mit der Übersetzung ab, erntete aber nur Gelächter, und als wir die Maismehllinie überschritten, schwirrte eine Wolke von Pfeilen auf uns nieder. Blitzschnell waren die Indianer in ihrem

Dorf verschwunden und verrammelten den schmalen Eingang. Während ich versuchte einen Pfeil aus meinem Harnisch zu ziehen, der durch den wattierten Stoff in meinen Oberschenkel gefahren war, sah ich mit Schrecken, wie Coronado auf seinem Pferd an die Außenmauer preschte, sich auf die unterste Dachterrasse hochzog, während Indianer von den oberen Dächern große Steine auf ihn wälzten. Er stürzte schwer verletzt, und hätte sich Don Garcia nicht über ihn geworfen und ihn vom Dach gezogen, wäre es sein Ende gewesen. Die Zuni sahen wohl, dass er, der die goldene Rüstung trug, der Anführer war. Das Dorf war gut verteidigt, aber die Verzweiflung trieb uns und die verbündeten Indianer immer wieder zum Angriff. Den Reitern gelang es schließlich eine Bresche in die Außenmauer zu schlagen. Mitten im Getümmel, bohrte sich ein Pfeil in meine Schulter, so dass ich außer Gefecht gesetzt nicht die kleinste Heldentat vollbrachte. Die Schmach brannte.

Als die Bewohner von Cibola sahen, dass sie ihr Dorf nicht halten konnten, flohen sie in die Berge, und überließen uns das Dorf mit all seinen Vorräten. Feuer wurden entfacht, Wasser aus dem Brunnen geschöpft, Töpfe aufgesetzt. Fray Marcos wurde mit Beschimpfungen und Schmähungen überhäuft und nutzte die nächstbeste Gelegenheit mit einem Boten nach Mexico zurückzukehren. Yolotli säuberte meine Verletzungen am Oberschenkel und an der Schulter und betupfte sie mit Kakteensaft. Ich kam mir vor wie ein kleiner Junge, als sie mit ihren Zähnen, abgebrochene Stacheln aus meinen Fingern heraus zog. Wie ich so da lag, musste ich an José denken, der weniger Glück gehabt hatte. Ich griff nach Yolotlis Hand und drückte sie. Als nach einigen Tagen die Wunden anfingen zu verheilen, wir uns satt gegessen und in einer Kammer im oberen Stock eingerichtet hatten, bekam die Liebe wieder die Oberhand. Mag sein, dass es leichter war, Esteban und Gilberto mit ihrer mandeläugigen Dienerin nicht ständig vor Augen zu haben.

Soweit der Blick reichte, erstreckte sich die Hochebene, von der sich Tafelberge kantig absetzten und Schluchten einschnitten. Grau-grüner Wüstensalbei bedeckte den harten Boden; Kiefern und Wachholderbäume sprenkelten die Weite mit dunkleren Tupfen. Yolotli sammelte Yucca-Blüten, um Salat zuzubereiten, und die Nüsse der Pinyon-Kiefern. Sie kochte und buk den lieben, langen Tag Maisfladen, während die Männer wie hungrige Wölfe um die Töpfe herumlungerten. Als wir wieder zu Kräften gekommen waren, schickte Coronado Erkundungstrupps zu den sechs Dörfern, die zwischen einem halben und mehreren Tagesritten entfernt lagen. Die Indianer dieser Orte gingen bereitwillig auf die Freundschaftsangebote der Spanier ein, da sich die

Verluste Cibolas wie im Lauffeuer herum gesprochen hatten. Taschkihn erklärte uns, dass jedes dieser Dörfer von einem Ältestenrat regiert wurde, der sich in der Kiwa, dem runden Schwitzhaus, das in der Dorfmitte in den Boden gebaut war, versammelte. In diesen Lehmdörfern gab es nicht viel zu holen, denn weder König, noch Alleinherrscher wie in Spanien oder bei den Azteken hatten Schätze und Reichtümer angehäuft.

Wir bekamen Besuch von einem jungen und einem älteren Häuptling aus einem 70 Leguas weiter östlich gelegenen Stamm. Der junge Mann war groß gewachsen und hatte einen prächtigen Schnurrbart, was bei den bartlosen Indianern ungewöhnlich war. Die Fremden brachten große Kuhhäute als Geschenk mit und der Sklave, der sie begleitete, zeigte eine auf seine Brust tätowierte „Kuh" mit seltsam wolligem Fell, massigem Brustkorb und schmalem Hinterteil. Er erzählte von der reichen Stadt Quivira an einem Fluss im Nordosten:

„Auf dem Fluss fahren große Schiffe mit Sonnensegeln und der König hält seinen Mittagsschlaf unter einem Baum voller klingender, goldener Glöckchen."

Wir horchten gespannt auf, wir wollten Gold, wir brauchten Gold! Die Hidalgos hatten sich verschuldet und den Feldzug in Erwartung großer Reichtümer unternommen. Die teure Expedition, in die sowohl der Vizekönig wie auch Coronado ihr Vermögen investiert hatten, konnte sich nicht mit der Enttäuschung von Cibola begnügen. Der Sklave wurde wieder und wieder befragt, und musste das Metall von Gürtelschnallen, Messern und Goldringen benennen. Als genügend Beweise für die Existenz des Königreiches Quivira und dessen Goldvorkommen beisammen waren, beschloss Coronado, einen Trupp von 20 Reitern und den Häuptlingen nach Osten zu schicken, um das Land in Augenschein zu nehmen. Ich war soweit wieder hergestellt, dass ich mitreiten konnte. Nach 50 Tagen sollten wir wieder zurück sein. Den Lageplan der sieben Dörfer von Cibola und der Wege, die von einem zum anderen führten, hatte ich fertig gezeichnet, Entfernungen angegeben, Felsen und Tafelberge eingetragen und Coronado übergeben. Ach, was wollte ich nicht alles tun, um Lob zu bekommen! Wir waren im Aufbruch begriffen, als Yolotli zu mir kam, und mir freudig mitteilte, sie sei schwanger. Was sollte ich ihr sagen? Dass es gerade jetzt nicht passte ein Kind zu kriegen? Ich wusste wirklich nicht, was ich sagen sollte und war froh schon auf dem Sprung zu sein.

Wir ritten durch lockere Kiefern- und Wachholderwälder und kamen in eine grau-schwarze Lavawüste. Eine Landschaft wie ein Albtraum: unwegsam, unter sengender Hitze. Welche gigantischen Vulkane hatten sich hier vor Urzeiten ausgetobt? In dem zerklüfteten Gestein führten wir die Pferde am Zügel. Endlich, nach fünf Tagen erreichten wir Acoma, ein Dorf, das hoch oben auf einem Felsen lag. Auch hier wurde das Freundschaftsangebot des Kaisers verlesen und der junge Häuptling hielt eine flammende Rede, in der er verkündete, wir seien die Enkel der Sonne mit Blitz und Donner in unseren Donnerbüchsen. Wir ließen sie krachen; das machte den nötigen Eindruck. So waren die Indianer sofort bereit, unsere Freunde zu werden und ein Holzkreuz über die Felstreppen bis zu ihrem Dorf hinauf zu schleppen, um es mitten auf dem Platz aufzustellen. Auf dem Querbalken stand: „Carolus Quintus hic regnat", „Hier regiert Karl der V.". Sie schmückten es mit Blumen und Federn.

Während einige Spanier versuchten über Felstreppen, die nach oben hin immer schmaler wurden, hinaufzugelangen, blieb ich, weil die Schulter noch schmerzte, unten und skizzierte das Dorf. Die Indianer überwanden den oberen Felsen über drei Manneshöhen ohne Treppen und Leitern, indem sie ihre Fußspitzen in Löcher setzten und sich an Vorsprüngen hielten. Auch mit gesunder Schulter hätte ich den Aufstieg nicht gewagt und mehr als ein Spanier kehrte mit zitternden Beinen und blassem Gesicht um. Das war mir eine Genugtuung, denn neben diesen beinharten Männern kam ich mir vor wie ein verweichlichtes Bürschchen.

Über Hochflächen mit Wüstensalbei und verdorrten Grasbüscheln durch das lockere Gestein von Schuttbergen, auf dem die Pferdehufe zurückrutschten, brauchten wir drei Tage bis zu den Dörfern der Pueblo-Indianer, die rechts und links des Ufers des Rio Grande lagen, und ähnlich aussahen, wie die Dörfer von Cibola. Wir wurden freundlich empfangen, es gab reichlich zu essen und Alvarado schickte eine Nachricht an Coronado mit der Empfehlung, das Winterquartier für die nachrückende Armee hier aufzuschlagen.

Unser Weg führte weiter nach Osten zum Dorf Cicuye, von dem die zwei Häuptlinge stammten. Fünf Tagesritte brauchten wir, bis wir das Dorf in einem Tal inmitten von Bergketten und Kiefernwäldern erreichten. Wir wurden mit Trommeln, Flöten und Pfeifen empfangen, mit Kleidung und Türkisen beschenkt und es fand ein mehrtägiges Fest statt. Es gab Bärenfleisch und Forellen. Dann zogen wir weiter nach Osten, wo die Hochebene nach mehreren Tagesetappen plötzlich abfiel. Wir gelangten auf eine topfebene, nur mit hartem Gras bewachsene unendliche Fläche. Und dort sahen wir die „Kühe", riesige Tiere mit einem Buckel, Fell, das ihnen wie eine zottige Mähne über Kopf und Brust fiel, einem Bart, der am Boden schleifte, wenn sie rannten. Unsere Pferde scheuten und gingen durch, als wir uns ihnen näherten, und waren schwer wieder zu beruhigen. Wie Ströme flossen die gewaltigen Herden grasend über die Prärie. Trotz mehrerer Tagesetappen sahen wir nichts als Gras, Himmel und Bisons, soweit das Auge reichte. Der Sommer war überschritten und eins war klar: Quivira würden wir erst im nächsten Frühjahr erobern.

Im Oktober kehrten wir zu den Dörfern der Pueblo-Indianer an den Rio Grande zurück, wo der Quartiermeister Don Garcia verfügte, dass die Indianer ein Dorf räumen müssten, um Platz für die Armee und die verbündeten Indianer zu machen. Das tat der Freundschaft Abbruch, denn die vertriebenen Indianer mussten selber sehen, wo sie den Winter über unterkamen. Auch wurden die Hidalgos immer dreister in ihren Forderungen nach Nahrung und Kleidung und mehr als einmal riss ein frierender Soldat einem Indianer den Poncho vom Leibe. Wir waren tagelang von einem Dorf zum anderen unterwegs, um deren genaue Lage festzuhalten und Nahrungsmittel sowie Kleidung für den Winter zu beschaffen. Manchmal liefen uns Rehe oder Hirsche über den Weg, die wir erlegten.

Im Dezember wurde die langsam nachrückende Armee von Schneefällen und bitterer Kälte überrascht. Es schneite ununterbrochen, die Wege waren nur mit Hilfe der indianischen Kundschafter ausfindig zu machen. Große Feuer aus Wachholder und Kiefernstämmen konnten nicht verhindern, dass mehrere der begleitenden Indianer, die ein südlicheres Klima gewohnt waren, erfroren.

Yolotli hatte den ganzen Tag zu tun: sie kochte Bohneneintopf, buk zusammen mit Papalotl Maisfladen, fand noch Zeit zu weben und zu nähen. In einem Haus lehnte eine Babyrückentrage aus Holz an der Wand; sie bezog sie mit neuem Stoff. Ihr Bauch wölbte sich und ich fragte mich, wie sie hier ein Kind zur Welt bringen wollte. Ich konnte nur hoffen, sie würde wissen, was zu tun sei.

Ich litt unter der gereizten Stimmung der Hidalgos. Sie waren zur Untätigkeit verdammt: exerzieren war nicht möglich, denn es schneite und schneite. Im Quartier standen die Pferde bis zum Bauch im Schnee.

In den Häusern war es eng und hellhörig, nirgends konnte man sich zurückziehen, man hörte fluchen, wetten, streiten, schnarchen und furzen von der Bohnensuppe. Ich zeichnete mit klammen Fingern meine Karten und schrieb Notizen ins Reine. Im Herbst hatte ich Chico mit Nachrichten an die Mönche zurückgeschickt. Guten Gewissens konnte ich berichten, dass es hier nichts zu holen gab. Die einzigen Lichtblicke in diesem misstönigen Einerlei, den rieselnden Schneeflocken, der weiß verschwimmenden Landschaft waren die Momente, in denen ich Coronado zu Gesicht bekam. Dann durchglühte es mich, auch wenn er im Lager nicht seine goldene Rüstung trug.

Eines Tages kam ein Indianer aus einem der anderen Dörfer ins Lager und beklagte sich, dass ihm am Tag zuvor ein Spanier sein Pferd zu halten gegeben hatte, um seiner Frau nachzusteigen. Tief gekränkt verlangte er die Bestrafung des Übeltäters. Taschkihn, der sich in der Zeichensprache mit ihm unterhielt, erklärte uns, dass die Pueblo-Indianer in strikter Einehe lebten und auf außerehelichen Geschlechtsverkehr die Todesstrafe stand. Coronado hatte ausdrücklich verboten, die Frauen der Pueblo-Indianer zu belästigen. Er ließ alle Männer antreten, aber der Indianer konnte den Mann nicht ausfindig machen. Das Pferd, aber, das er gehalten hatte, erkannte er sofort. Der Besitzer des Pferdes leugnete hartnäckig, es gewesen zu sein. Der Indianer wollte sich nicht mit Glasperlen vertrösten lassen.

Am nächsten Tag schrien unsere verbündeten Indianer, die die Pferde bewachten, denn sie wurden von Pueblo-Indianern überfallen. Diesen gelang es acht Pferde zu rauben, fortzutreiben und in ihrem Dorf einzuschließen. Auch mein Pferd Doro befand sich darunter. Coronado befahl, ein Exempel zu statuieren, und keinen der Indianer am Leben zu lassen. Als wir nach zwei Stunden bei dem Dorf ankamen, hörten wir das Wiehern und die Todes-

schreie der Pferde, die auf dem Dorfplatz mit Pfeil-
schüssen zu Tode gemartert wurden. Ich war außer
mir vor Kummer. Unter einem Pfeilregen versuchten wir über die Außenmauer auf die Flachdächer zu
klettern. Von den oberen Dachterrassen wurden
Steine auf uns herabgewälzt, die uns daran hinder-
ten, durch die Dachöffnungen in die Häuser zu gelangen. Immer wieder mussten wir uns in Sicherheit
bringen. Nach etlichen Fehlschlägen gruben die verbündeten Indianer, die früher in Silberminen gearbeitet hatten, in Windeseile Gänge, die von außerhalb bis unter die Speicher des Dorfes führten,
stopften sie voll mit Maisstroh, Zweigen und Kie-
fernholz, schütteten eine Pulverspur darauf, ver-
stopften die Öffnung bis auf ein Luftloch, und
zündeten das Ganze an. Die Explosionen rissen die
Speicherböden auf, Flammen leckten an den Lehm-
wänden und Holzbalken hoch und die Dorfbewohner drohten im Qualm zu ersticken. In all der Verwirrung und dem Schrecken gelang es uns über die
Dächer durch die Häuser bis zum Dorfplatz vorzu-
dringen. Der Kampf tobte, ich sah die mit Pfeilen
gespickten Pferdekadaver. Die Wut schnürte mir die
Kehle zu und ich stürzte voran. Da traf mich ein
Schlag auf den Kopf und ich fiel bewusstlos zu Boden.

Später erzählte mir Ramon, ein jovialer Bursche
mit roten Backen, er habe mich vom Platz gezogen
und in das große Zelt gebracht, das Don Garcia in

der Nähe des Dorfes hatte aufbauen lassen. Die Indianer hätten trotz Flammen und Rauch unerbittlich weitergekämpft, bis zwei spanische Kapitäne das indianische Friedenszeichen machten, indem sie die Arme vor der Brust kreuzten, und die Indianer das Zeichen widerholten, um den Frieden zu bekräftigen. Im Vertrauen auf das Friedenszeichen, das ihnen heilig war und sie vor Vergeltung und Strafen schützte, kamen die Indianer aus dem brennenden Dorf, legten ihre Waffen nieder und wurden in das Zeltlager von Don Garcia geführt. Dieser hatte noch Coronados Befehl im Ohr, ein Exempel zu statuieren und angeblich nichts von dem Friedensvertrag mitbekommen.

Ich hielt mir den schmerzenden Kopf und war verzweifelt, im Kampf versagt zu haben. Jetzt kamen auch noch Esteban und Gilberto mit verrußten Gesichtern und schiefem Grinsen:

„Na, hast du dich gut ausgeruht?", fragten sie.

Benommen und verwirrt kaute ich einige der Blätter, die Kraft geben.

Während die ahnungslosen Indianer auf Verhandlungen warteten, gab Don Garcia den Befehl 200 Pfähle, denn so viele Indianer waren es, herbeizuschaffen, um sie daran zu fesseln und bei lebendigem Leib zu verbrennen.

Ich schleppte Pfähle herbei, rammte sie in den Boden schuftete wie von Sinnen.

Später erzählte Ramon, ich habe die Indianer, die gefesselt wurden und sich verzweifelt wehrten, mit meinem Schwert in Schach gehalten. Plötzlich habe ich wie rasend zugestoßen, und geschrien:

„Für Doro, du Schweinehund!"

Einem, der sich mit gefletschten Zähnen auf mich stürzte, habe ich einen Hieb ins Gesicht versetzt. Die Wange des Indianers habe mit einem abscheulichen, bluttriefenden Grinsen bis zu den Zähnen geklafft. Aber das kann nicht sein, sonst würde ich mich daran erinnern.

Die ersten Indianer brannten schon lichterloh und die, denen es gelang zu fliehen, wurden von den Reitern niedergemacht. Wir warfen Holz in die brennenden Feuer inmitten der schaurig gellenden Schreie, der verzerrten Münder, dem Geruch des verkohlten Fleisches, der sich verbiegenden, platzenden Leiber. Es prasselte, zischte und qualmte und der Schnee schmolz im weiten Umkreis.

Yolotli spürte, wie sich ein Füßchen ihres Babys gegen die Bauchwand stemmte, und Tränen liefen ihr über das Gesicht. Der gelbe Hund winselte. Es hatte wieder begonnen zu schneien, so dass am nächsten Tag, als die nachrückende Armee eintraf, die verkohlten Leichen auf dem Hinrichtungsplatz flaumig weiß zugedeckt waren.

Nur wenigen Indianern war es gelungen, sich zu retten. Sie verbreiteten die Nachricht des Verrates in

Windeseile. Alle Dörfer der Pueblo-Indianer waren ab jetzt mit uns verfeindet. Sie weigerten sich, uns Nahrung zu geben und unseren Friedensangeboten Glauben zu schenken. Einige Hidalgos waren so empört über die grausame Hinrichtung der Indianer, dass sie Don Garcias Bestrafung forderten. Aber Coronado nahm ihn in Schutz, vielleicht weil Don Garcia ihm einmal das Leben gerettet hatte. Er befahl alle Pueblos zu befrieden. Wie könnten wir uns sonst noch sicher fühlen? Oder im nächsten Frühjahr nach Osten ziehen mit rebellischen Dörfern im Rücken?

Krieg im Winter, das gab es in unseren Ländern nicht, aber hier war alles anders. Eine Truppe blieb im Dorf, um es notfalls zu verteidigen, und wir bahnten uns einen Weg durch die Schneemassen von einem Pueblo zum anderen. Mal war es eine Tagesreise weit, mal eine Woche. Es war mir gleichgültig; wo wir auch waren, was wir auch taten, verschwamm in einem weißlich grauen Nebel. Nicht einmal die Kälte spürte ich wirklich, nur die Flöhe reizten mich zur Weißglut. Ramon, der die Tage zählte, sagte:

„Jetzt haben wir schon Mitte Januar", oder: „Morgen beginnt der Februar", aber wozu sollte das gut sein?

Wir sprengten ein Dorf nach dem anderen, verbrannten es und töteten die Indianer. Die Dörfer, die auf Fels gebaut waren, belagerten wir, um die Indianer auszuhungern. Nach 40 Tagen Belagerung baten die Indianer, ihre Frauen und Kinder unbehelligt gehen zu lassen, was auch geschah. Und ein paar Tage später sahen wir, wie sich in der Nacht, schattenhafte Gestalten aus den Häusern stahlen, um in den Wald zu flüchten. Wegen des hohen Schnees gelang es kaum einem zu entkommen. Andere versuchten, über den zugefrorenen Fluss zu fliehen und erfroren in der bitteren Kälte.

Wir hatten Monate gebraucht, um die Dörfer zu befrieden. Alle Indianer waren tot oder geflohen. Auf dem Rückweg in der Abenddämmerung sah ich eine Gestalt an einem Baum lehnen. Ich zog mein Schwert, sah dann, dass es eine entkräftete Indianerin war, die zu Boden sank. Ich wollte schon weiter gehen, als mir das Bündel auffiel, das sie hielt. Ich dachte, aus dem Stoff könne Yolotli etwas nähen. Als ich es der sterbenden Frau aus den Armen nahm, schrak ich zusammen, denn ich hörte ein Wimmern. Das Grauen packte mich, es würgte mich: Yolotli das Kind bringen, sie wüsste, was zu tun sei …, das Kind retten.

Inzwischen hatte Papalotl Yolotli bei der Entbindung geholfen:

„Du schaffst es, meine Gute, meine Schöne, so eine kleine tapfere Frau, die Götter werden dir ein gesundes Kind schenken, sei zuversichtlich meine Schöne."

So redete sie in einem fort, während sie Yolotli, die auf der Matte hockte, den Rücken stützte. Yolotli weinte, sie konnte sich nicht vorstellen ein wohlgestaltetes Kind zur Welt zu bringen. Hatten die Ahnen ihr denn verziehen?

Als ich in das Zimmer trat, hielt ich Yolotli das Bündel hin und sagte flehend:

„Yolotli, schau …, die Mutter … tot im Schnee. So viele sind schon tot."

Ich legte das Kind in ihren Schoß und wurde von Weinkrämpfen geschüttelt. Yolotli legte ihr sattes Baby auf ein Hasenfell und wickelte das Indianerkind aus den steifgefrorenen Tüchern. Es hatte eiskalte Füßchen und Hände. Sie nahm es an ihren warmen Körper und es begann zu saugen, schlief erschöpft ein, nuckelte wieder ein bisschen und so in einem fort. Yolotli staunte: nun hatte sie nicht nur ein gesundes Kind, sondern zwei kleine Mädchen, doppeltes Glück.

Später erzählte mir Yolotli, ich habe mitten in der Nacht angefangen zu schreien, um mich zu schlagen und in die zischende Glut erbrochen. Zitternd vor Entsetzen habe ich an der Wand gelehnt mit dem Handrücken über den Augen. Erst in der Morgendämmerung, die durch die Öffnung in der Decke drang, habe ich mich beruhigt.

In der nächsten Zeit sei ich apathisch auf meinem Lager gelegen. Esteban, der aus anderem Holz geschnitzt war, meinte, Italiener seien eben nicht so hart im Nehmen wie spanische Hidalgos. „Fernando, du hast ein Kind, du bist Vater geworden."

Aber ich murmelte angeblich:

„Das kann nicht sein, da sind zwei Kinder, ich hab doch keine zwei Kinder." Fray Padilla, der die Armee begleitete, sagte:

„Die Kinder müssen getauft werden, Fernando, wie sollen sie heißen?"

Als er keine Antwort bekam, sagte er:

„So geht das nicht, Esteban und Gilberto, ihr sollt die Taufpaten sein und Namen wählen."

Er wickelte die Wachskerze aus, die er in einem Tuch verwahrte, und taufte die zwei winzigen Mädchen auf die Namen Marisol und Donata, das war das Findelkind. Esteban hatte mich zum Sitzen hochgezogen und an die Wand gelehnt. Im Halbdunkel des Türrahmens drängten sich die Gesichter von Hidalgos und Indianern. Mitten in dem Töten, Verbrennen, Erschlagen und Hungern, in dem endlosen Winter, mit Schnee und Kälte war die junge Mutter mit ihren Säuglingen ein Zeichen des Lebens und der Hoffnung. Einer nach dem anderen kamen die Männer in den Raum, wagten eine zärtliche Berührung, ein liebes Wort und legten ein Geschenk vor sie hin: eine spanische Münze, einen Türkis, eine Feder, ein silbernes Kreuz.

Allmählich kam ich wieder zu mir. Die vergangenen Wochen versanken in einem zähen Nebel. Es sollte Anfang März sein, sagte Esteban. Wo war die Zeit geblieben? Was war los mit mir? Manchmal hielt ich die beiden Mädchen in den Armen, konnte mir aber nicht merken, welches meines war. Donata, das Findelkind, war hellhäutiger als Marisol, wie war das möglich? Yolotli nahm es mir nicht übel, Kinder waren ein Geschenk der Götter und sie nannte sie ihre Zwillingsmädchen.

Ich ging mit den anderen Männern in den Wald, um Holz für die Feuer einzuschlagen, es schneite noch immer.

„Wohin sind die Indianer verschwunden?", fragte ich.

„Wir haben doch ihre Dörfer belagert, sie ausgehungert und ausgeräuchert", sagte Ramon.

„Sag nur, du erinnerst dich nicht mehr? Ausgerechnet du! Jetzt verbergen sich die, die entkommen sind, in unzugänglichen Bergnestern; unmöglich mit den Pferden dorthin zu gelangen."

Ich schüttelte ungläubig den Kopf. Ich war es bestimmt nicht gewesen, ich war ja hier zum Kartieren. Da die verschneite Landschaft keine weiteren Er-

kundungen zuließ, hörte ich mich bei den verbündeten Indianern, von denen früher einige Gefangene
der Pueblo-Indianer gewesen waren, um. Ich fragte
nach Sitten und Gebräuchen, nach Nahrung, Heil-
pflanzen und Festen und machte mir Notizen.

Ende März hörte es endlich auf zu schneien, der
Wind wehte milder und das Eis auf dem Fluss be-
gann zu brechen. Yolotli gegenüber blieb ich voller
Scheu, es war, als bewege ich mich auf dünnem Eis.
Jedes Gefühl drohte, mich einbrechen und in unter-
gründige Schrecken stürzen zu lassen.

Nach vier Monaten Winter rutschten Schnee-
ladungen von den Ästen der Kiefern, wenn die
Sonne in die Kronen schien, die Wege waren rut-
schig von sulzigem Schnee und stehendem Wasser.
Coronado befahl der Armee, sich für den baldigen
Aufbruch zu rüsten. Yolotli sagte:

„Wir brauchen eine zweite Rückentrage für Donata."

„Warum legst du sie nicht in ein Tuch?", fragte
ich, „und warum schnürst du Marisol auf dem Brett
fest?"

„Damit sie schön gerade wird."

Ich stutzte: waren wir Italiener und Spanier nicht
alle gerade gewachsen, ohne solch ein Brett? Aber
ich sagte nichts und baute die Trage – schließlich
war es Frauensache. Als Ersatz für Doro konnte ich

eins der Pferde kaufen, dessen Besitzer bei den Kämpfen getötet worden war. Es nannte sich Abelia.

Doch wo war meine Verehrung für Coronado geblieben? Nur ein Strohfeuer? Mein Herz war ausgebrannt. Wie ein Schlafwandler tat ich alles nötige, packte zusammen, bündelte meine Stifte, klemmte Skizzenblätter auf dem Schreibbrett fest, rollte die fertig gemalten Karten sorgfältig zusammen, verstaute sie in einer Kiste und grübelte vor mich hin: war ich eigentlich noch am Leben, oder klammheimlich gestorben?

Anfang Mai 1541 brachen wir, die ganze Armee mit Lasttieren und Herden, nach Osten Richtung Cicuye auf. Die Hidalgos fieberten dem Gold entgegen. Der Sklave erzählte immer wieder von den Schätzen des Königreichs Quivira. Er selbst, der von dort stamme, habe breite, verzierte Armreife besessen, die die Häuptlinge von Cicuye ihm genommen hätten. Diese leugneten, bezichtigten ihn der Lüge und wurden daraufhin gefoltert. Aber auch unter der Folter stritten sie den Besitz goldener Armreifen ab; sie wurden in Ketten gelegt und als Gefangene mitgeführt, während der Sklave dem Heer vorrausging, da er den Weg kannte.

Nach Tagen verließen wir das Hochplateau und erreichten das ebene Grasland. Anfang Juni stießen wir auf die ersten Apachenlager in einem Flusseinschnitt. Auch wir schlugen dort unser Lager auf und Coronado schickte Erkundungstrupps in alle Richtungen aus, mit der Auflage nach drei Tagen wieder zurückzusein. Zusammen mit Esteban, Gilberto, Ramon, einigen anderen Spaniern und Indianern ritt ich durch das unendliche Grasmeer nach Osten. Die Halme richteten sich hinter uns sogleich wieder auf. Es war gespenstisch: kein Baum, keine Erhebung, kein Pfad, rundum der gleiche Horizont und nur der Sonnenstand zur Orientierung. Aus Bisondung schichteten wir Haufen auf, um den Rückweg zu markieren. Wir ritten stundenlang, ohne etwas anderes zu sehen als Grasland, den weiten Himmel, grasende Bisons, Präriehunde, die auf kleinen Erdhügeln standen, und auffliegende Rebhühner. Wir ritten und ritten und schienen doch nicht voranzukommen, da es nichts gab, was dem Auge Halt gab. Wie in einem Traum, in dem man rennt, um einer Gefahr zu entrinnen, und nicht vom Fleck kommt. Ich hätte über den Auftrag der Mönche und des Vizekönigs lachen können: hier gab es nur Gras, Gras und nochmals Gras und einige Nomaden, die Bisons jagten. Weder Feld, noch Garten, noch Goldadern. Was sollte ich in dieser Unendlichkeit kartieren? Wohl versuchten wir die Entfernungen zu schätzen: auf dem wochenlangen Weg bis zum Flussbett hatte ein Mann die Anzahl seiner Schritte gezählt und wir wussten aus Erfahrung, welche Entfernung ein Pferd an einem Tag zurücklegt, aber es gab weder Anfang noch Ende. Die einzige Abwechslung des Tages war das Schießen eines Bisons am Abend. Den Mageninhalt der Tiere auszudrücken und zu trinken, wie es die Indianer taten, brachten wir nicht über uns, aber vor quälendem Durst tranken wir das frische Blut. Wir brieten die zarten Filetstücke über einem qualmenden Dungfeuer, den Rest ließen wir liegen und in der Nacht hörten wir die Wölfe und Koyoten.

Am dritten Abend traf Gilberto einen jungen Bullen mit der Lanze; das verletzte Tier wendete blitzschnell und ging zum Angriff über. Bevor Esteban den tödlichen Schuss abgeben konnte, raste der Bulle auf mich zu, Abelia scheute, ich verlor für einen Augenblick das Gleichgewicht, kippte zur Seite und, bevor ich mich wieder aufrichten konnte, streifte das Horn des Bisons mein Gesicht. Das Blut spritzte hervor und ich brüllte auf. Verzweifelt versuchte ich mich auf dem Pferderücken zu halten, während Abelia buckelte und vorne und hinten hochging. Sie schleuderte mich zu Boden und floh mit Sattel und Zaumzeug, mit fliegender Mähne auf Nimmerwiedersehen in die Prärie. Als ich wieder zu mir kam, sah ich vor lauter Blut nichts mehr. Ramon und Gilberto knieten neben mir und versuchten mein gebrochenes Bein einzurenken, während Esteban mein Gesicht mit Grasbüscheln abwischte. Es dröhnte in meinem Schädel:

„Du Krüppel, was bist du für ein Held!"

Und ich verlor wieder das Bewusstsein.

Ich hatte entsetzliche Schmerzen, jede Bewegung war qualvoll. Ich lag im Schatten eines Maulbeerbaumes, während Yolotli im Flussbett Pflaumen und kleine Trauben pflückte, deren Saft sie mir einflößte; sie legte Pflanzenkompressen auf die aufgerissene Wange und das wunde Auge, um Entzündungen zu verhindern, und verscheuchte immer wieder die Fliegen.

Nachdem alle Erkundungstrupps zurück gekehrt waren, ohne bis Quivira oder an einen anderen Ort gelangt zu sein, beschloss Coronado eingedenk der immensen Entfernungen mit seinen 30 besten Reitern nach Quivira aufzubrechen. Die Armee begehrte auf, jeder wollte bei den Entdeckern sein und sich Schätze sichern, jetzt, wo das Gold so nah war, und sollte es das Leben kosten! Der Tumult hielt an, auch nachdem Coronado und seine Reiter abgezogen waren. Anstatt wie befohlen zu den Pueblos zurückzukehren, wartete die Armee vierzehn Tage im Lager am Fluss in der Hoffnung, Coronado würde sie nachholen lassen.

In diesen zwei Wochen gingen die Hidalgos auf die Jagd, um Nahrung zu beschaffen und sich die

Zeit zu vertreiben. Jeden Abend wurde überprüft, ob niemand fehlte, denn beim Aufstöbern von Rebhühnern oder der Verfolgung einer Antilope konnte man leicht die Orientierung verlieren. Große Feuer wurden entzündet, Büchsen abgefeuert und Trommeln geschlagen, um den Weg zum Lager zu weisen und doch blieben einige spurlos verschwunden. So kehrte auch Gilberto eines Abends nicht zurück und auch am nächsten Tag blieb er verschollen. Die Kameraden hatten alle Mühe, Esteban daran zu hindern, sich ins Grasmeer zu stürzen, um seinen Bruder zu suchen. Halb verrückt vor Kummer musste er von drei Männern festgehalten werden. Dann brach er zusammen: alles hatte er bisher ohne Klage erduldet, aber dem Bruder, der vielleicht noch lebte, nicht helfen zu können, war unerträglich.

Nach zwei Wochen kehrten wir schließlich ins Winterquartier zurück. Mehrere Hidalgos waren ohne Pferd, da ein heftiger Hagelsturm einige Pferde verletzt hatte und andere ins Grasland geflohen waren. Dieses Grasmeer war unheimlich: obwohl die Apachen uns nicht angriffen, verschwanden Pferde und Menschen lautlos ohne eine Spur zu hinterlassen.

Als wir nach Cicuye kamen, waren die Indianer für den Krieg gerüstet, und weigerten sich Nahrungsmittel herauszugeben, weil wir ihre Häuptlinge gefangengenommen und gefoltert hatten. In den

Pueblos am Rio Grande flohen die Indianer, die inzwischen zurückgekehrt waren, als unsereArmee Mitte Juli wieder anrückte.

Auf meiner Wange hatte sich ein hässlicher feuerroter Wulst gebildet, der mich an Chicos Brandzeichen erinnerte. Jeder Bissen schmerzte höllisch und ich fürchtete um mein rechtes Auge. In einem der kleinen Spiegel, die als Tauschware dienten, sah ich mit dem gesunden Auge die Narbe, die von der Stirn bis zum Mundwinkel reichte und ihn herunterdrückte. War ich das? Mit entstelltem, ausgehöhlten Gesicht und struppigem Bart? Meine eigenen Eltern würden mich nicht wiedererkennen. Ich hinkte, weil der Beinknochen schief zusammenwuchs. Was sollte ich noch im Leben?

Um die Armee war es schlecht bestellt: Esteban wie so viele andere hatte Geschwüre und Fieberstöße und er kam über den Verlust seines Bruders nicht hinweg. Viele hatten Verwandte, Freunde und Kameraden verloren, waren verwundet und geschlechtskrank. Und uns alle plagte das Ungeziefer, die eintönige Nahrung, die schwindende Hoffnung auf Reichtum, die zerrissene Kleidung. Die einzige, die zufrieden war, war Yolotli mit ihren Zwillingsmädchen und dem gelben Hund. Beim Stillen sang sie vor sich hin.

48 Tage brauchten Coronado und seine Reiter, um Quivira zu erreichen, denn Quivira gab es wirklich. Aber es war auch nur ein Dorf. Weder Schiffe mit Sonnensegeln, noch Bäume mit goldenen Glöckchen, geschweige denn ein König. Der Sklave gab zu, er habe sie in die Irre führen wollen, weit weg von den Pueblos und wurde hingerichtet. Im Gegensatz zur Grassteppe war das Land um Quivira lieblich und fruchtbar mit zahlreichen Flüssen, Feldern und Gärten. Einige Hidalgos und der Mönch Fray Padilla wollten dort bleiben. Aber Coronado befahl umzukehren und ein Indianer, der schon immer gesagt hatte, der Sklave sei ein Lügner, führte sie auf einer wesentlich kürzeren Route zurück.

Die Stimmung im Lager war niedergeschlagen. Etliche Hidalgos, die ohne Familie, oder Aussicht auf einen lukrativen Posten waren, wollten nach Quivira gehen, um dort zu siedeln. Das Land sei fruchtbar wie in Spanien. Auch Yolotli und ich waren davon angetan. Ich könnte auf dem guten Weideland Pferde züchten und Yolotli wusste, wie man Mais, Bohnen und Kürbisse anbaut, sie konnte weben und Kleidung nähen. Nach Genua wollte ich nicht zurückkehren. Verunstaltet in die heile Welt von Werkstatt und Familie heimzukommen war eine grausame Vorstellung. Da war es einfacher mit den Expeditionskameraden, denen das Leben ebenfalls zugesetzt hatte, eine neue Siedlung zu gründen.

Auch Esteban wollte mitkommen. Seit meinem Unfall und Gilbertos Verschwinden war er wie ein Bruder zu mir.

Coronado beschloss, im kommenden Frühjahr mit der ganzen Armee nach Quivira aufzubrechen und, wer weiß, vielleicht weiter nördlich auf Gold zu stoßen. Doch im Laufe des Winters stürzte er bei einem Pferderennen, als sein Sattelgurt riss, und zog sich eine schwere Kopfverletzung zu. Er fürchtete, zu sterben, vielleicht hatte er auch Sehnsucht nach seiner schönen Frau und den Kindern. Jedenfalls befahl er die Rückkehr nach Mexiko.

Bitter war dieser Rückweg. Zwar waren Kreuze in den Dörfern errichtet und das Land für den Kaiser in Besitz genommen, aber die Indianer flohen schon von weitem vor uns, wie vor dem Leibhaftigen. Ich hörte, dass Coronado und Don Garcia wegen der Verbrennung der Indianer und der gewaltsamen Einnahme der Dörfer beim Vizekönig verklagt werden sollten. Coronados Vermögen war mit der Expedition draufgegangen und ein gut Teil aus der Staatskasse des Vizekönigs ebenfalls. Es gab weder Gold, um die leeren Kassen zu füllen, noch Lohn für die Hidalgos, die ihr Leben riskiert hatten. Viele waren tot und die Herden waren zusammengeschrumpft. Auf dem Rückweg durch das zerklüftete Gebirge wurden wir von räuberischen Indianerbanden verfolgt, die Lasttiere und Schafe raubten und mit vergifteten Pfeilen auf uns schossen. Eine kleine Wunde reichte, um einen Mann auf qualvolle Weise zugrunde gehen zu lassen. Ich erinnerte mich an Yolotlis Voraussage, als auf dem Hinweg, die gehenkten Indianer den Weg säumten. Wir waren erschöpft, mutlos, krank. Auch als wir Culiacán erreichten, konnten wir noch nicht aufatmen, denn ganz Neu Galizien war in Aufruhr. Immer mehr Hidalgos nahmen ihren Abschied oder verschwanden einfach, um ihr Glück woanders zu suchen. Die schrumpfende Armee zog weiter nach Compostela, von wo aus Coronados Frau Beatriz mit den Kindern vor den Aufständen der Indianer nach Mexiko geflüchtet war.

Wie hatte die Armee bei der Parade vor Beginn des Feldzuges geglänzt! Jetzt besaß kaum mehr ein Mann eine Rüstung. Eine umgebundene, zerrissene Decke war oft alles, was blieb. Wir schleppten uns weiter nach Mexico. Es gab keinen triumphalen Empfang, Don Antonio de Mendoza hatte sich anderes von der Expedition erhofft. Wir hatten 2400 Leguas zurückgelegt, unglaubliche Strapazen erduldet, schmerzhafte Verluste erlitten und waren gescheitert.

Dona Beatriz, Coronados Gattin, die selber Zwillingsmädchen hatte, war von Yolotli gerührt, die den ganzen Feldzug mitgemacht hatte und sowohl das eigene wie auch das Findelkind durchgebracht hatte. Sie kümmerte sich um eine vorläufige Unterkunft und gab uns Nahrung und Kleidung. Esteban, der die weinende Papalotl in ihr Dorf zurückschickte, blieb bei uns. Er hatte bei unserer Ankunft in Mexico einen Brief seines ältesten Bruders vorgefunden, der ihn bat, heimzukommen, da der Vater gestorben sei und er dringend einen zuverlässigen Verwalter seines landwirtschaftlichen Anwesens brauche. Esteban schrieb ihm vom spurlosen Verschwinden Gilbertos im Grasmeer, vom Scheitern der Expedition und seiner Mittellosigkeit. Er wolle gerne nach Spanien zurückkehren, wenn der Bruder ihm die Reise zahle.

„Willst du Papalotl nicht mitnehmen?", fragte ich ihn. Aber er sagte nur:

„Nein, sie ist krank und hat eine Fehlgeburt gehabt. Ich will eine gesunde Frau, die mir Kinder schenkt. Zuhause werde ich heiraten und meinen zweiten Sohn Fernando nennen."

Die Schmerzen zerrissen mein Gesicht, ich deckte mein rechtes Auge mit einer Klappe ab und schämte mich, wenn die Leute auf die feuerrote Narbe starrten. Aber Esteban hakte mich unter und Arm in Arm liefen wir über den Markt, durch das Gewusel von Verkäufern, Marktschreiern und Waren, überwältigt von der Fülle an Farben und Düften. Unfassbar nach dem kargen Leben, dass es all die Zeit Kürbisse, gelben Mais und Geflügel gegeben hatte. Mein Magen zog sich zusammen, weil ich immer noch nicht richtig essen konnte. Yolotli kochte mir dünnen Brei und gab Acht, dass keine Chilischoten hineingerieten. Zerlumpte und Verkrüppelte humpelten über die Plätze, saßen an den Straßenecken, hockten vor den Kirchen. Meist waren es Indianer, denen das Leben übel mitgespielt hatte, aber auch Spanier sah ich, dreckig und verlaust.

Nach ein paar Tagen machte ich mich ins Kloster zu Fray Geronimo auf, um ihm Karten und Berichte abzuliefern. Wenig begeistert, fast abfällig beugte sich der Mönch über die Karte, die die gewaltigen Entfernungen der Expedition aufzeichnete. Was sollte die Kirche mit zerklüfteten Gebirgen, Wüste und endlosem Grasland? Der Missionseifer der Mönche ließ rasch nach, nachdem sie erfuhren, dass Cibola nur aus Lehmdörfern bestand. Als später bekannt wurde, dass Fray Padilla kurze Zeit, nachdem er in Quivira eingetroffen war, von den Indianern ermordet wurde, verlor die Kirche das Interesse an den neu entdeckten Gebieten.

Fray Geronimo teilte mir mit, dass Fray Aniello gestorben sei. Es betrübte mich. Aber als der Mönch mich fragte, ob ich mit Yolotli nach Rote Erde zurückgehen wolle, wehrte ich ab. Nein, bestimmt nicht, auf keinen Fall. Er verkniff den Mund und gab mir ein paar kümmerliche Münzen. Ich verfasste ein Kondolenzschreiben an Fray Salvatore und Fray Bonifacio und bat Fray Geronimo, es zusammen mit einem Brief an Yolotlis Verwandte weiterzuleiten. Yolotli hatte sich mit den beiden Mädchen und Dulce gezeichnet, auch mich mit der Gesichtsnarbe und das Bild dem Schreiben beigefügt.

Nachdenklich ritt ich auf Dulce zurück. Nein, in Yolotlis Dorf bei den Mönchen konnte ich unmöglich leben, aber wo dann? Ein blickloser Bettler am Weg, ein alter Indianer, hielt mir eine Kürbisschale zwischen seinen Armstümpfen entgegen. Plötzlich schossen mir Tränen in die Augen und das verletzte Auge brannte wie Feuer. Ich schluchzte auf, griff in die Tasche, und warf die Münzen, die ich als Lohn erhalten hatte, in seine Schale.

In der Nacht hatte ich wieder einen Schreianfall. Esteban hielt mich mit aller Kraft fest. Ein Schmerz wollte sich durchringen, ein unerträglicher Gedanke, das Grauen selbst, aber die Angst war größer.

Nach ein paar Wochen kamen Yolotlis Verwandte, ihre Tante mit dem ältesten Sohn und dessen Familie. Sie hofften, wir würden wieder ins Dorf zurückkehren, aber ich sagte und wusste es selber erst, als ich es aussprach:

„Wir fahren nach Genua."

Ich sah, wie die Tante Yolotli ein aus Gräsern geflochtenes Körbchen gab, in dem sich bemalte Holzfiguren mit federgeschmückten Köpfen befanden. Immer noch die Geister und Ahnen! Nicht zu fassen. Tagelang wurde gekocht, gebacken, gegessen, erzählt, gelacht und geweint. Mein Bauch knurrte, der Kopf schmerzte, als wolle er platzen, und das Gequatsche war mir unerträglich.

Ich hatte immer noch Münzen vom Verkauf der Messinstrumente in Marseille auf der Hinfahrt. Außerdem konnte ich meinen Kompass und Dulce verkaufen, das würde für die Überfahrt reichen. Yolotli schien nicht überrascht, denn einmal mehr bewahrheitete sich die Voraussage, dass sie von ihrer Familie getrennt würde. Sie nahm die Dinge, wie sie kamen. Nachdem der Entschluss gefasst war, konnte ich es kaum erwarten aufzubrechen und schrieb meiner Familie von unseren Reiseplänen, von meiner Verletzung, und dass ich Yolotli und die zwei Mädchen mitbrächte. Warum war ich nicht früher daraufgekommen? Endlich würde ich die nächtlichen, quälenden Bilder los und könnte einen Arzt wegen meines Auges aufsuchen. Ich würde die Werkstatt vergrößern, Carmelo den Instrumentenbau überlassen und selber Karten zeichnen, kopieren und Kupferdrucke anfertigen. Das war das Geschäft der Zukunft! Mit meinen Erfahrungen in der Neuen Welt: dem Anfertigen von Karten für Vizekönig

Don Antonio und die Mönche waren mir die Aufträge sicher.

Begeistert schilderte ich Yolotli die Stadt Genua mit den schmalen Gassen, das Haus und die Werkstatt in allen Einzelheiten. Soviel hatte ich ihr noch nie erzählt! Ich beschrieb meine Eltern, ihre Kleidung, das Essen, das es zu Hause gab, die Magd Gia, meine Schwestern, Corrado und seine Familie in Montello. Ich konnte gar nicht mehr aufhören zu reden; redete und redete, manchmal aus Versehen auf Italienisch, erzählte von meinem Fluchtversuch mit 17 Jahren, erzählte meine ganze Kindheit. Das Heimweh brach sich Bahn, die Sehnsucht und auch die Angst, das Schiff könne im Sturm versinken, wir könnten von Räubern überfallen werden und niemals mehr heimkommen. Meine Sprache, meine geliebte Sprache!

Das schmerzende Auge bremste irgendwann meinen Mitteilungsdrang, die Narbe brannte, der ganze Kopf.

11 Lieber eine Genueserin

„Die Ansprüche, welche die schwere Arbeit der Liebe an unsere Entwick-lung stellt, sind überlebensgroß, und wir sind ihnen, als Anfänger, nicht gewachsen."
R.M. *Rilke*

Im Januar 1543, drei Jahre nachdem wir Rote Erde verlassen hatten, brachen wir zusammen mit Esteban nach Vera Cruz auf. Marisol und Donata, die fast zwei Jahre alt waren, saßen auf einer Decke auf Dulces Rücken. Sie plapperten vor sich hin und patschten mit den Händchen. Dulce trug auch den Gepäcksack: viel war es ja nicht, was wir besaßen.

In Vera Cruz verkauften wir Dulce an einen Spa-nier, der gerade in der Neuen Welt eingetroffen war und voller hochtrabender Pläne steckte. Esteban und ich sahen uns nur an und zuckten mit den Schultern. Obwohl sie nichts sagte, sah ich, wie schwer es Yo-lotli fiel, sich von ihrem Pferd zu trennen.

Auf Hispaniola mussten wir warten, bis ein Schiff nach Spanien fuhr, so dass wir uns erst Anfang Feb-ruar auf die große Reise machten. Wir hielten uns abseits der anderen Passagiere und wichen Fragen aus. Ich konnte noch immer nichts außer Brei und Suppe essen und war mager wie ein Zaunpfahl auf Corrados Eselsweide.

Nach fünf Wochen Überfahrt erreichten wir den Hafen von Palos. Esteban und ich verabschiedeten uns mit Tränen in den Augen, versprachen, zu schreiben und uns gegenseitig zu helfen falls nötig. Er reiste landeinwärts, während wir das Schiff nach Valencia und Genua nahmen. Ohne Esteban kam ich mir verloren vor. Die Leute zeigten mit dem Finger auf Yolotli und die Kinder und starrten sie an.

Von der Fahrt bis Genua weiß ich nicht mehr viel: ausgelaugt von den Strapazen hatte ich keinen Blick für die Städte, die wir anliefen. Als ich Genua mit der Kulisse der Berge sah, wurden mir die Knie weich, und als wir im Hafen einfuhren und vom Schiff gingen, Yolotli mit Marisol und ich mit Donata auf dem Arm und dem Gepäcksack über der Schulter, hörte ich die vertrauten Klänge: Rufe, Lachen, Schwatzen, die Lieder der Hafenarbeiter und das heisere Iah eines Esels, aber ich hatte mich verändert und fühlte mich fremd. Ich rief einen Jungen herbei, der gebannt das Entladen der Galeone verfolgte und sagte:

„Lauf' in die Via San Donato, zum Haus der Familie Santini, der Instrumentenbau Werkstatt, und sage ihnen, dass Fernando heimgekommen ist."

Der Junge rannte los und wir folgten langsam mit den Kindern.

Als wir auf den Platz einbogen, stand die Familie aufgeregt redend vor dem Haus versammelt. Bella löste sich als erste von der Gruppe, lief mir lachend und weinend entgegen und schloss mich in die Arme:

„Ach, Fernando, mein liebster, mein bester Fernando", und die Tränen liefen ihr über das Gesicht, als sie behutsam über meine Narbe strich.

„Wie mager du bist, zum Erbarmen! Ich werde dich aufpäppeln, Fernando."

„Bella", sagte ich staunend, und hielt sie etwas von mir weg, „Wie schön du bist!"

Dann kamen auch schon Mutter und Vater mit meinem kleinen Bruder Matteo. Sieben Jahre alt war er, und ich sah ihn zum ersten Mal!

„Matteo!", rief ich und streckte die Arme nach ihm aus, während er scheu zurück zuckte, und auf mein Gesicht schaute.

Carmelo, der nun ein Mann war, begrüßte mich mit Estella an der Hand. Sie hatte braune Locken und schaute mich mehr neugierig als ängstlich an. Yolotli wurde freundlich begrüßt, aber hinter ihrem Rücken ging das Getuschel los. Gia kam aus dem Haus gerannt, hob die Hände zum Himmel, rief alle Heiligen an und jammerte über mein erbärmliches Aussehen, bis Ricarda ihr befahl, den Mund zu halten und eine nahrhafte Suppe zu kochen. Olmo, Carmelos Bruder, wurde gleich losgeschickt, um Corrado und Faustina zu benachrichtigen. Die Nachbarn waren auf der Straße zusammengelaufen und umringten uns, und auch Pater Felipe eilte herbei. Sie überschütteten mich mit Fragen, und die

Frauen strichen staunend über Donatas glatte, tiefschwarze Haare. Die Kleine drehte sich hin und her, um zu sehen, woher all die Hände kamen. Dann flüchtete sie zu Yolotli, nahm zwei Zipfel ihres langen bestickten Rockes und wickelte sie um sich, so dass ihr Gesicht gerade eben noch herauslinste. Jetzt staunten die Nachbarinnen über die Stickerei auf Yolotlis Rock. Marisol stand mit dem Daumen im Mund etwas abseits, bis Bella sie hochhob.

„Mal sehen, ob du deinem Vater ähnlich siehst", sagte sie.

„Die Augen? Nein, sie sind schräg. Die Haare? Nein, sie sind dunkler und kaum gewellt."

„Was soll das?", fragte ich und nahm ihr Marisol, die das Gesicht schon bedenklich verzog, ab.

Als nach einer Stunde Corrado auf einem Esel angeritten kam, drückte er mich fest an sich und umarmte Yolotli herzlich. Seine Gegenwart war tröstlich, und als Ricarda uns zum Essen ins Haus rief, ließ meine Anspannung nach und ich schlürfte vorsichtig die Suppe, die nach Zwiebeln und Möhren schmeckte.

Estella ließ uns nicht aus den Augen und fragte ihre Mutter:

„Warum hat die Frau eine Perlenschnur in den Haaren? Warum trägt sie sie nicht um den Hals? Warum hat Fernando eine schwarze Klappe über dem Auge wie der alte Matrose Cirillo? Warum schlürft er die Suppe und macht den Mund nicht richtig auf?"

Und als Bella sagte:

„Sch, Sch, stell' nicht so viel Fragen", flüsterte sie:

„Warum haben die kleinen Mädchen so komische Augen?", und sie schob mit den Fingern ihre Augenwinkel schräg nach außen.

„Siehst du, so, Mama, und warum ist Marisol so braun im Gesicht? Ist sie in der Sonne gelegen?"

Die Tischrunde lachte, und Bella hob die Augen zum Himmel:

„Du bist doch schon zu groß, um so viel zu fragen."

Ich sagte:

„Sie beobachtet genau, sie ist eine Forscherin."

„So wie du", rutschte es Bella hinaus und sie wurde rot.

Sie schaute auf ihren Löffel, aber später tastete sie mit verletztem Blick mein zerstörtes Gesicht ab, als wolle es ihr nicht gelingen, mein Jugendgesicht mit dem heutigen in Übereinstimmung zu bringen.

Gia stellte frischen Ziegenkäse und Kastanienbrot, das sie gerade aus dem Ofen gezogen hatte, auf den Tisch. Der Duft! Ich schloss die Augen und sog den vertrauten Geruch tief ein.

Vater erzählte von der Werkstatt und der guten Auftragslage, und Mutter überlegte, wo sie uns unterbringen könne.

„Vielleicht können wir das Haus von Goldschmied Signor Poletti mieten oder kaufen", sagte sie.

„Mit seinen verkrümmten Händen kann er nicht mehr arbeiten, und sein Sohn ist im Winter verunglückt. Er und seine Frau haben davon gesprochen, zu ihrer Tochter zu ziehen. Fürs Erste nehmt ihr die Kammer, Olmo kann im Esszimmer schlafen."

Simiona, die sehr aufrecht am Tisch saß, sagte, Olmo könne einstweilen bei ihnen wohnen. Sie hatte keine Kinder bekommen, und ihr Mann Enzo war fast ständig auf Geschäftsreisen. Unter einem Dach mit der enttäuschten Schwiegermutter, wurde ihr der Tag lang. Sie kam oft ins Elternhaus herüber, um zu helfen, oder schmückte die Kirche mit Blumen zusammen mit anderen Frauen zu Hochzeiten und Taufen.

Yolotli störte die Beengtheit der Kammer nicht, aber in den schmalen Gassen, in denen man kaum den Himmel sah, fürchtete sie, keine Luft zu bekommen. In der Küche waren schon so viele Frauen beschäftigt, dass sie nicht wusste, was tun, und sie verstand kein Italienisch. Sie war erleichtert, als wir nach ein paar Wochen nach Montello gingen in die freie Landschaft den Hang hinauf, bis wir über die Stadt aufs Meer blicken konnten, und der Himmel sich weitete. Sie strich über die Blätter der für sie fremdartigen Pflanzen, rieb sie zwischen den Fingern und roch daran, krümelte eine Handvoll Erde durch die Finger und freundete sich mit dem Hund Dalli an. Sie sah gleich, dass Faustina im Garten hackte und das Gemüsebeet von Unkraut befreite und half ihr. Faustina freute sich über die Hilfe, da nur noch der Sohn Mario auf dem Hof lebte. Carlotta hatte längst geheiratet. Als Faustina von Yolotlis Ängsten im engen Gewirr der Gassen hörte, schlug sie vor, wir könnten bei ihnen wohnen, bis sich die Sache mit dem Hauskauf geklärt hätte. Yolotli lächelte hoffnungsvoll, aber ich wollte in der Stadt bleiben, weil ich fast täglich zum Arzt ging, und vor allem, weil ich oft eingeladen wurde.

Die Genueser Adligen, die Kaiser Karl V. Geld für Schiffsausrüstungen und seine zahlreichen Kriege liehen, wollten über die Lage in der Neuen Welt informiert sein. Die Händler waren brennend an der noch nicht gefundenen Nord-West-Passage nach Indien interessiert, denn sie erhofften sich einen lukrativen Gewürzhandel über die neue Route. Außerdem war ich ein exotischer Gast an ihrer Tafel, der von Indianern, Abenteuern und unauffindbaren Goldschätzen berichten konnte.

Ich kam mit potenziellen Kunden ins Gespräch und erhielt Aufträge, noch bevor die neue Werkstatt eingerichtet war. Es war nicht unangenehm, von den Frauen, die meinen Erzählungen mit Hingabe lauschten, umschmeichelt zu werden. Sie umwehten mich mit Blumendüften und verwöhnten mich mit

Leckerbissen. Ich bekam pürierte Fisch- und Fleischklößchen und die Mandeltörtchen zergingen auf der Zunge. Wenn ich genügend Wein getrunken hatte, ließen die Schmerzen im Kiefer nach und ich konnte leichter essen. Gierig schlang ich die Köstlichkeiten unter dem mitfühlenden Blick der Damen hinunter und nahm endlich wieder etwas zu.

Aber zurück zu Yolotli. Die Besuche hätten sie nur ermüdet und ich fühlte mich freier ohne sie. Also beschloss ich, Yolotli mit den Kindern in Montello zu lassen.

Ricarda ließ mir neue Kleidung nähen, eine Spur zu elegant für einen Handwerker, aber passend in den Salons. Das Hinken konnte ich dank eines Spazierstockes mit geschnitztem Indianerkopf überspielen.

„Pass auf, dass du kein Angeber wirst", sagte Bella, und es klang bitter.

Ich sah sie von der Seite an, dann zog ich sie an mich und küsste sie auf den Mund. Sie drehte sich abrupt weg.

Auch ohne Bellas Hilfe konnte ich ausfindig machen, dass Francesca kinderlos verwitwet wieder zu ihrer Mutter gezogen war. Jetzt, wo meine Abenteuer in aller Munde waren und ich gut gekleidet war, wollte ich sie unbedingt sehen. Ich schrieb ihr ein Kärtchen, um meinen Besuch anzukündigen. Als ich an der Tür klopfte, öffnete die Magd und bat mich hinein. Im Haus war es angenehm kühl, die Fensterläden waren halb geschlossen. Beim Anblick von Francescas Gesicht, das mich in verzweifelten Situationen getröstet hatte, musste ich schlucken. Und wieder ging diese eigenartige Ruhe von ihr aus, die alle Wunden heilen konnte. Während wir erzählten, war ihre Mutter mit einer Näharbeit im Hintergrund beschäftigt.

Seit einem Jahr wohnte Francesca wieder im Elternhaus, nachdem ihr kranker Mann gestorben war. Sie hatte auch ihren Vater gepflegt. Sie sagte:

„Für uns ist es traurig, dass sie gestorben sind, aber jetzt sind sie im Himmel. Ich spüre den Quell des Lebens in meinem Herzen, wenn ich an sie denke.“

Sie war zwei Jahre älter als ich, und ich überlegte, dass mit Ende zwanzig nur noch ein Witwer als Ehemann für sie in Frage käme, aber wer wollte schon eine Heilige?

„Und du bist mit einer Indianerin verheiratet?“, fragte sie.

Ich zögerte:

„Nun, nicht wirklich“, sagte ich, „in der Neuen Welt ist es anders als hier; du heiratest nur für die Zeit, die du in der Neuen Welt verbringst.“

Francesca hob erstaunt die Augenbrauen, und meinte zweifelnd:

„Aber du hast sie doch mitgebracht und hast Kinder."

„Wo hätte sie auch hinsollen?", sagte ich leichthin.

„Donata ist übrigens ein Findelkind und Marisol hat so dunkle Haut, dass ich daran zweifle, ob sie mein eigenes Kind ist."

Wir schwiegen eine Weile. Dann sagte ich:

„Yolotli wollte nicht bei mir in Genua bleiben, sie ist zu Corrado und Faustina nach Montello gezogen, und, weißt du", sagte ich leise, „obwohl sie getauft ist, betet sie immer noch ihre Ahnenfiguren an."

Francesca zuckte schaudernd zusammen und schaute mich groß an.

„Von mir will sie ohnehin nichts mehr wissen, seitdem ich die Narbe habe und hinke", fügte ich hinzu, „Indianerinnen kennen kein Mitgefühl."

„Du Armer", hauchte Francesca fassungslos.

Als ich mich verabschiedete, fragte ich, ob ich in der nächsten Woche wieder kommen dürfe. So wurden die Besuche am Mittwochnachmittag bald zur Gewohnheit, und Francescas Mutter lud mich auch zum Sonntagsessen ein. Ich erzählte von dem Haus, das ich zusammen mit Carmelo und Olmo renovierte, und von meiner zukünftigen Werkstatt. Welche Frau wollte schon ihr Leben lang kinderlos bei ihrer Mutter verbringen, sagte ich mir und bat Francesca nach einigen Monaten, meine Frau zu werden.

„Wenn die Kirche der Heirat zustimmt, liebend gerne", sagte sie errötend.

Ich sprach mit Pater Felipe, dem ich von Fray Aniellos Krankheit und Tod berichtet hatte, nicht aber von unseren Differenzen, und sagte ihm, Fray Aniello habe mich in Rote Erde beschworen, Yolotli zu heiraten, um die Mönche bei der Christianisierung der Indianer zu unterstützen. Er habe mir versichert, dass die Ehe nur für die Zeit in der Neuen Welt gültig sei. Ich habe Yolotli mitgebracht, um sie nicht von den Kindern zu trennen. Marisol wolle ich gerne als eigene Tochter anerkennen und auch für Donata aufkommen. Yolotli sei bei Corrado und Faustina eine gern gesehene Hilfe auf dem Feld und im Obst- und Gemüsegarten. Ich wolle sie nicht in meinen Haushalt nehmen, da ich gedächte, eine Genueserin zu heiraten, wie es schon immer mein Wunsch gewesen sei. Pater Felipe zog Erkundigungen ein und überbrachte mir zusammen mit Glückwünschen die Zustimmung der Kirche. Als Bella davon erfuhr, zischte sie mich wütend an:

„Von wie vielen Frauen willst du eigentlich noch Kinder?"

Ich wusste ja, dass sie zur Eifersucht neigte, aber ich hatte nicht erwartet, dass sie meine Verbindung mit Francesca missbilligen würde. Corrado legte seine Hand schwer auf meine Schulter und sagte:

„Fernando …", aber dann seufzte er nur.

Yolotlis Augen wurden dunkel von Tränen. Bestimmt dachte sie an die Voraussage ihres indianischen Priesters, sie würde immer wieder von ihrer Familie getrennt werden. Ich hatte nichts gegen sie, sie war fleißig und eine gute Mutter für die Kleinen.

Francesca war von Anfang an meine große Liebe gewesen und würde es immer bleiben, das wusste ich.

„Weißt du, wie lange ich auf dich gewartet habe?", fragte ich sie.

„14 Jahre! Ich wollte immer nur dich. Trägst du zur Hochzeit so ein Kleid, wie damals, als mir schwindelig von deinem Anblick wurde?"

Bis zur Hochzeit hatte ich alle Hände voll zu tun: ich richtete die neue Werkstatt ein und bereitete die Eröffnungsschrift vor. Ich verzierte sie mit kleinen Kupferdrucken, die die Kirche von San Donato, eine Galeone und einen federgeschmückten Indianer neben einer Maispflanze darstellten. Ich hatte die Technik des Kupferdruckes bei den Mönchen in La Rabida kennen gelernt und vergaß alles um mich herum beim Ritzen der Kupferplatte, dem Farbauftrag, und dem Herausnehmen der fertigen Drucke aus der Presse. Über der Werkstatt lagen im ersten Stock Küche, Vorratskammer und Esszimmer und im zweiten Stock zwei Zimmer und eine Kammer, die eingerichtet werden mussten. Was an Möbeln fehlte, wurde vom Schreiner angefertigt, während die Frauen Bettzeug und Vorhänge nähten.

Im Oktober fanden sowohl die Hochzeit wie auch die Werkstatteinweihung und der Umzug statt. Simiona, die überraschend schwanger geworden war, schmückte die Tische mit Rosen, Hagebutten, Weintrauben und Efeuranken. Olmo spielte Laute, sang, und warf ihr schelmische Blicke zu. Rundherum schön! Und nach einem Glas Wein wurden auch Bella und Corrado fröhlich.

Spät in der Nacht war es, als Francesca und ich Hand in Hand in unser Haus gingen. Wir waren aufgeregt, denn außer ein paar Küssen waren wir uns unter Dona Gemmas sittsamer Gegenwart noch nicht näher gekommen. Francesca schmiegte sich an mich, und der Blick in ihre dunklen Augen ließ mich vor Glück aufseufzen. Vorsichtig löste ich eine Spange nach der anderen aus ihrem Haar, das in Wellen über ihren Rücken fiel, und streichelte ihre Brüste. Ein wohliger Schauer lief über ihre Haut.

„Fernando", sagte sie, „hoffentlich kann ich dir Kinder schenken ..."

„Aber sicher", sagte ich, „wir müssen rechtzeitig für meinen Nachfolger sorgen", ich lachte leise.

Von Wein und Lust berauscht, schob ich meine Hände unter ihren Rock, strich im Kerzenschein über ihre schimmernden Schenkel, während sie ihre

Hände in meinen Locken vergrub. Meine Zunge suchte nach der verborgenen Öffnung in ihrem Schoß.

In der Nacht wachte ich auf, stützte mich auf den Ellenbogen und staunte über die Frau, die an meiner Seite schlief. Soviel Bewunderung und Verehrung wie für sie hatte ich bislang nur für Coronado empfunden. War ich jemals so glücklich gewesen? Doch, das eine Mal, als ich beim Kartieren die zwei Indianer erschlagen hatte und in einen Siegestaumel geraten war. Der Gedanke befremdete mich und das Glücksgefühl schlich davon. Gegen Morgen holte mich der alte Alptraum ein: ich schrie und meinte, am Geruch verbrannten Fleisches zu ersticken. Ich spürte Francescas kühle Hand auf meiner Stirn, während mir der Angstschweiß aus allen Poren drang. Francesca schickte die junge Magd Palma nach dem Arzt, Signor Tomaso, der mir einen Beruhigungstrank gab. Das also war die Hochzeitsnacht! Auch in der folgenden Zeit konnte ich die Liebe zu Francesca nicht voll genießen, da mich das große Entsetzen vor allem in den Nächten einholte, in denen ich mit ihr schlief: ich starrte in ein blutiges Indianergesicht mit klaffender Wunde und am Morgen war meine Narbe rot geschwollen. Dann leerte ich mit zittrigen Händen einen Becher Wein nach dem anderen.

Neben der Arbeit an den in Auftrag gegebenen Karten, begann ich einen Bericht meiner Reise in die Neue Welt zu verfassen, den ich mit Kupferstichen illustrierte. Ich stellte die Mönche in ihrer Hütte dar, die Indianer auf Kriegszug, Coronado zu Pferd und Yolotli betend vor den Ahnenfiguren.

Der Winter war schon vorüber, als ich mir vornahm, einmal nach ihr und den Kleinen zu schauen. An einem Sonntagnachmittag machte ich mich alleine auf den Weg, denn Francesca war schwanger und wollte ausruhen. Ein kalter Wind blies über die Berge. Entlang des Weges purzelten die Kindheitserinnerungen auf mich ein. Bella an meiner Hand, Bella auf dem Gemüsewagen, die Geschichte vom Taubenfelsen, und war das nicht der Seitenweg, in den wir uns vor meiner Abreise gedrängt hatten? Blitzartig war die Erinnerung da: dort waren wir im Gras gelegen, Bellas Haare hatten sich gelöst, wir zerrten an der Kleidung, ihre Haut unter meinen Händen, der Wind, die flimmernde Hitze. Mein Herz machte einen Satz und mir wurde übel. Also doch …. Ich setzte mich auf einen Feldstein und stützte meinen Kopf in die Hände. Estella, die neun Monate später geboren war …, die rasche Hochzeit, Bellas bittere Bemerkungen und Carmelos Zurückhaltung. Es durchfuhr mich heiß und kalt. Wusste es jemand außer Bella und mir?

Der Wind peitschte die kahlen Zweige eines wilden Rosenbusches mit vertrockneten Hagebutten hin und her.

Es war doch nur eine Dummheit gewesen, übertriebene Anhänglichkeit, Unerfahrenheit, Angst vor der Trennung, vor der Fremde. Bella, arme Bella, dachte ich. Warum hatte sie keine Kinder mehr bekommen? Nur meins?

Es fiel mir schwer, aufzustehen und den Hang hinauf zu steigen. Niemand sah oder hörte mich auf den Hof kommen, denn der Wind sauste durch die Äste. Vor der Haustür saß der Hund, und Yolotli kauerte neben ihm. Sie hatte die Arme um ihn geschlungen, das Gesicht in sein Fell gedrückt. Was machte sie da? Ich blieb stehen. In dem Augenblick liefen die zwei kleinen Mädchen aus dem Haus, sahen mich und stutzten. Yolotli hob den Kopf und stand auf. Niemand rührte sich, nur Dalli kam wedelnd auf mich zugelaufen. Wie klein Yolotli war. Marisol steckte den Daumen in den Mund und Donata lachte mich an; was für ein süßes Kind sie war! Ich ging auf sie zu und hob sie hoch, warf sie ein paar Mal in die Luft. Dann setzte ich sie wieder ab und nahm Marisol auf den Arm. Plötzlich brach es aus Yolotli hervor:

„Fernando, lass mich zurückgehen nach Rote Erde, ich kann hier nicht leben."

„Sind Corrado und Faustina nicht gut zu dir?", fragte ich erstaunt.

„Doch, sehr gut", sagte sie, „aber …", sie stockte.

„Aber, was?", fragte ich.

Sie senkte den Kopf und sagte:

„Wenn ich hier sterbe, finde ich nie in die andere Welt und muss in Finsternis und Kälte herum irren."

„Aber Yolotli", sagte ich ungeduldig, „du bist Christin, hast du das vergessen?"

„Nein, aber meine Ahnen hören mich hier nicht, es ist zu weit weg. Ich muss zurück in mein Land. Der Mais, den ich mitgebracht und ausgesät habe, ist eingegangen."

Ich starrte sie fassungslos an.

„Und die Kinder?", fragte ich.

„Die Kinder lasse ich hier", sagte sie traurig, „aber ich muss zurück."

Es verschlug mir die Sprache. Dann stieß ich hervor:

„Das ist unmöglich, die Überfahrt ist zu teuer, wie stellst du dir das vor? Und wer soll sich um die Kinder kümmern?"

Sie erwiderte nichts, Marisol hatte sich hinter ihrem Rock versteckt und linste scheu hervor, während Donata den alten Dalli am Ohr zog und lachte, wenn er den Kopf schüttelte, um sich zu befreien.

Corrado kam aus dem Garten und begrüßte mich. Ich stand da wie angewurzelt und sagte vorwurfsvoll:

„Hast du das gehört? Yolotli will zurück nach Rote Erde!"

Corrado meinte:

„Wundert es dich, dass sie Heimweh hat?"

„Sie hat doch die Kinder und euch."

„Das ist nicht dasselbe", sagte er, „Ihre Heimat ist weit weg."

Beim Wort Heimat zuckte ich zusammen. Hatte ich Yolotli in der Neuen Welt nicht gesagt, sie sei meine Heimat? Aber wieso mussten Indianer so empfindlich sein?

Als ich heimkam, lag Francesca mit Bauchkrämpfen im Bett. Sofort schickte ich nach Signor Tomaso. Er kam herbeigeeilt, konnte aber nicht verhindern, dass Francesca das Kind verlor. All das Blut und das Elend! Ich konnte es nicht ertragen. Ich holte Dona Gemma, dann setzte ich mich in die Küche, schenkte mir Wein ein und dachte verzweifelt: Es ist meine Schuld, ich bin an allem schuld, ich habe das Kind nicht verdient.

Ich stürzte mich in die Arbeit, an der es wahrhaftig nicht mangelte, während Francesca, von ihrer Mutter betreut, sich nur langsam erholte. Mein kleiner Bruder Matteo kam immer öfter zu mir in die Werkstatt und übernahm Botengänge. Er war acht Jahre alt und würde bald bei mir als Lehrling anfangen. Oft begleitete ihn Estella, suchte im Abfallkorb nach Papierschnipseln und zeichnete Märchengestalten oder machte Entwürfe für Puppenkleider. Ich strich über ihre Locken. Sie bettelte in einem fort:

„Onkel Fernando, erzähl mir, wie du Donata gefunden hast."

Und kaum hatte ich es zum ich weiß nicht wievielten Mal erzählt, ging es weiter:

„Onkel Fernando, was für Kleider tragen die Indianer?"

Sie brachte Stoffreste von Daheim mit und nähte für ihre Puppe.

„Warum nähst du nicht zu Hause bei der Mama?", fragte ich sie.

„Och, in der Werkstatt kann ich besser nähen", meinte sie, „zu Hause ist es langweilig, und ich bin so gerne bei Matteo und bei dir."

Im folgenden Jahr hatte Francesca noch eine Fehlgeburt und ich richtete mir ein Bett in der Kammer ein, die Kinderzimmer hätte werden sollen. Ich liebte und verehrte sie nach wie vor, aber die Liebe machte uns krank: ich hatte Alpträume und sie wurde mit jeder Fehlgeburt trauriger; also trank ich abends lieber Wein anstatt zärtlich zu sein.

Wenigstens einen Wunsch konnte ich ihr erfüllen: ich ließ eine Voliere vor dem Fenster anbringen, in der sie Distelfinken hielt. Sie sprach und sang mit den zwitschernden Vögeln und es schnitt mir ins Herz, ihre himmlisch klare Stimme zu hören.

Eines Abends sagte sie zu mir:

„Fernando, ich hätte ins Kloster gehen sollen."

Ich war bestürzt aufgesprungen, und sagte:

„Was bin ich nur für ein Mann mit meinen nächtlichen Schreiattacken, aber, Francesca, ich liebe dich."

Wir waren untröstlich.

Manchmal besuchte ich die beiden kleinen Mädchen, die sich über mich freuten, als käme ein Onkel zu Besuch. Natürlich brachte ich ihnen eine Nascherei mit, die ich hinterm Rücken versteckte. Yolotli schien trotz ihrer dunklen Haut immer blasser zu werden, bis sie nur noch ein Schatten ihrer selbst war.

„Schick' sie nach Hause, Fernando", sagte Corrado.

Und ja, warum eigentlich nicht? Ich hatte mit Francesca gesprochen, sie war gerne bereit, die beiden Mädchen aufzunehmen, denn sie wünschte sich sehnlichst Kinder.

Über Enzo erfuhr ich von einer Handelsreise, die nach Spanien ging. Trotz der Schulden wegen des Hauses und der Werkstatt, nahm ich Geld auf, um ihr die Überfahrt in die Neue Welt zu ermöglichen. Sie bekam Schreiben von mir und Pater Felipe mit, um sich auszuweisen und ihr Reiseziel zu erläutern. Spanisch konnte sie ja.

Als ich sie zum Schiff brachte, war ich einerseits erleichtert und schämte mich zugleich, weil sie so tapfer war. Wie konnte eine Frau so entschlossen sein! Das war unheimlich.

„Yolotli", sagte ich, „schick' einen Brief, wenn du angekommen bist."

Ihr Blick ging durch mich hindurch.

Mit Marisol und Donata an der Hand lief ich nach Hause. Sie waren dreieinhalb Jahre alt, und die Vorrübergehenden blickten sich nach ihnen um; nach zwei kleinen weinenden Mädchen mit schwarzen Haaren und mandelförmigen Augen.

„Wohin fährt die Mama?" schniefte Donata.

„In die Neue Welt", sagte ich.

„Warum?"

„Weil es ihre Heimat ist."

„Warum?"

So ging es weiter mit Fragen, bis wir ankamen, und ich sagte:

„Francesca ist jetzt eure Mama."

Sie hatte bereits die Tür geöffnet, lächelte die beiden an und ging in die Hocke, um sie zu begrüßen. Sie hatten sie einige Male gesehen, Francesca musste man einfach lieb haben.

Estella liebte ihre kleinen Kusinen heiß und innig. Sie spielte mit ihnen Mutter und Kind, kämmte ihre Haare, ging mit ihnen auf dem Domplatz spazieren, zur Porta di Sant Andrea und zum Passo delle Murette, wo man durch ein verfallenes Haus auf die Stadtmauer gelangen konnte, um auf der anderen Seite an den Zweigen einer Kiefer herunterzuklettern. Wenn sie nicht in der Werkstatt bleiben durfte, um zu zeichnen, half sie Francesca. Bella beschwerte sich, sie sähe ihre Tochter kaum noch. Inzwischen weigerte sich Estella manchmal heimzugehen: sie warf eigensinnig den Kopf zurück, guckte spöttisch und scherte sich nicht, um das, was man ihr sagte.

Bella überfielen Weinkrämpfe, sie konnte sich kaum beruhigen und hatte Angst um ihre Tochter.

„Aber Bella", sagte ich, und legte ihr den Arm um die Schultern, „Estella droht doch keine Gefahr bei uns."

Wir schauten uns in die Augen, sie seufzte, weil ich endlich um unsere Tochter wusste.

Francesca litt unter rheumatischem Fieber. Es gab Zeiten, in denen sie das Bett hüten musste, weil ihre Fuß-, Arm- und Handgelenke unerträglich schmerzten. Sie war dankbar für Estellas Hilfe. Estella übernachtete immer häufiger bei uns, Bella hatte wohl resigniert.

Einige Jahre nach meiner Rückkehr nach Genua, fing ich an, meinen illustrierten Erlebnisbericht über die Expedition mit Coronado ins Spanische zu übersetzen, um ihn Esteban zu schicken. Wir standen in

Briefkontakt; er hatte bald nach seiner Ankunft auf dem Familienbesitz geheiratet und seinen ersten Sohn Gilberto, den zweiten Fernando genannt. Er bedankte sich überschwänglich für den Bericht. Es gehe ihm gut und er sei zufrieden mit seiner Arbeit als Verwalter auf dem Hof seines Bruders. Nebenher betreibe er eine erfolgreiche Pferdezucht. Sein Herzenswunsch sei es, mich zu besuchen, sobald die Arbeit es erlaube.

Bis dahin sollten noch ein paar Jahre vergehen.

Als ich Esteban im November 1553 am Hafen abholte, zehn Jahre nach unserer Rückkehr aus der Neuen Welt, war das Wetter noch mild. Wir fielen uns in die Arme und wieder drückte Esteban mich so fest, dass ich kaum zu Atem kam. Ich führte ihn nach Hause, stellte ihm Francesca vor, Marisol und Donata, die zwölf Jahre alt waren. Er freute sich, die beiden widerzusehen, und schenkte ihnen aus Leder genähte Pferdchen. Als die siebzehnjährige Estella auf ihn zukam, und sich die Haare aus dem Gesicht strich, zog Esteban die Luft hörbar ein. Was für einen Blick sie ihm zuwarf! Esteban mit seinen schwarzen Haaren und der stolzen Haltung war trotz seiner vierzig Jahre noch ein schöner Mann.

„Ist das Esteban, von dem du immer erzählt hast?", fragte sie.

„Ja", sagte ich.

„Ach, ich habe ihn mir immer wie einen alten Mann vorgestellt", kicherte sie.

Die beiden Mädchen hielten ihre Geschenke auf dem Schoss und staunten ihn an, durch meine Erzählungen war er zu einem Helden geworden. Estella bot ihm von den Speisen an, streifte seinen Arm und lachte aufreizend. Ich sah, wie sich die Glut in seinen Augen entzündete.

Am Abend, als wir alleine bei einem Krug Wein zusammensaßen, von früher und von heute erzählten, sagte er unvermittelt:

„Du hast es gut, meine Frau ist seit der Geburt des zweiten Sohnes schwermütig, und es macht keine Freude mehr bei ihr zu liegen."

„Ach weißt du, mit Francesca und mir …" begann ich, ohne den Satz zu beenden.

Nach einer Weile des Schweigens fragte er:

„Hat Estella einen Verehrer?"

„Sie hat viele Verehrer", sagte ich. „Sie ist dickköpfig und nicht zur Vernunft zu bringen. Hoffentlich geht es glimpflich ab mit ihr".

Da ich wie immer dringende Aufträge zu erfüllen hatte, konnte ich mich tagsüber nur wenig um Esteban kümmern. Estella erbot sich, ihm die Stadt zu zeigen, und offensichtlich schafften sie es, sich zu verständigen, auch ohne die Sprache des jeweils anderen zu beherrschen.

Eines Abends sagte Esteban:

„Fernando, du hast einen großartigen Bericht über die Expedition geschrieben, und deine Kupferstiche rufen bei jedem Betrachter Lob und Entzücken hervor, aber warum hast du die Indianerverbrennung ausgelassen?"

„Welche Indianerverbrennung?", fragte ich stirnrunzelnd.

„Fernando, das kannst du nicht vergessen haben: die Bestrafung der Indianer nach dem Pferderaub, das Ausräuchern des Dorfes, die Pfähle und Scheiterhaufen … Ramon, der Joviale, hat mir damals erzählt, wie du mit dem Schwert auf die Indianer, die fliehen wollten, losgegangen bist!"

„Nein, unmöglich!", rief ich. „Du weißt doch, ich bin kein brutaler Mensch. Ihr Spanier, ja, ihr seid harte Burschen, ihr habt so was fertig gebracht!"

Esteban sprang auf, seine Augen flammten vor Wut. Dann schaute er mich seltsam an, schüttelte den Kopf und sagte nur:

„Es ist Zeit, schlafen zu gehen."

Ich kippte den Wein hinunter, der noch im Krug war, um die Unruhe, die in mir hochkroch, zu dämpfen. Aber die Freude an seinem Besuch war mir vergällt.

Ein paar Tage später, als der böige Wind den Rauch durch den Kamin ins Zimmer drückte, meinte ich zu ersticken. Ich schrie Palma an, ob sie denn nicht einmal richtig Feuer machen könne, und warf in meiner Verzweiflung mit einem Holzscheit nach ihr. Die Atemnot quälte mich den ganzen Abend, und in der Nacht fürchtete ich verrückt zu werden. Ich sprang aus dem Bett, zog mich an, warf den Mantel über und lief durch die engen Gassen. Luft, Luft! Ich brauchte Luft! Schon war ich beim Passo delle Murette, floh aus der Stadt und lief wie besessen ohne zu wissen, wohin. Irgendwann fand ich mich bei Corrados Schuppen, unten auf der Eselsweide wieder. Ich schwitzte und fror zugleich und öffnete die Tür, um Schutz vor dem Wind zu suchen. Aber schnell schloss ich sie wieder, denn im Mondlicht hatte ich ein Liebespaar erblickt. Erschöpft lehnte ich an der Bretterwand und dachte: ich muss Corrado sagen, dass er ein Schloss anbringt. Wer kommt denn bis hier hinaus, um sich in dem zugigen Schuppen zu vergnügen? Etwas war seltsam, aber in meiner Verwirrung kam ich nicht darauf, was es war, bis ich eine weibliche Stimme keuchen hörte:

„Esteban."

Mein Herz machte vor Verblüffung einen Satz und auch meine Beine. Bevor ich überlegen konnte, rannte ich wieder Richtung Stadt. Das wollte ich wissen, wen er sich da angelacht hatte. Und warum in Corrados Schopf? Mein Kopf glühte.

Am nächsten Morgen tat mein Kopf weh, als würden 1.000 Nadeln stechen, und ich wusste nicht, ob ich geträumt hatte. Aber Francesca wunderte sich über den Staub an meinen Beinkleidern und bürstete sie aus. Esteban und ich gingen uns aus dem Weg.

Eines Nachts stand ich durstig auf. Schlaftrunken hielt ich mich am Geländer fest und stieg die Treppe ohne Licht hinunter, da der Mond seinen schattigen Glanz auf die Stufen warf. Gierig trank ich einen Becher Wein. Da hörte ich leise Schritte auf der Gasse, jemand drückte lautlos die Türklinke herunter - hatte die Magd, dies unnütze Ding, auch noch vergessen abzuschließen? Die Haustür öffnete sich und ich ließ vor Schreck den Becher fallen. Esteban und Estella standen auf der Türschwelle, während die Scherben auf dem Fliesenboden klirrten. Estella riss die Küchentür weit auf, hängte sich provozierend an Estebans Arm, hob das Kinn und fragte:

„Haben wir dich erschreckt?"

Esteban, peinlich berührt, murmelte eine Entschuldigung, schüttelte Estellas Arm ab und eilte hoch in seine Kammer.

„Gute Nacht Onkel!", rief sie und sprang leichtfüßig hinterher.

Das durfte nicht sein: Mein Freund mit meiner Tochter.

Ich war auf den Schemel zurückgesunken und blieb regungslos sitzen. Die Kälte kroch die Beine hoch und griff nach meinem Herzen.

Esteban beschloss, vorzeitig abzureisen, aber er hatte nicht mit Estella gerechnet, die außer sich geriet. Irgendwann wusste es Francesca und dann die Magd, die Gasse und schließlich Bella. Sie kam angestürmt und schrie mich an:

„Warum hast du das zugelassen? Sie wohnt unter deinem Dach! Siehst du jetzt, dass sie in Gefahr ist?"

Ich dachte, der Kopf würde mir zerspringen. Der sonst so stille Carmelo brüllte, ich solle sein Haus nicht mehr betreten, und Estella wurde nach Hause gezerrt.

Von wegen Kloster! Estella gelang es immer wieder, aus dem Elternhaus auszureissen und bei zwielichtigen Freunden Unterschlupf zu finden. Dann zog sie ohne Abschied fort und liierte sich mit einem venezianischen Künstler.

Bella schwieg mich vorwurfsvoll und verzweifelt an, meine Eltern und Corrado blieben kühl, und einige betuchte Kunden zogen ihre Aufträge zurück. So schickte ich Marcello, der mir ausgeholfen hatte, in die Werkstatt meines Vaters zurück und nur mein Bruder Matteo blieb bei mir. Haus und Werkstatt waren bei weitem noch nicht abbezahlt; ich schluckte meine Sorgen mit Wein hinunter. Plötzlich war ich fast so einsam wie in der Neuen Welt, obwohl ich in meiner Heimatstadt war. Ob Yolotli noch lebte? Ob sie es geschafft hatte, nach Rote Erde zurückzukehren? Marisol schaute mich oft so ernst an, dass es mir einen Stich gab. Nur Donata blieb fröhlich und tanzte für ihr Leben gerne.

Ich ließ Matteo die bestellten Karten zeichnen und machte mich wieder an die Stiche. Allerdings verwendete ich jetzt Holzstöcke, die wesentlich billiger waren als die Kupferplatten und nicht so feine Ritzungen verlangten. Mein Auge schmerzte und tränte schon nach ein paar Stunden Arbeit. Das Leben ließ mich links liegen. Was hatte ich eigentlich verbrochen?

Und dann kam es noch schlimmer: 1554 hatte Matteo mit 18 Jahren den brennenden Wunsch, zur Frankfurter Buchmesse zu gehen, wo die neuesten Karten, Erd- und Himmelsgloben ausgestellt waren. Er wollte die neue Europakarte von Gerhard Mercator, die von den Gelehrten hoch gelobt wurde, sehen; und sowohl mit ihm wie auch mit anderen Kartographen und Verlegern sprechen. Er wollte die nordischen Städte Antwerpen, Köln und Basel kennenlernen, Zentren des Handels und der Buchdruckerkunst. Er interessierte sich, und dies stimmte mich bedenklich, für Nikolaus Kopernikus, der vor einem Jahr behauptet hatte, die Erde drehe sich um die Sonne. Ich warnte ihn vor ketzerischen und lutherischen Gedanken, die sich im Norden verbreiteten und zu Kriegen führten. Und vor allem hatte ich Sorge um ihn. Feuer und Flamme für die neuesten Forschungen zu sein war das eine, das andere war die Inquisition, die Menschen folterte, verbrannte und ertränkte. Ich hatte gehört, dass auch Gerhard Mercator, den Matteo so bewunderte, eine Zeit lang in Haft gewesen war. Gefahren lauerten überall und Eugenio tat sich schwer, seinen jüngsten Sohn für ein Jahr reisen zu lassen.

Im Februar des folgenden Jahres erkrankte Francesca an einer Grippe, eine Lungenentzündung kam hinzu und sie starb, als sie gerade auf dem Weg der Besserung schien. Sie, die Sanfte, Demütige, war untröstlich gewesen, die Mädchen kurz vor ihrem 14. Geburtstag alleine zurücklassen zu müssen.

Als ich nach dem Begräbnis heimkam, schnitt mir das Zwitschern der Distelfinken ins Herz. Ich zögerte, ihnen das Volierentürchen zu öffnen, doch dann ließ ich sie frei und flüsterte ihnen zu:

„Fliegt fort, fliegt in den Himmel zu Francesca."

Ich verbarg den Kopf in den Händen und schluchzte bitterlich, und als ich wieder aufschaute, war der Käfig verwaist.

Donata war mein Sonnenschein, tröstete mich und machte mir Freude, wo sie nur konnte. Marisol hingegen blieb von Trauer überschattet.

Um diese Zeit stieß ich zu einem Kreis von Kupferstechern und Kartographen, mit denen ich mich zweimal im Jahr traf. Wir tauschten uns über die neuesten Entwicklungen aus und diskutierten über die Schwierigkeit, die gewölbte Erdoberfläche auf die zweidimensionale Fläche einer Karte zu projizieren. Auch aus Venedig kam ein Kupferstecher und Illustrator namens Samuele Pierini. Wir schätzten uns gegenseitig, und durch ihn bekam ich wieder mehr Aufträge.

Im selben Jahr starben Corrado und Faustina kurz hintereinander und, als wolle die Kette der Todesfälle nicht abreißen, auch Eugenio.

Matteo kam nach einem Jahr wohlbehalten von seiner Reise zurück. Ein Lichtblick, denn mit meinem verletzten Auge sah ich nur noch verschwommen und das andere wurde schwächer, obwohl ich getrockneten Augentrost in den Wein gab. Matteo zog wieder zu uns ins Haus und heiratete eine Genueserin namens Teresina, die den Haushalt energisch in die Hand nahm. Die Einkünfte genügten zum Leben, aber es reichte kaum, um Haus und Werkstatt abzubezahlen und etwas für die Aussteuer der Mädchen zurückzulegen. Von Bella hörte ich giftige Bemerkungen:

„Dir fällt ja alles zu! Matteo ist zurück, du kannst faulenzen oder dich mit deinen Gelehrten wichtig tun."

Sie weinte oft, weil Estella weder geheiratet hatte, noch aus Venedig zurückgekommen war. Tiefe Falten hatten sich von der Nase zu den Mundwinkeln eingegraben. Was war nur aus meiner lieblichen kleinen Schwester geworden!

Manchmal kamen Besucher, die in der Neuen Welt gewesen waren, um ihre Erlebnisse und Eindrücke mit mir zu teilen. So auch ein junger Zimmermann Mitte zwanzig namens Vito Ricci, der beschlossen hatte, in die Neue Welt auszuwandern. Er konnte die Augen kaum von Marisol wenden, als sie uns Wein einschenkte. Zur Sonntagsmesse kam er in unsere Kirche und suchte das Gespräch mit ihr. Sie war kaum größer als Yolotli und ich musste ein wenig lächeln, als ich sie nebeneinander stehen sah.

Nach einem Jahr heirateten die beiden und brachen im Jahr 1560 in die Neue Welt auf. Vito hatte Marisol versprochen, zuerst mit ihr nach Rote Erde zu gehen, um Yolotli zu suchen. Hatte sie ihre Mutter denn die ganze Zeit vermisst?

Vier Monate nach ihrer Abfahrt kam der erste Brief. Sie schrieb:

„Obwohl die Reise in die Fremde ging, hatte ich das Gefühl zu meinen Wurzeln zurückzukehren. Ihr könnt euch mein Glück nicht vorstellen, als ich die ersten Indianer auf ihren flinken Booten sah, auf dem Weg zum Markt und beim Waschen der Kleidung am Fluss! Ich gehöre hierher, es ist mein Land. Das Einzige was ich schmerzlich vermisse, seid ihr beide, mein lieber Vater und meine liebe Schwester.

In Vera Cruz mieteten wir einen indianischen Führer, der uns nach Rote Erde brachte. Obwohl der Weg über die Berge beschwerlich war, ging ich oft neben dem Maultier her, weil ich zu ungeduldig war, um stundenlang auf seinem Rücken zu sitzen. Ich fragte unseren Begleiter nach Begriffen in Nahuatl. Ich will alles von den Indianern lernen: ihre Sprache, ihre Tänze und das kunstvolle Flechten der Körbe. Vito lacht über meinen Eifer, aber es gefällt ihm, weil auch er von dieser fremden Kultur fasziniert ist.

Und dann, als wir nach Rote Erde kamen, an den Fluss, stand eine kleine Frau im langen Rock und einer bestickten Bluse auf der Brücke, als erwarte sie uns. Ich fragte sie nach Yolotli und ihre Augen weiteten sich.

„Marisol?", flüsterte sie.

Es war Yolotli! Sie lebt! Könnt ihr euch unsere Freude vorstellen? Sie fragte gleich nach dir, Donata, und ist froh, dass es dir gut geht. Sie spricht noch ein bisschen Italienisch, so dass wir uns verständigen konnten. Sie fragte natürlich auch nach dir, Vater, und nach Francesca und allen Verwandten. Dann nahm sie uns mit zu ihrem Vetter und seiner Familie und wir wurden dem ganzen Dorf vorgestellt. Ich verstand nicht genau, wer mit wem verwandt ist, denn alle nennen sich Onkel und Tante. In dieser ersten Nacht lag ich dicht neben meiner Mutter, wir wachten immer wieder auf und hielten uns aneinander fest, um uns nicht noch einmal zu verlieren.

Zum ersten Mal in meinem Leben fühlte ich mich am richtigen Ort.

Am nächsten Morgen feierte ein Mönch namens Bonifacio - er sagt, dass er dich kennt, Vater - einen Dankesgottesdienst. Die Indianerinnen hatten sich schön gemacht und ihre Haare zu Schnecken über den Ohren aufgesteckt. Die Männer mit einem Zopf im Rücken oder langen offenen Haaren sind zwar ein ungewohnter Anblick, aber durchaus ansehnlich. Vito wurde ganz unruhig!

Wir blieben drei Wochen in Rote Erde, dann machten wir uns auf den Weg zurück nach Vera Cruz, wo Vito hofft, Arbeit zu finden. Yolotli ist mit uns gekommen und wird bei uns leben. Da ich guter Hoffnung bin, freut sie sich schon auf ihr Enkelkind. Sie ist voller Liebe."

Ich hatte Donata den Brief vorgelesen; wir schauten uns an und lächelten unter Tränen.

Fast zur gleichen Zeit erhielt ich einen Brief von meinem Kollegen Samuele Pierini aus Venedig. Er lud mich zu sich ein, um unsere Gespräche und Versuche mit der Mercator-Projektion noch in diesem Jahr fortzuführen. Auch wusste er, dass ich mit Estella verwandt war und dass sie ohne Zustimmung ihrer Eltern fort gegangen war. Er schrieb, Estella bewege sich in Künstler- und Adelskreisen, und sei mal dieses, mal jenes Gefährtin. Auch habe sie Umgang mit verheirateten Männern. Vielleicht könne ich die Gelegenheit nutzen, mit ihr zu sprechen, um sie wieder in den Schoß der Familie zu holen.

Hoffentlich erfährt Bella nie etwas davon, durchfuhr es mich.

Meine beiden so verschiedenen Töchter Estella und Marisol waren in die Fremde gegangen, während das Findelkind Donata alles tat, um es mir daheim behaglich zu machen. Es mangelte ihr nicht an Verehrern, aber für sie schien es das Selbstverständlichste der Welt, bei ihrem alten Vater zu bleiben. Ich ermunterte sie zu heiraten, sagte, Teresina kümmere sich um das Haus und ich sei gut versorgt. Wenn sie nur in Genua bliebe und nicht so weit fortginge wie die anderen!

Als Bella von meiner bevorstehenden Reise nach Venedig erfuhr, fragte sie misstrauisch:

„Ist etwas mit Estella?"

Ich zögerte kurz, dann sagte ich:

„Nein, ich treffe mich mit Samuele Pierini. Soll ich Estella aufsuchen und ihr etwas ausrichten?"

„Ich überleg es mir", sagte sie kurz angebunden.

Am nächsten Tag blickte sie mich kalt an und sagte:

„Ich habe beschlossen, mit dir zu reisen."

Sie war noch nie weiter als bis Montello gewesen, und ich überlegte, die Reise unter einem Vorwand abzusagen. Aber irgendwann würde sie doch etwas über Estellas Lebenswandel erfahren.

In Venedig hatte mein Kollege uns ein Quartier besorgt, und stellte auf unseren Wunsch Kontakt zu Estella her. Ich hatte nicht erwartet, dass sie schon am folgenden Morgen in unserer Unterkunft erscheinen würde. Sie war nach der neuesten Mode mit knappem Mieder und Puffärmeln gekleidet und hatte ihre Haare rotblond gefärbt. Bella platzte mit einem Redeschwall heraus, einem Mischmasch aus Vorwürfen, schlimmen Vermutungen und Sorgen und fing an zu weinen.

„Bist du jetzt fertig?", fragte Estella von oben herab.„Ich will anders leben als du, nicht in der miefigen Enge einer Werkstatt und einer Familie, in der sich alle zum Ersticken lieb haben, verstehst du?"

Sie lachte und strich den cremefarbigen Rock über ihren Schenkeln glatt.

„Estella, das kannst du uns nicht antun! Komm zurück, ich hab dich doch lieb", schluchzte Bella.

Estella richtete sich mit einem Ruck auf, ihre Augen funkelten:

„So, das ist alles, was du zu sagen weißt: was werden die Nachbarn sagen und die potentiellen Schwiegermütter? Was wird auf der Gasse geschwätzt? Wir sind doch eine ehrbare Familie!"

„Estella", sagte ich, „du kränkst deine Mutter, hör' auf so zu reden."

Sie fauchte mich an:

„Du hast mir nichts zu sagen! Warum ist denn mein Vater nicht mitgekommen, wenn es so wichtig ist, mich zurück zu holen?"

„Fernando ist doch dein Vater" brach es verzweifelt aus Bella heraus und sogleich schlug sie die Hände vor den Mund.

Die Tränen stockten in ihren Augen, bevor sie ohnmächtig auf das Bett sank.

Estella schaute mich ungläubig an, dann Bella und wieder mich, und die Röte stieg ihr ins Gesicht. Es war mir peinlich, mich über Bella zu beugen und auf ihre Wangen zu klopfen, damit sie wieder zu sich kam.

„Aber, das kann doch nicht sein, Bruder und Schwester ..." sagte Estella mit dünner Stimme.

„Weiß Papa davon?" Bella, die wieder zu sich gekommen war, schüttelte den Kopf.

Estella hatte sich auf den erstbesten Stuhl gesetzt und starrte vor sich hin:

„Deshalb das Ersticken ... und ich wollte immer bei dir sein, Onkel Fernando..."

Lautlos fing auch sie an zu weinen.

Ich hätte sie in die Arme nehmen sollen. Plötzlich sprang sie auf, und stürzte aus dem Haus.

Wir sahen sie nicht wieder und reisten bald zurück nach Genua. Ich wagte nicht, Bella, die einen Weinkrampf nach dem anderen bekam, alleine zu lassen. Wie ein Häufchen Elend saß sie in der rottelnden Kutsche und versuchte, ihre verquollenen Augen zu kühlen. Das einzige, was sie während der ganzen Fahrt sagte, war:

„Aber Carmelo darf es nicht erfahren."

„Wenn er es nicht schon lange vermutet", entgegnete ich, „warum habt ihr eigentlich keine Kinder?"

Bella presste ihr zusammen geknäueltes Taschentuch auf den Mund und weinte sich die Seele aus dem Leib.

Ich hatte noch mehrmals Gelegenheit, nach Venedig zu reisen, und suchte jedes Mal Estella auf. Sie malte im Atelier des Jacopo Tintoretto und war durchaus begabt. Anfangs hatte sie für Tintoretto Modell gesessen, dann hatte sie sich mit seiner Tochter Marietta angefreundet, die im Atelier ihres Vaters eine Lehre als Malerin machte. Als Frau würde Estella nie ein eigenes Atelier haben, aber als ich ihr beim Zeichnen zuschaute, wurde mir warm ums Herz. Ich meinte, mich in jungen Jahren zu sehen: die freien und doch konzentrierten Handbewegungen, Sorgfalt und Phantasie. Sie würde ihren Weg finden. Sie nannte mich weiterhin Onkel Fernando, aber es entstand eine neue Vertrautheit zwischen uns und wir schrieben uns. Meine Briefe verzierte ich mit kleinen Zeichnungen von Genua.

Als ich Bella von Estellas Weg als Malerin erzählte, meinte sie abweisend:

„Ja, ihr beiden! Jetzt hast du mir auch noch meine Tochter genommen."

Ich fühlte mich in Bellas und Carmelos Schuld: er hatte die Werkstatt weitergeführt, als ich in die Neue Welt ging, er hatte meine Tochter großgezogen und Bella vor Schande bewahrt. Aber, was sollte ich tun? Hatte ich nicht mein Leben gewagt, war ins Ungewisse bis ans Ende der Welt gegangen? Konnte ich da alles richtig machen?

Das Leben nahm einen ruhigeren Verlauf. Matteo war begabt und zuverlässig und hatte Carlottas Sohn als Lehrling aufgenommen. Ich besprach die Aufträge mit den Kunden, bestellte Material und schrieb Rechnungen. Warum musste gerade jetzt, als ich einem friedlichen Alter entgegen sah, die Krankheit in mein Leben brechen?

Es begann damit, dass ich die unterste Treppenstufe übersah und auf den Knien aufschlug. Ein verstauchter Fuß und schmerzende Knie, nicht so schlimm. Aber dann passierte es immer häufiger, dass mir mein Körper entglitt. Ich stolperte, rutschte aus und musste sowohl die Reisen wie auch meinen Gelehrtenkreis aufgeben. In der Werkstatt stand ich häufig im Weg, und einmal schickte Matteo mich erbost hinaus, weil ich das Tintenfässchen auf einer Karte, an der er wochenlang gearbeitet hatte, umgestoßen hatte. Zerknirscht und gekränkt zog ich mich die Treppe am Geländer hinauf.

Ich war 55 Jahre alt, als ich stürzte und mir den Oberschenkel brach. Das Leben floss um mich herum wie Wasser um einen Stein im Bachbett. Meine drei Neffen fanden es nicht so schlimm, dass ich bettlägerig war: sie wollten Indianergeschichten hören.

Und dann kam der Brief. Marisol und Vito hatten inzwischen zwei Kinder. Diesmal berichtete Marisol, dass Yolotli gestorben sei. Aus heiterem Himmel. Sie habe am Morgen noch die Bohnen und das Trut-hahnfleisch für das Mittagessen gerichtet, habe die Maisfladen zubereitet und sich dann ausruhen wollen. Plötzlich habe Marisol ein heftiges Schnaufen gehört und ihre Mutter bewusstlos, mit hochrotem Kopf vorgefunden. Kurz darauf sei Yolotli tot gewesen.

Es schmerzte. Eigenartig, seitdem ich kaum mehr aufstehen konnte, erschien mir Francesca wie ein Engel, während ich immer öfter Yolotli vor mir sah, wie sie Mais mit dem Grabstock pflanzte oder ihren Hund kraulte, denn bestimmt hatte sie die letzten Jahren wieder einen gelben Hund gehabt. Nun war sie tot. Das war unfassbar.

Von der Nachricht ihres Todes aufgewühlt las ich weiter. Marisol schrieb:

„Lieber Vater, eines möchte ich gerne klären. Vor einiger Zeit sprach mich ein älterer Spanier namens Ramon an. Er sagte, er kenne dich von der Expedition mit Coronado. Wir luden ihn zu uns nach Hause ein, er trank und erzählte viel, und als der Abend fortgeschritten war, begann er von dem Kampf um ein Indianerdorf zu berichten, das ausgeräuchert wurde und von der Verbrennung von zweihundert Indianern. Ich war entsetzt und sagte, du seist bestimmt nicht dabei gewesen. Da lachte er und sagte:

„Und ob, ich hab es doch gesehen, wie Fernando tollwütig wurde!"

Yolotli neben mir hatte den Kopf gesenkt und ich fragte sie, ob es wahr sei. Ich konnte es nicht glauben, aber sie nickte mit dem Kopf, und sagte traurig:

„Ja, ich war damals mit dir schwanger."

Lieber Vater, es muss ein Missverständnis sein oder eine Verwechselung, und Yolotli war ja bei dem Kampf nicht dabei. Den Besucher mit seinem dröhnenden Lachen konnte ich nicht mehr ertragen, er ist dann auch gegangen und ich will ihn nie mehr sehen. Aber schreib mir zu meiner Beruhigung, bitte schreib mir, dass es nicht wahr ist. Es kann doch nicht sein, du warst mit einer Indianerin verheiratet, hast ein Kind von ihr erwartet und hast kurze Zeit später Donata gefunden und gerettet. Du warst immer ein guter Vater. Entschuldige, dass ich dich überhaupt danach frage, aber die Schilderung von Ramon quält und verfolgt mich."

Ich griff mir ans Herz und stöhnte auf. Erst hatte Esteban mit dieser abstrusen Geschichte angefangen und nun auch noch Marisol. Die Unruhe trieb mich aus dem Bett. Teresina schaute bedenklich:

„Onkel Fernando, bitte bleib im Sessel sitzen, ich mach' dir eine heiße Schokolade, die liebst du doch so!"

Sie wies Palma an, das Feuer im Ofen zu schüren und Holz nachzulegen, denn der Nordwind pfiff durch alle Ritzen. Als Palma die Ofentür öffnete, drückte der Wind durch den Kamin. Ich fasste mir an die Kehle und merkte erst, als Teresina beruhigend auf mich einsprach, dass ich stocksteif dasaß und nicht aufhörte zu wimmern. Teresina schickte nach dem Doktor, der mir ein opiumhaltiges Beruhigungsmittel gab.

Bella war gekommen und saß an Fernandos Bett. Auch sie hatte den Brief gelesen, und mit Matteo und Teresina beratschlagt, was wohl die Krise ausgelöst hatte: war es Yolotlis Tod oder die Anschuldigung wegen des Indianermassakers? Sie waren übereingekommen, den Brief unter Verschluss zu halten. Vielleicht hätte Fernando alles vergessen, wenn er aufwachte.

Bella schaute traurig auf das durch die Narbe entstellte Gesicht ihres Bruders. Und doch schien er friedlich oder gar glücklich zu träumen. Sie seufzte:

„Dottore, was hat er? Ist es die Strafe Gottes"?

Der Arzt schaute sie forschend an und fragte:

„Wofür sollte er gestraft werden?"

Da senkte sie den Kopf und sagte nichts mehr. Aber merkwürdig, je schwacher Fernando im Laufe der Tage und Wochen wurde, weil er keinen Appetit mehr hatte, desto mehr fiel die Verbitterung von ihr ab. Fernando stand nicht mehr auf und war nur noch selten wach. Er versank in seinen Erinnerungen und murmelte hin und wieder Unverständliches vor sich hin. Bella beugte sich über ihn. Die letzten Worte, die sie erfassen konnte, waren "Yolotli" und „chocolatl".

Teil 3: Die Isländerin Jorun

„Und doch sind sie, diese Langvergangenen, in uns, als Anlage, als Last auf unserem Schicksal, als Blut, das rauscht, und als Gebärde, die aufsteigt aus den Tiefen der Zeit."
R.M. *Rilke*

Es ist entschieden: ich bleibe in Straßburg und ziehe in eine kleine Wohnung. Als ich neulich mit meiner Enkelin den Tisch deckte, sagte sie:

„Schau mal, Oma, der Suppenteller ist wie dein Haus, und der Esslöffel wie die kleine Wohnung. Wie viel Betten hast du eigentlich? Wie viel Schränke, Tische und Stühle? Du kannst höchstens ein Bett, einen Schrank und einen Teppich mitnehmen."

Wir zählten durch, und sie fertigte eine Liste meiner Möbel an: fünf Schränke, 16 Stühle, acht Sessel …

Es sind nicht nur die Möbel, das Haus und der Garten, von denen ich mich verabschieden muss, sondern auch Bücher, Bilder und Tonfiguren. Ich schaue Bündel von Briefen durch und auch die Tagebücher. Ich blicke auf mein Leben zurück und werfe Ballast ab.

Alleine in der angehäuften Fülle an Gegenständen und Erinnerungen frage ich mich, ob sie noch jemandem wichtig sind außer mir. In den Fotoalben ist mein Leben auf kleine Ausschnitte der äußeren Ereignisse konzentriert. Es gilt nicht nur, das Angesammelte, Erlebte, Erlittene zu sortieren, sondern, es durchzukneten wie einen Klumpen Ton, und etwas Neues daraus zu gestalten. Ich erfinde eine Geschichte, bediene mich meiner Lebenserfahrungen, fantasiere, lasse aus, hebe hervor. Es darf Zeit nehmen.

Warum habe ich nur alles von Umzug zu Umzug mitgeschleppt? Eine Kiste mit einem halben Dutzend Pralinenschachteln voller Briefe! Ich gedachte, sie mit 85 Jahren nochmals zu lesen, aber jetzt bin ich 72, und meine Sehkraft lässt nach. Die Briefmarken schneide ich säuberlich aus den Umschlägen und von den Postkarten, obwohl kaum jemand mehr Briefmarken sammelt - ich auch nicht. Früher waren es Kostbarkeiten, vor allem wenn sie aus fernen Ländern kamen. An den dunklen Abenden meiner Kindheit weichte ich die Briefmarken in einer Schüssel mit heißem Wasser ein, löste sie vom Umschlagspapier und legte sie zwischen Löschblätter, die ich mit Büchern beschwerte. Dann brauchte es Geduld, bis sie ganz trocken waren, damit sie sich nicht wellten.

Die Briefmarken hebe ich auf, als würde der Maßstab der Kindheit noch gelten, aber die meisten Briefe zerreiße ich und werfe sie ungelesen weg. Ein Gefühl der Schwere überkommt mich. Was ich hier und dort zwischen den Zeilen lese, erinnert an alten Kummer. Weg damit, nur weg; der Altpapiersack füllt sich bis oben hin. Ich halte inne: hab ich das, was gewesen ist, immer noch nicht verdaut?

12 An Kindes statt

Das Schwarz-Weiß-Foto mit gezacktem Rand ist zerknickt. Mir wird eng im Hals: meine Eltern sind umringt von ihren blonden Kindern: links von ihnen meine vierjährige Schwester Vilborg, die schon eine Handbreit größer ist als ich, rechts von ihnen mein Bruder Dagur. Ich, Jorun, fünf Jahre alt, dunkelhaarig, halte krampfhaft meine Puppe fest. Es ist das einzige Familienfoto, auf dem wir alle zusammen sind, bis auf die kleine Schwester, die noch nicht geboren war.

Es war um die Zeit, als Mutter zu mir sagte: Tante Skadi und Onkel Reynir kommen Morgen und nehmen dich über die Sommerferien mit. Ich war sprachlos vor Staunen. Vilborg drängte sich vor:

„Ich will auch mit."

„Wo denkst du hin", sagte Mutter, „wir müssen Heu machen, die Tiere versorgen, du weißt ja, was alles zu tun ist."

Sie seufzte und stützte ihren Bauch mit der Hand. Da erst fiel mir auf, wie dick er war.

„Diesen Sommer werden wir noch ein Kindchen bekommen", sagte sie.

„Ein Brüderchen, Mutter?", rief Vilborg erwartungsvoll.

Meine Schwester, die ein knappes Jahr jünger war als ich, aber kräftiger, stieß mich weg. Es war etwas

Besonderes, in die Stadt zu dürfen, aber eigentlich wäre ich lieber daheim geblieben, um am Wasserfall zu spielen.

Am Abend suchte Mutter meine Kleidung zusammen.

„Mutter, warum packst du die Winterjacke und die Fäustlinge ein, es ist doch Sommer!"

„Ach, gegen Ende des Sommers kann es recht kalt werden", murmelte sie.

„Soll ich den ganzen Sommer fortbleiben?", fragte ich, und das Herz stockte mir, aber sie verschwand wortlos in der Küche.

Tante Skadi und Onkel Reynir holten mich ab. Die Tante schaute streng auf meinen Scheitel:

„Sind deine Zöpfe auch ordentlich geflochten?"

Wir fuhren mit dem Bus bis zur Stadt Borgarnes, in der sie lebten. Das Haus war aus blauem Wellblech und hatte ein graues Dach. Neben dem Haus lag der Gemüsegarten, die Blätter einer Birke flatterten im Wind.

Das kleine Stadthaus war gemütlich eingerichtet. Es gab nicht nur einen einzigen Wohn- und Schlafraum wie bei uns auf dem Hof, sondern einen Raum mit Onkel Reynirs Schreibtisch, Tante Skadis Nähmaschine und einem Sessel, ein Schlafzimmer und eine kleine Kammer für mich. An der Wand hing ein gerahmtes Foto meiner Tante und ihrer Geschwister als Kinder.

„Mutter", flüsterte ich und konnte den Blick kaum von dem blonden Kind lösen, das träumend in die Ferne schaute.

Ich war es nicht einmal gewohnt, alleine in einem Bett zu schlafen, geschweige denn in einem Zimmer - unheimlich! Anfangs ließ Tante Skadi die Tür offen stehen, weil ich mich fürchtete.

Wie so oft in diesem Sommer saß ich auf den Felsen am Fjord, und träumte vor mich hin. Von den drei Schafen des Nachbarn, die auf der Wiese grasten, schauten nur die Rücken aus den hohen Halmen. Ich folgte den Möwen mit den Augen: könnte ich fliegen federleicht wie sie, ich würde heimfliegen … Sehnsucht nach Mutter. Dann sah ich die Tante, die mit der Hand über den Augen die Sonne abschirmte und mich herbei winkte. Ich sprang vom Felsen hinunter, plumpste auf die Knie, rappelte mich wieder auf und lief zu ihr.

„Komm", sagte sie, und fasste mich energisch an der Hand, „deine Mutter hat geschrieben: das Baby ist da!"

Ich sprang aufgeregt neben ihr her und fragte.

„Wie heißt es?"

„Es heißt Sóley"

„Oh, noch ein Mädchen", sagte ich, „welche Haarfarbe hat es?"

„Warte mal, ich les dir vor", sagte Tante Skadi: „es hat blaue Augen und blonden Flaum auf dem Kopf und es geht allen gut."

Ich hörte nicht weiter zu, bestimmt wollte Mutter mich nicht mehr haben.

„Hörst du", sagte die Tante, „die Mutter möchte, dass du hier zur Schule gehst."

Ich hatte es doch gewusst, dass ich schlecht war! Ich spürte den Kloß im Hals und das Brennen in den Augen.

„Es geht dir doch gut bei uns", sagte Tante Skadi vorwurfsvoll; „hier hast du sogar eine eigene Kammer, sei nur nicht undankbar."

Ich schluckte und wagte nicht zu weinen.

„Muss ich für immer hier bleiben?", flüsterte ich.

„Nun komm schon", sagte Tante Skadi: „Natürlich bleibst du hier, wir haben auch mehr Geld und können dich später auf die Schule nach Reykjavik schicken."

„Aber Vilborg möchte gerne in die Stadt" wand ich zaghaft ein.

Tante Skadi verzog den Mund und sagte:

„Das verstehst du nicht, aber jetzt bist du unser Kind."

Ich überlegte fieberhaft: wenn ich ganz, ganz brav war, ungefragt den Abwasch machte, immer schön aufräumte, höflich bitte und danke sagte, nie vorlaut wäre … dürfte ich dann vielleicht wieder heim?

Der Onkel war ein freundlicher Mann, der gerne an seinem Schreibtisch saß, Zeitung las oder Briefmarken sortierte. Da er die Post leitete, brachte er an Weihnachten einen Umschlag mit fremdländischen Briefmarken mit. Anfassen durfte ich sie nicht, nur anschauen und er zeigte mir auf dem Globus, den er vom Schrank herunterholte, die fernen Länder und Kontinente. Er schenkte mir dann einige doppelte Briefmarken. Diejenigen mit Köpfen wichtiger Männer interessierten mich nicht, aber Pflanzen oder Tiere ließen mein Herz höher schlagen. Das Einzige, was mich am Onkel störte, war die Pfeife, die er paffte, die Rauchwolken und Nebelschwaden, die im Wohnzimmer hingen. Durch den Fensterspalt zogen sie kaum ab. Bestimmt kam sein spärlicher Haarwuchs davon.

Außer den Briefmarken, die ich lange betrachtete, zog mich ein Kalender in seinen Bann, der Jahr für Jahr am selben Platz über dem Schreibtisch hing.

„Bilder aus Italien", sagte der Onkel.

Ich wunderte mich über die dicht zusammen gedrängten Häuser, so etwas gab es bei uns nicht. Sie waren Gelb, Rosa und Ocker. Auf einem Bild war ein dicker, knorriger Baum mit silbergrünem Laub inmitten roter Blumen. Unglaublich! Der Stamm des dicksten Baumes, den ich je gesehen hatte, war dünner, als Vaters Arm.

Und dann war da noch eine Tänzerin mit einem Kleid aus feinem, getupftem Stoff, mit einer Rüsche.

Sie trug einen leichten ärmellosen Umhang, weder Pullover, noch Schultertuch aus dicker Schafwolle.

„Das ist eine Etruskische Tänzerin", sagte Onkel Reynir, „sie ist auf die Wand einer Grabkammer gemalt."

Der Sommer schlich dahin. Im Herbst wurde ich eingeschult. Am ersten Schultag fiel mir ein Mädchen mit schwarzen Zöpfen namens Svala auf. Ihre Haare waren dunkler als meine, aber sie schien sich nichts daraus zu machen. Die Zöpfe flogen ihr um den Kopf, wenn sie die Treppe hinauf- und hinuntersprang. Sie war eine Offenbarung oder doch eher ein Rätsel, und ich staunte sie mit offenem Mund an.

Auf dem Foto vom ersten Weihnachtsfest bei Onkel und Tante halte ich eine neue Puppe im Arm und schaue unglücklich in die Kamera, obwohl meine Tante mich aufforderte zu lächeln. Sie selber guckt verkniffen.

Es war so: beim Einschlafen drückte ich mein Gesicht immer an die Stoffpuppe Halla, die meine Mutter genäht hatte; sie hatte verfilzte Haare, weil sie, wenn sie schmuddelig war, in den Waschtrog kam; die Schafwolle, mit der sie gestopft war, war verklumpt, Arme und Beine schlenkerten und der Kopf baumelte herab. Das tat meiner Liebe keinen Abbruch, und ich erschrak, als sie am Abend vor Weihnachten plötzlich aus meinem Bett verschwunden war. Ich suchte sie in jedem Winkel und wisperte ängstlich ihren Namen, bis meine Tante, geheimnisvoll lächelnd, sagte:

„Morgen ist Weihnachten, wart' mal ab."

Ich hatte Mühe einzuschlafen, knuddelte das Kopfkissen zusammen, und wälzte mich hin und her.

Am Weihnachtsabend, als wir aus der Kirche heimkamen und meine Tante Kerzen anzündete, sah ich die Puppe neben einem Päckchen auf dem Tisch sitzen. Ich stürzte mit einem Freudenschrei auf sie zu und stockte, denn obwohl sie rote Zöpfe und blaue Augen hatte, war es nicht meine Halla. Diese hier, war nagelneu mit prall gestopften Gliedern. Ich drehte sie unschlüssig hin und her, und fragte tonlos:

„Wo ist Halla?"

Das erwartungsvolle Lächeln der Tante erstarb, und sie sagte spitz:

„Nun freu dich doch über die neue Puppe, ich hab sie extra für dich genäht; wegen der alten musste man sich ja schämen, so verlumpt, wie sie war."

Dann wurde das Foto gemacht. Aber was war nur in mich gefahren: ich stampfte auf den Boden, weinte herzzerreißend und jammerte:

„Ich will aber meine Halla!"

Die Tante stand betreten da, und der Onkel fasste mich an den Schultern und schüttelte mich:

„Nun sei aber mal vernünftig."

Eine steile Falte stand auf seiner Stirn, und die Tante zog ärgerlich die Luft durch die Nase ein und sagte:

„Die alte Puppe ist längst im Müll, und jetzt reicht´s, ich will nichts mehr davon hören."

Ich würgte die Schluchzer hinunter und rührte den Lammbraten nicht an.

In dem Päckchen, das Mutter geschickt hatte, waren neue Strümpfe, Fäustlinge, eine Mütze, ein Pullover und ein Schal, die sie gestrickt hatte. Da flossen meine Tränen hemmungslos, und Tante und Onkel gaben es auf, auf mich einzureden.

Am nächsten Tag, an dem es kaum dämmrig wurde, ging ich zum Nachbarhaus, zu Svala, die einen Schneemann baute. Ich erzählte ihr von meinen Kummer, aber sie wollte nur die neue Puppe sehen und fand sie wunderschön.

„Wie heißt sie?", fragte sie.

Ich hatte mir noch keinen Namen überlegt.

„Inga ist ein schöner Name!"

Also nannte ich die neue Puppe Inga. Während wir den Schneemann bauten, tollte der Nachbarshund um uns herum, versuchte die Schneebälle, die wir ihm zuwarfen, mit der Schnauze aufzufangen, und wir lachten, wenn der Schnee zerstob. Dann hatte er genug und verzog sich in seine Hundehütte; kurz danach sprang er wieder hinaus, raste in einem weiten Bogen um uns herum, während er etwas im Maul hielt, das er knurrend schüttelte. Der Pulverschnee flog hinter ihm auf, und wir kreischten vor Vergnügen, bis ich gellend schrie:

„Meine Puppe! Er hat meine Halla! Er schüttelt sie tot!"

Ich stürzte auf ihn zu, er sprang zurück, rannte um so schneller im Kreis, aber irgendwann erwischte ich ein Bein der Puppe, hielt es fest, fiel in den Schnee und hatte ihren Körper in der Hand. Der Hund blieb verdattert stehen, öffnete die Schnauze und spie den Puppenkopf aus. Svala packte den Hund am Halsband und zerrte ihn fort.

Weinend wusch ich den Sabber von Hallas Kopf, konnte vor heruntertropfenden Tränen kaum etwas sehen, schluchzte und schluckte, bis die Tante sich erbarmte und Nadel und Faden holte, um den Kopf wieder anzunähen und die Bisswunden zu flicken. Ich fand sie richtig lieb, als sie Stoff- und Wollreste für neue Kleidung hervorholte. Nachdem Halla wieder hergestellt war, machte ich beide Puppen miteinander bekannt, und spielte „Mutter und Kind", „Tante und Kind" und Schule.

So verging das erste Schuljahr in Borgarnes. Ich war eine gute Schülerin und Tante Skadi übte täglich mit mir lesen. Sie verbesserte mich ständig. Sie nahm mich auch mit in den Kirchenchor, in dem sie und der Onkel sangen, und in den Bibelkreis für Kinder.

Als die Sommerferien begannen, durfte ich nach Hause, denn Tante Skadi arbeitete auf dem Rathaus, und Mutter konnte meine Hilfe gut gebrauchen. Tante Skadi packte ein Sagabuch für meine Geschwister ein und setzte mich in den Bus; die Fahrt dauerte fast eine Stunde. Die Pferdeweiden waren getupft von blühendem Wollgras und schienen zu schweben. Ich träumte vor mich hin, freute mich auf das Spielen am Wasserfall. Die Sehnsucht nach Mutter schmerzte - ich hatte sie ein Jahr lang nicht gesehen! Irgendwann fühlte ich gar nichts mehr, es war wie ein Nebel in mir. Gerne hätte ich meine Puppen an mich gedrückt, aber sie waren im Koffer.

„Du wirst sie noch verlieren", hatte die Tante gesagt.

Wie wird es in der Schlafstube sein, in einem Bett mit meiner Schwester? Ich schlief ein, bis der Busfahrer mich an der Schulter fasste, um mich zu wecken, und meinen Koffer aus dem Gepäckfach holte. Mutter kam mir mit dem Baby auf dem Arm und meiner Schwester entgegen. Sie sah müde aus, küsste mich, und sagte:

„Da bist du ja, kleines Stadtfräulein. Schau, dein Schwesterchen Sóley."

Ich streichelte es, und es sagte:

„Da, da" mit heller Stimme, während meine Schwester Vilborg mich und meine neue Kleidung von Kopf bis Fuß musterte.

Ich wusste nicht, wie ich sie begrüßen sollte, weil sie sich nicht vom Fleck rührte, und gab ihr schließlich die Hand.

„Ich hab Geschenke mitgebracht", sagte ich unsicher, „von der Tante."

Fast sehnte ich mich in die Stadt zurück, so fremd fühlte ich mich.

„Kriegst du oft Schokolade?", fragte Vilborg.

„Immer sonntags."

„So ungerecht", schmollte sie. „Musst du Wäsche waschen und Strümpfe stopfen?"

„Manchmal", sagte ich kleinlaut.

„Dann kannst du hier mal richtig arbeiten!"

„Jetzt lass sie erst mal ankommen", sagte Mutter seufzend, „natürlich wird sie helfen, es ist ja immer viel zu tun. Vater und Dagur mähen die Wiese, da könnt ihr morgen Heu wenden."

In diesem Sommer wusch ich auch Windeln, fütterte Sóley und fegte die Stube. Ich war froh, etwas für Mutter tun zu können, und überglücklich für jedes kleine Lob. Zum Spielen blieb wenig Zeit.

Wenn nur meine Schwester mich nicht gepiesackt hätte! Sie kniff mich, wenn ich gerade am Einschlafen war, und grollte:

„Das ist fürs Vorlesen", denn sie ärgerte sich, dass sie noch nicht lesen konnte.

An verregneten Tagen las ich abends aus dem Sagabuch vor, während Mutter Wolle spann, Vater und Bruder die Werkzeuge für den nächsten Tag richteten, und Vilborg strickte. So wie früher, schlief ich in einem Bett mit ihr. Am zweiten Abend forderte sie:

„Gib mir die neue Puppe."

Ich sagte: „Nein, die Tante hat sie mir genäht."

Da riss sie mir die Puppe aus der Hand, und schlug mir auf den Mund:

„Du kriegst doch alles, Schokolade und Spielzeug, darfst immer zur Schule gehen und musst nichts helfen", zischte sie.

Ich schmeckte das Blut auf der Lippe, fühlte mich schuldig und getraute mich nicht zu sagen, dass ich ja nicht hatte fortgehen wollen. Ab da schlief die Puppe Inga auf ihrer Seite.

Vater war ein hagerer Mann, dem ich möglichst aus dem Weg ging. Meist übersah er mich. Viel gesprochen wurde in der Familie sowieso nicht. Am Schönsten war es, wenn Mutter bei der Arbeit sang; ich konnte alle Lieder und sogar noch einige, die ich im Kirchenchor gelernt hatte.

Kurz vor meiner Abreise, als die Herbststürme schon über Land fegten, verschwand die Puppe Inga. Meine Schwester tat so, als wüsste sie nicht, wo sie geblieben sei, aber ihre Augen glitzerten. Ich suchte im ganzen Haus, im Hühnerstall und in der Vorratskammer. Als Vater am Abend Kohlen aus dem Sack im Verschlag holte, warf er mir die von oben bis unten geschwärzte Puppe zu:

„Da, die hast du doch gesucht!"

Ich fing sie auf sprachlos vor Entsetzen: das schöne Kleid war verrußt, das Gesicht fleckig, die roten Zöpfe voller Kohlenstaub. Mutter schaute von ihrer Näharbeit auf, ihr Mund wurde schmal, und sie sagte:

„Vilborg!"

Meine Schwester, die vor Schadenfreude glänzte, biss sich trotzig auf die Unterlippe und sagte:

„Na und, Jorun hat doch auch schwarze Haare". Mutter sprang auf und verpasste ihr rechts und links eine Ohrfeige. Vilborg schrie gellend und hielt sich die Backen. Ich schlich zum Herd, goss heißes Wasser in eine Schüssel und versuchte, mit Gemüsebürste und Seife die Puppe zu säubern. Ihr Gesicht wurde grau, die Haare schwärzlich - es war wie bei mir, der Makel war nicht abzuschrubben, und niemand versuchte mich zu trösten.

Abends im Bett, zischte meine Schwester:

„Du bist Schuld, dass ich geohrfeigt wurde, du Heulsuse, du Eklige, Gemeine. Berühr mich bloß nicht", und sie drehte mir den Rücken zu.

Am nächsten Morgen wickelte Mutter die Puppe, die nach nasser Wolle und Ruß muffelte, in einen Lappen, bevor sie sie in den Koffer legte; sie packte auch meine abgenutzte Kleidung ein und ein Paket gekämmter Wolle für die Tante. Dagur schenkte mir ein Holzpferdchen, das er aus einem Stück Schwemmholz geschnitzt hatte. Als Mutter mich zur Straßenkreuzung brachte, blieb Vilborg unauffindbar; ich nahm Sóley an die Hand, die schon ein bisschen laufen konnte. Wie würde ich Mutter, Dagur und Soléy vermissen. Der Kummer schnürte mir die Kehle zu.

Während der Busfahrt nieselte es, die Wolken hingen tief über den Wiesen. Wenn ich mich rührte, spürte ich die schmerzenden Glieder. Die letzten Tage hatten wir die Kartoffelbeete umgegraben und das Fleisch der geschlachteten Schafe zum Räuchern vorbereitet. Ich dachte, ich müsste wochenlang schlafen. Plötzlich freute ich mich auf die Schule, auf Svala, auf mein eigenes Bett und die kleine Kammer.

Tante Skadi holte mich an der Bushaltestelle ab und sagte erstaunt:

„Du siehst aber müde aus! Wie geht es der Familie?"

Ich lief steif vor Muskelkater und Erschöpfung neben ihr her und antwortete nur einsilbig. Im Haus roch es gut nach Schmalzgebäck, das sie zur Begrüßung gebacken hatte. Ich sackte auf einen Stuhl.

„Ja, aber…", sagte die Tante, „hast du so viel helfen müssen?"

Ich nickte. Sie öffnete meinen Koffer und packte ihn aus - mir stockte der Atem.

„Was ist denn das?", fragte sie, und hob das feuchte Päckchen hoch.

Sie wickelte die nasse, miefende Puppe aus und starrte sie fassungslos an.

„Vilborg ...", begann ich, würgte an meinem Schmerz und bekam kein Wort mehr heraus.

In den ersten Schultagen fielen mir die Augen während des Unterrichts zu, und die Mitschülerinnen tuschelten. Sie waren den Sommer über baden gegangen und hatten gespielt. Ich erzählte Svala vom Unglück mit meiner Puppe. Sie plapperte es gleich weiter; die Mädchen umringten mich und wollten genau wissen, wie ekelig die Puppe ausgesehen hatte, als Vater sie aus dem Kohlensack gezogen hatte.

So vergingen die nächsten Jahre als brave Schülerin bei Tante und Onkel in Borgarnes und als Mädchen für alles im Sommer auf dem Hof. Ich lernte gerne in der Schule, und ich half auch meiner Mutter gerne. Wenn die Arbeit zu hart war, dachte ich daran, dass ich im September wieder in die Stadt, in die Schule durfte. Das aber machte Vilborg fuchsteufelswild, denn für sie nahm die Plackerei kein Ende, nicht einmal im Winter, wenn der Wanderlehrer für ein paar Stunden unterrichtete. Sie zeterte, sie wolle im Herbst in die Stadt gehen. Mein Bruder Dagur hingegen war am liebsten draußen bei den Pferden und Schafen. Er war froh, nicht so viel Unterricht zu haben, konnte aber viele Gedichte, Lieder und Verse auswendig. Wenn Vater außer Sichtweite war, brachte er mir das Reiten bei.

Ich wusste nicht mehr, wohin ich gehörte: war ich nun das Kind von Tante Skadi und Onkel Reynir oder noch das Kind meiner Eltern? Vilborg jedenfalls hatte mehr als einmal behauptet:

„Du gehörst nicht mehr zu uns, die Eltern haben dich weggegeben."

Das tat weh! Und Mutter wagte ich nicht zu fragen.

Obwohl ich beim Melken und Heu machen half, beim Säubern der Schafvliese, im Garten und in der Küche, schaute Vater mich finster an, wenn ich ihm über den Weg lief. Einmal rutschte mir beim Abtrocknen ein Becher aus der Hand und zerschellte. Vater stürzte sich auf mich und verpasste mir eine Ohrfeige und dann noch eine und ich sah starr vor Schreck in sein wutverzerrtes Gesicht.

Mutter schlug die Hände vor den Mund und Vilbor stemmte die Arme in die Hüften und höhnte:

„Na los, du Troll, räum die Scherben weg; nicht mal abtrocknen kann sie!"

Mein Kopf dröhnte, als ich mich mit Handfeger und Schaufel bückte. Das Schlimmste war, dass Mutter kein Wort sagte. Ich ging vors Haus, wo Sóley mit Steinchen und Moos spielte und vor sich hin plapperte.

Und Mutter sagte immer noch kein Wort.

Als ich zwölf Jahre alt war, bekamen wir über die Ferien die Aufgabe, unseren Stammbaum zu erforschen und eine Geschichte zu jedem Vorfahren aufzuschreiben. Warum auch immer, ich vergaß die Aufgabe oder schob sie so lange wie möglich vor mir her, bis ich an einem trüben Abend Schreibzeug und Papier holte, oben auf das Blatt Jorun Hafrúnsdottir schrieb, darunter Namen und Herkunft meiner Eltern und Großeltern. Als ich nach den Urahnen fragte, sagte Vater:

„So ein Schwachsinn, lass den Quatsch!"

Ich hielt den Stift ratlos in der Luft, denn für jeden Isländer ist die Familiengeschichte von großer Wichtigkeit. Mutter blieb stumm. Vater sagte barsch:

„Du bleibst nächsten Sommer in der Stadt, ich will dich hier nicht mehr sehen."

Vilborg, die mit offenem Mund dagestanden war, schrie:

„Aber dann muss ich ja noch mehr helfen!"

Sóley fing ein bisschen an zu weinen, während Dagur aufstand und mir den Arm um die Schultern legte. Immer noch hoffte ich, Mutter würde etwas sagen, aber sie stand nur auf und ging schwankend zum Herd.

Ich schämte mich, Tante Skadi zu erzählen, was vorgefallen war. Sie lächelte eigentümlich und sagte:

„Da siehst du mal, was du an uns hast; sind wir nicht die besseren Eltern? In Zukunft bleibst du den Sommer über hier; du bist groß genug, Geld zu verdienen."

So kam es, dass ich in den nächsten Sommerferien in einer Familie Kinder hütete, den Haushalt versorgte und Strümpfe stopfte. Sie waren freundlich zu mir. Ich verstand nicht, warum meine Familie so anders war.

Als ich mit 15 Jahren die Grundschule mit besten Noten abgeschlossen hatte, schickten mich Tante Skadi und Onkel Reynir auf die weiterführende Schule ins Internat nach Reykjavik.

Tante Skadi hatte mir zwei neue Röcke genäht und eine warme Jacke gestrickt. Der Onkel setzte mich mit dem Postboot auf die andere Seite des Fjordes über, dann nahm ich den Bus bis in die Hauptstadt. Warum war ich nur so schüchtern? Ich wagte der Frau am Empfang kaum meinen Namen zu nennen. Sie brachte mich auf ein Zimmer, das ich mit drei anderen Mädchen teilte, und sagte mir, in einer halben Stunde sei Abendbrot.

Beim Essen saß ich einem älteren Schüler gegenüber und starrte auf das kleine Pflaster an seinem Kinn. Ich konnte den Blick nicht von ihm wenden und erschauerte, wenn unsere Augen sich trafen. Er sagte:

„Das kommt vom Rasieren."

Bis auf das hellbraune Pflaster am Kinn, hätte ich nicht sagen können, wie er aussah, außer, dass er groß war, und dass ich wusste: er war's, er war der Mann fürs Leben!

Später schenkte er mir ein winziges Foto, das einzige, das ich von ihm habe, auf dem er und seine Geschwister im Schnee die Pferde von der Weide holen. Auf dem Foto ist er kaum zwei Zentimeter groß, er, der meine große Liebe werden sollte: Asmundur, genannt Mundi, der Dunkelhaarige. Ich verzehrte mich und sehnte mich so sehr nach ihm, dass ich mich selber verlor.

„Du hast dieselben Augen, wie sie", sagte er mir anfangs.

„Wen meinst du?", fragte ich.

Zögernd antwortete er:

„Meine Schwester, weißt du, sie ist tot."

Ich war zu erschrocken, um zu fragen, woran sie gestorben war.

Eine Mitschülerin sagte mir, Mundi gehe schon mit Brynja, ich solle mir keine Hoffnungen machen, und ob ich wüsste, wie seine Schwester gestorben sei? Als ich verneinte, beeilte sie sich, mich aufzuklären:

„Sie ist vom Pferd gefallen und hat sich das Genick gebrochen, und er ist schuld daran."

Ich war schockiert, und wagte nicht mehr, ihm in die Augen zu schauen, bis er mich finster fragte:

„Hat es dir jemand gesagt?"

Ich nickte. Seine Hände in den Hosentaschen ballten sich zu Fäusten, als er sagte:

„Komm."

Wir gingen in den herbstlichen Park, wo die nassen Blätter zu Boden fielen.

„Meine Eltern haben einen Hof bei Skógar, wo sie Pferde züchten", begann er stockend. „Kaum konnte ich sitzen, bin ich schon im Sattel gesessen."

Seine grauen Augen blitzten auf. Meine jüngere Schwester Kristin war sehr ängstlich, und ich machte mich oft über sie lustig. Als sie 13 war, begann sie für meinen Freund Olafur zu schwärmen und lag mir ständig in den Ohren, ihn einzuladen oder sie mitzunehmen, wenn ich zu ihm ging. Ich zog sie auf und sagte, ich würde sie zum Tanzen mitnehmen, wenn sie sich getraute, auf dem Hengst Bjarni zu reiten. Der war lammfromm, solange keine rossigen Stuten in der Nähe waren. Sie zögerte es hinaus, aber schließlich stieg sie in den Sattel, und Bjarni lief brav im Tölt. Ich hatte nicht mitbekommen, dass mein Vater am Vortag ein paar Stuten von der Weide im Gletschervorland geholt hatte, aber plötzlich bekam Bjarni Wind von ihnen, wieherte, preschte los, stieg auf die Hinterläufe und sprang über den Stacheldraht. Mit einem Schrei fiel Kristin aus dem Sattel, prallte auf einen scharfkantigen Lavabrocken und brach sich das Genick."

Asmundur stand mit hängenden Armen da, ein Schluchzer durchzuckte ihn.

„Mundi", sagte ich, und es schüttelte mich vor Entsetzen und Mitleid, „Mundi, ich hab dich lieb."

Wenn er mir in die Augen schaute: dachte er dann an seine Schwester oder sah er mich? Wir gingen abends zusammen spazieren, ohne viel zu sprechen. Am Schulfest küsste er mich und es durchströmte mich warm. Er sagte so leise, dass ich nicht sicher war, es richtig verstanden zu haben:

„Ich hab Angst die Menschen zu zerstören, die ich liebe."

Wir gingen zum Feuer und setzten uns auf eine Holzbank, seine Augen schimmerten. Die Funken stoben in den Gewitterhimmel, das Feuer prasselte und flackerte. Plötzlich durchzog ein Riss aus Licht und Schatten sein Gesicht. Sollte das ein Lächeln sein? Meine Nackenhaare sträubten sich. Gerade noch waren wir Hand in Hand zum Feuer geschlendert, hatten uns verliebte Blicke zugeworfen, und jetzt würgte mich die Angst. Bevor ich etwas tun oder sagen konnte, sprang Asmundur mit dem Schrei eines verwundeten Tieres auf und stürzte davon. Meine Zähne schlugen aufeinander. Ich saß da wie ein Häufchen Elend, als er wieder auftauchte und sagte:

„Komm, wir gehen zu den anderen." Er blieb unerreichbar, in sich verschlossen. Die schönen Träume von Küssen, Zärtlichkeit und Liebesgeflüster erstarben sang- und klanglos.

Obwohl wir uns nur noch selten sahen, nachdem Asmundur zum Studieren nach Kopenhagen gegangen war, kam ich weder von seiner Rätselhaftigkeit noch von meiner Sehnsucht los. Ich schrieb ihm lange Briefe und wartete endlos auf Antwort, als könne er - und nur er - mir Leben einhauchen. Innerlich flehte ich: erfülle mich, mach' etwas aus mir, ich liebe dich, ich geb' mich hin, geb' mich ganz, geb' mich auf … Nie kam ich damals auf die Idee, dass ihn gerade das abschrecken könnte.

Nachdem ich zwei Jahre später die Schule abgeschlossen hatte, wusste ich nicht wohin. Ich wollte fort von Reykjavik und weit fort von der Familie. Tante Skadi und Onkel Reynir hatten sich mehr Dankbarkeit von mir erhofft, aber ich konnte nicht ihre Tochter sein und ließ sie nicht an mich heran. Tante Skadi sagte:

„Du verplemperst deine Jugend, wenn du diesem Asmundur nachtrauerst."

Hatte sie heimlich seinen Brief gelesen? Den lang ersehnten Brief, in dem er schrieb, er habe ein Mädchen kennengelernt, das weinend und verlassen auf einer Parkbank gesessen war?

In diesem Sommer nach dem Abitur besuchte er mich und wir machten einen Spaziergang am Meer. Als wir oben auf der Klippe angekommen waren, hatten wir noch kaum ein Wort gesprochen. Ich schaute nach unten, als sei die weite Aussicht ein falsches Versprechen. Ich sah die Gischt über die dunklen Felsen hochspritzen, hörte das Kreischen der Möwen und fand nirgends Halt. Er sagte:

„Jorun, du bist zu gut für mich, es geht nicht."

Wollte er mich hinunterstoßen? Stürzte ich? Nein, ich stand von Angst gelähmt, vom salzigen Wind gebeutelt wortlos da, bis er mich am Arm fasste - jetzt, jetzt stößt er mich hinunter! Aber, nein, er zog mich traurig vom Klippenrand fort.

Die Angst, ich könne aus einem mir unerklärlichen Zwang in die Tiefe springen, hielt noch lange an.

Ich wollte weit weg von all den Menschen, die mich verletzten, wollte weder die vertraute Sprache hören noch das Geschrei der Seeschwalben. Da Tante Skadi und Onkel Reynir mir einen Zuschuss zum Studium versprachen, meldete ich mich in Freiburg i.Br. in der Fakultät für Landwirtschaft an und lernte Deutsch. Vorher aber besuchte ich meine Familie, die ich kaum mehr gesehen hatte. Mutter hatte mir einmal im Monat geschrieben und die Geschwister hatten ein paar Zeilen hinzugefügt - von

Vater, kein Wort. Ich musste endlich den Mut haben, sie zu fragen.

Wie merkwürdig, wieder mit Geschenken im Bus zu sitzen, so wie damals als Schulkind.

Vilborg und Sóley kamen mir an der Straßenkreuzung entgegen. Vilborg musterte mich herausfordernd und sagte:

„Mutter geht es nicht gut, ich hoffe, die Aufregung um deinen Besuch bringt sie nicht um."

Sóley gab mir schüchtern die Hand. Wir liefen den Weg zum Gehöft hinauf, und die Fragen blieben mir im Halse stecken. Mutter erhob sich schwerfällig von der Bank vor dem Haus, als sie mich sah; ich erschrak über ihre geschwollenen Beine, das graue Haar, die Kummerfalten um den Mund. Sie streckte die Arme nach mir aus, drückte mich an sich, und sagte:

„Prächtig siehst du aus, meine Liebe, und herzlichen Glückwunsch zum Abitur, ich bin stolz auf dich."

Sie staunte mich an. Ich schluckte, weil sie so alt und hinfällig geworden war, und konnte nur „Mutter …" stammeln.

„Nun macht es mal nicht so rührselig", sagte Vilborg, die am Herd herum werkelte, und mit den Töpfen schepperte, „das Essen ist fertig."

Das Gespräch bei Tisch blieb befangen; Dagur würde erst am Abend heimkommen, und Vater ließ sich nicht blicken, noch wurde er mit einem Wort erwähnt. Haus, Küche und Stube schienen mir zusammengeschrumpft, altvertraut und abgenutzt. Kaum etwas hatte sich verändert: die Schöpfkelle hing über dem Herd, die hölzernen Kochlöffel standen im abgestoßenen Krug. Nur eine neue Strickdecke hing über der Sessellehne.

In einem Bett mit Vilborg schlafen, so wie früher? Aber Mutter sagte, ich könne zu ihr ins Bett kommen. Sie drehte sich auf die Seite der Wand zu, ich in ihrem Rücken. Ich schluckte und biss mir auf die Lippe, bis es mir gelang zu flüstern:

„Warum will Vater mich nicht sehen? Mutter, ich will es wissen, bevor ich ins Ausland gehe."

War sie schon eingeschlafen?

Am nächsten Tag gingen Mutter und ich über die Hauswiese und setzten uns auf die Mauer. Sie strich ihre gestreifte Schürze mit den Händen glatt, und schaute zu Boden. Mehrmals setzte sie zum Sprechen an, und drückte die Finger an den Mund. Dann schüttelte sie den Kopf und humpelte zum Hof.

„Mutter", rief ich, stürzte hinter ihr her und keuchte:

„Mutter, wer ist mein Vater?"

Da hob sie den Kopf und ihre Augen versanken in Trauer:

„Dein Vater", sagte sie, „er ist nicht dein Vater."

Obwohl ich es tausendfach geahnt hatte, traf es mich wie ein Schlag. Mein Herz schlug bis zum Hals, und ich brachte nur einen kläglichen Würgelaut hervor.

Nach einem erstickenden Schweigen fasste Mutter sich und sagte:

„Dein Vater ist Amerikaner, er heißt Tom Ritch."

Ich starrte sie fassungslos an:

„Amerikaner?"

Sie nickte:

„Ja, er war in Reykjavik stationiert, als ich dort auf die Haushaltsschule ging."

Sie zog mich zu unserem Sitzplatz zurück; ich fröstelte trotz Sonnenschein. Ohne mich anzuschauen, sagte sie leise:

„Ich war schon mit Einar verlobt, als ich kurz vor der Abschlussprüfung Tom kennenlernte. Natürlich waren die jungen Kerle hinter uns Mädchen her, und ich verliebte mich Hals über Kopf in ihn, den Fremden mit den schwarzen Haaren. Sein Vater sei Indianer, erzählte er, die Mutter spanischer Abstammung; sie lebten in Santa Fé."

Mutters Augen füllten sich mit Tränen:

„Aber schon ein paar Tage nachdem wir uns kennengelernt hatten, wurde er nach Deutschland abgezogen."

Mein Herz machte einen Satz:

„Ist er noch dort?", fragte ich.

„Ich weiß es nicht", sagte sie. „Damals hoffte ich, er würde mir schreiben und mich bitten, ihn zu heiraten, aber es kam nur eine einzige Ansichtskarte ohne Absender, nur ein paar hingekritzelte Worte. Einar kam zum Abschlussfest meiner bestandenen Prüfung. Er sah die Postkarte, drehte sie um, und seine Augenbrauen zogen sich zusammen. „Wer ist das? Warum schreibt er „darling"? Ich lachte und winkte ab; ich hatte weder den Mut, es ihm zu sagen, noch die Verlobung zu lösen. Einar zerriss die Karte und warf die Schnipsel in den Papierkorb. Wir waren auf der Hut voreinander, obwohl wir kurz darauf Hochzeit feierten."

Mutter schwieg in Gedanken versunken, dann nahm sie meinen Kopf zwischen ihre Hände und sagte mit ungeahnter Zärtlichkeit:

„Mein Liebes, kannst du dir vorstellen, welche Ängste ich ausgestanden habe? Als du dunkelhaarig zur Welt kamst, kochte Einar innerlich vor Wut, aber er hatte Angst, sich bei Verwandten und Nachbarn lächerlich zu machen. Die sagten wegen deiner hellbraunen Haut: „Hat die Kleine ein Sonnenbad genommen, bevor sie zur Welt kam?"

Während Mutter erzählte wurde mir heiß und kalt: deshalb also seit meiner frühesten Kindheit das Gefühl der Beklommenheit.

„Weiß er, dass es mich gibt?", fragte ich unsicher, aber Mutter war in sich zusammen gesunken, verbarg ihr Gesicht in den Händen und ihre Schultern bebten. Ich fühlte mich verlassen, allen im Weg. Noch eine Nacht unter diesem Dach? In Mutters Bett? Unter Vilborgs abschätzigem Blick? Unmöglich. Ich riss mich zusammen, und presste hervor:

„Ich gehe jetzt", und rannte zum Haus, um meine Sachen zu packen.

Zitternd legte ich meine Kleidung in den Koffer, zuckte bei jedem Geräusch zusammen, meinte Vaters geballte Feindschaft zu spüren, und fühlte mich erst in Sicherheit, als ich im Bus saß.

„Tom Ritch, Tom Ritch" murmelte ich vor mich hin, und versuchte nachzuspüren, was für ein Mensch das war, mein Vater. Es tat weh und doch war ich erleichtert: ich war nicht verrückt, es war kein Zufall, dass meine Eltern mich weggaben. Die weißen Flecken auf der Karte meines Lebens begannen Farbe zu zeigen und auch das Rätselhafte, Ungesagte fügte sich ein. Konnten sich die Verstrickungen und Verknotungen eines Tages lösen?

In den drei Tagen, die mir vor der Abreise noch blieben, verabschiedete ich mich von Schulfreundinnen, aber vor allem schlief ich. Bleischwer fielen mir die Augen zu so wie früher nach der Plackerei während der Sommerferien. Ein Gedanke kämpfte sich an die Oberfläche, entglitt, drang wieder ins Bewusstsein:

„Wer war mein leiblicher Vater? Ich wollte, ich musste ihn kennenlernen!"

Und schon kamen die Zweifel: Lebte er noch? Wie sollte ich ihn finden? Und wenn er mich nicht sehen wollte?

13 Der Tanz mit Madox

„Denn die Ihnen nahe sind, sind fern, sagen Sie, und das zeigt, daß es anfängt, weit um Sie zu werden ... freuen Sie sich Ihres Wachstums ...“
R.M.Rilke

In Freiburg konnte ich vorübergehend bei Adda wohnen, die ich aus der Schulzeit in Reykjavik kannte. Ihre kurzen, blonden Haare waren immer strubblig und sie trug einen Pullover, der ihr bis zu den Oberschenkeln reichte, dazu eine lange Kette aus Holzperlen. Freundschaftlich zeigte sie mir die Stadt und die Uni. Sie half mir eine Unterkunft und eine Arbeit in einem Selbstbedienungsrestaurant zu finden, denn Tante Skadis und Onkels Reynirs finanzieller Beitrag reichte bei weitem nicht.

Gerne schlenderte ich durch die Gassen der Altstadt, schaute in die Vorgärten, schnupperte an den Rosen am Zaun und staunte über die milde Septemberluft. Wo blieben die Herbststürme? Leute saßen draußen in den Cafés am Münsterplatz. Es war ein Traum: lächelnde, plaudernde Menschen, die sich unglaublich viel zu erzählen hatten, aber es war ohne Bedeutung, ohne Tiefe. Ich schwebte wie in Watte gepackt durch die Gassen, nichts ließ sich greifen, bot Widerstand oder Halt. Verloren in den Klängen der fremden Sprache, der windstillen Luft sehnte ich mich nach Asmundur und seiner rauen Verschlossenheit. Mehr denn je verzehrte ich mich nach ihm. Der Schmerz hielt mich in seinem Bann und verhinderte, dass ich mich verflüchtigte.

Und dann machte ich mich auf die Suche nach meinem Vater. Bei der US-Army wollte man mir keine Auskunft geben. Ich wandte mich ans Rote Kreuz, das sich um Familienzusammenführungen kümmert. Alles in allem dauerte es zwei Jahre, bis ich seine Anschrift in Santa Fé erhielt, und ich zögerte noch monatelang, ihm zu schreiben. Ich hatte Angst, mein unbekannter Vater könnte mich ablehnen. Vielleicht war er ja ein unsympathischer, nörgelnder alter Mann, gewalttätig oder strohdumm, langweilig oder versoffen, hing in verrauchten Kneipen herum und lallte unverständliches Zeugs. Oder sein Leben würde durch die plötzlich auftauchende Isländische Tochter erschüttert: die Ehe zerbrach, die Kinder - meine Halbgeschwister! - wollten nichts mehr mit ihm zu schaffen haben; wer weiß, was ich anrichtete. Aber Adda machte mir Mut:

„Komm, schließlich ist er dein Vater. Jetzt, schreib ihm, es lässt dir doch keine Ruhe."

Also schrieb ich einen Brief in der Hoffnung, das Niemandsland meiner Existenz zu füllen. Ich schickte ein Foto von mir, bat um Antwort und die Möglichkeit, ihn kennenzulernen.

Dann wartete ich so wie früher auf Asmundurs Briefe mit Herzklopfen, jedes Mal, wenn ich den Briefkasten öffnete.

Nach fünf Wochen kam ein Luftpostbrief und, nachdem ich die Treppen zu meinem Zimmer im dritten Stock hochgerannt war, musste mich erst einmal setzen und durchschnaufen. Ich betrachtete den Brief von allen Seiten, die Briefmarke, die schwungvolle Schrift und den Poststempel. Instinktiv schloss ich die Zimmertür ab, dann nahm ich das Küchenmesser und schnitt den Umschlag vorsichtig auf. Der Brief zitterte wie Espenlaub, als ich ihn auf den Tisch legte. Das Foto! Mein Vater, ein mittelgroßer Mann mit langen, schwarzen Haaren - nein, er machte absolut keinen misepetrigen Eindruck! Daneben eine rundliche Frau mit braunem Pferdeschwanz, und zwei junge Mädchen mit Türkisschmuck.

Er schrieb, er sei überrascht und erfreut, eine Isländische Tochter zu haben; auf dem Foto sähe ich seiner verstorbenen Mutter ähnlich. Er und seine Frau Lilly wollten mich unbedingt kennenlernen, und Chenoa und Tehya platzten vor Neugier! Sein Vater sei ein Pueblo-Indianer aus Taos, seine Mutter spanischer Abstammung. Er schrieb:

„Wir leben am Rande von Santa Fé, haben Pferde und ich transportiere Baumaterial mit meinem Pickup. Du bist herzlich eingeladen! Leider kann ich dir den Flug im Moment nicht zahlen, aber wenn du kommst, gebe ich dir das Geld."

Ich schlüpfte schnell in meine Schuhe, steckte den Brief in die Tasche und lief an Vorgärten vorbei, in denen die Schneeglöckchen blühten, über die Dreisambrücke zu Adda. Sie freute sich mit mir.

„Soll ich Mutter schreiben?", fragte ich sie und dachte im selben Moment an Vaters Blick.

Ich beschloss in jeder freier Minute zu arbeiten, um bis zum Herbst genügend Geld für den Flug zusammenzubringen: abwaschen, Salat anrichten, die Bedienungstheke auffüllen, Bouletten braten, Töpfe scheuern.

War eigentlich Tante Skadi über meine Abstammung im Bilde? Oder war die Kindesübergabe damals stillschweigend vor sich gegangen? Als sie mir schrieb, sie und Onkel Reynir wollten mich in den Semesterferien besuchen und ich solle ihnen die Gegend zeigen, geriet ich in eine Zwickmühle. Ich schrieb zurück, ich hätte mich verpflichtet, in der Garküche zu arbeiten, und könne nicht frei nehmen. Natürlich war sie eingeschnappt.

„Wenn es so ist, kannst du dir das Studium auch selber finanzieren", antwortete sie.

Ich ließ ihren Brief traurig sinken, es tat weh bestraft zu werden. Ich brauchte das Geld so dringend! Zur Not würde ich es mir ausleihen. Wie immer versprach Adda zu helfen.

„Adda, womit hab ich das verdient, dass du so gut zu mir bist?"

„Ach, Quatsch", sagte sie, „das ist doch ganz selbstverständlich, dir würde ich sogar meinen

Notgroschen geben - ich glaube, ich bin es dir schuldig!"

Sie lachte über meine Verwunderung:

„Nur so ein Gefühl, weißt du."

Als mir die Tränen kamen, legte sie mir die Hände auf die Schultern und bekräftigte:

„Du hast ein Recht zu wissen, wer dein Vater ist."

Da beschloss ich, trotz des unausgesprochenen Schweigegebotes in der Familie, Tante Skadi von meinem Vorhaben zu schreiben. Ich dankte ihr und Onkel Reynir für ihre Fürsorge und die Möglichkeit, eine höhere Schule zu besuchen, und versuchte zu erklären, wie wichtig es mir war, meinen leiblichen Vater kennenzulernen. Die monatlichen Zahlungen gingen daraufhin weiter ein, aber erst im folgenden Jahr bekam ich Antwort auf meinen Brief: Tante Skadi war über ihren Schatten gesprungen.

Und dann saß ich eines Tages wirklich im Zug nach Frankfurt, und im Flugzeug nach Chicago. Ich schaute durch das ovale Fenster auf die herbstlichen Felder und Laubwälder. Ich flog meinem Leben entgegen.

Umsteigen, Warteschlangen bei Pass- und Sicherheitskontrollen, Anzeigetafeln, Lautsprecher, die Sinne hellwach trotz Müdigkeit, durch endlose Gänge und über Rolltreppen. Als das Flugzeug in

Santa Fé landete, war die Sonne untergegangen, der Himmel nachtblau; eine Palme wedelte mit ihren Blattfächern im trockenen Wind. Zu meinem Erstaunen fühlte ich mich nicht fremd. Und dann sah ich ihn, meinen Vater! Cowboyhut, ein langer Zopf im Rücken, Jeans, ein verblichenes Hemd und ein strahlendes Lächeln, als er mich erblickte und die Arme ausbreitete:

„Welcome!", rief er; „Welcome. Wundervoll, noch eine schöne Tochter!"

Alles war plötzlich so einfach, dass mir schwindlig wurde. Tom nahm meinen Koffer, lud ihn in seinen Pick-up, lenkte das Steuerrad mit einer Hand, deutete auf Gebäude in Lehmbauweise. Ich konnte die Augen nicht von ihm wenden - ach, Mutter, du hattest keine Chance ihm zu entkommen! Du hast dich im siebten Himmel gefühlt, begünstigt und auserwählt, ... und er ließ dich fallen, ... und dann Einar, der Wortkarge, der mit Gesten und Gefühlen spart, krasser geht es kaum. Die verletzte Liebe in deiner Seele und ich in deinem Bauch als sichtbares Zeichen deiner Schmach.

Während Tom selbstherrlich über sein Leben sprach: die Army, old Germany, die Frau, die Kinder, die Pferde, erschrak ich über die Wut, die in mir aufstieg. War Mutter nur ein flüchtiges Vergnügen für ihn gewesen? Und alles Leid für sie?

„Müde nach der langen Reise?", fragte Tom und legte seine Hand auf meinen Arm.

Ich brachte kein Wort heraus, nickte, obwohl ich ihn anschreien wollte:

„Hast du Mutter geliebt? Wenigstens die paar Tage, die ihr zusammen wart?"

Ich holte hörbar Luft, mein Herz klopfte bis zum Hals, Schweißausbruch, Panik. Wie sollte ich seine Frau und meine Halbschwestern freundlich begrüßen, wenn ich innerlich brodelte?

„Here we are", sagte Tom, und stellte den Wagen vor einer Holzbaracke ab.

Wo ist die Farm? dachte ich ungläubig, aber schon flog die Haustür auf und Lilly, Chenoa und Tehya drängten neugierig heraus. Ihre Freude mich zu sehen ließ meine Wut in sich zusammenfallen: herzlich und sanft begrüßte mich Lilly, die mir nur bis zur Schulter reichte. Sie strich mir über die Locken:

„How lovely hair", sagte sie, „Willkommen, liebe Jorun, ich freue mich Toms älteste Tochter kennenzulernen und hier sind deine amerikanischen Schwestern."

Chenoa, 15 Jahre alt, eine indianische Schönheit, umarmte mich und Tehya, 13 jahre alt, verblüffte mich mit einem Lächeln, das meinem nicht unähnlich war. Wir konnten gar nicht mehr aufhören, uns anzulächeln, während die anderen verwundert ausriefen:

„Oh! Das Lächeln der spanischen Großmutter!"

„Deiner Mutter siehst du nicht ähnlich", sagte Tom, „ Ich hoffe, es geht ihr gut."

Ich senkte den Kopf und holte schnell ein Foto meiner Familie vor dem Bauernhaus aus der Tasche: Mutter schaute ernst, Vater eine Spur grimmig, Vilborg stolz, Dagur freundlich und Soléy schüchtern; neben ihnen stand das wohlgenährte Pferd.

„Damals war sie jünger!", lachte Tom, „sie war ein hübsches Mädchen."

„So schöne blonde Haare", staunte Lilly, „wunderschön! Und das grüne Gras ums Haus, unsere Pferde würden sich freuen."

„Ja", sagte Tom, „ihr habt da ein lustiges kleines Pferd; Morgen zeige ich dir meine, sie müssen sich meistens mit trockenem Gras begnügen."

Ich zeigte noch ein Foto von Tante Skadi, Onkel Reynir und mir und sagte:

„Ich bin bei ihnen aufgewachsen."

Lilly sagte:

„Oh, meine Liebe. Aber jetzt komm, wir wollen essen."

Es gab Maisfladen mit Bohnen und Hühnerfleisch. Tehya machte einen Scherz, den ich nicht verstand. Alle redeten durcheinander und lachten, ich hatte Mühe die amerikanische Aussprache zu verstehen. Als ich den Salat mit Avocado-Creme aß, sprangen mir die Tränen in die Augen und ich musste mir Luft zufächeln. Tom grinste:

„Das bist du nicht gewohnt, wie?"

Die Schärfe brannte in Mund und Speiseröhre und noch in der Nacht spürte ich, wie sie die Gedärme durchwanderte. Dabei war ich so müde - hundemüde. Immer wieder griff ich zum Wasserglas, und das Klappbett, auf dem ich im Zimmer meiner Schwestern schlief, quietschte, wenn ich mich umdrehte. Das Leid meiner Mutter fraß sich in meine Seele. Dann stand plötzlich das elterliche Bauernhaus vor meinen Augen: es war mit weißem Wellblech verkleidet, bescheiden und doch gemütlich, während hier alles provisorisch wirkte wie auf einem Campingplatz.

Als ich am Morgen aufwachte, war Chenoa schon zu ihrer Lehrstelle im Büro der Ziegelei gefahren und Tehya zur Schule. Lilly sagte mir, dass Tom Lehmziegel ausfahre. Die Haustür stand offen, der Himmel war blau und die Sonne wärmte. Die Baracke lag in einem weitläufigen Gelände im Ort La Cienega, süd-westlich der Stadt Santa Fé. Ich sah ein paar Bretterbuden und Wohnwagen; die Pick-ups, die nirgendwo fehlten, wirkten größer als die Behausungen. Eine rötliche Lehmstraße durchzog das Weideland, auf dem mehr Wüstensalbei als Gras wuchs; Drahtzäune grenzten die Flächen voneinander ab, soweit man blicken konnte. In der Ferne erhoben sich schneebedeckte Berge. Nicht weit vom Haus grasten ein paar gescheckte Pferde; kein Baum, kein Strauch, kein Schatten bis auf eine zerzauste Pappel am Haus. Ein Hund strich vorbei und hob das Bein. Wo war die Farm? Die Pferdezucht? Ich erschrak: Und das Geld für den Flug?

Lilly brachte mir einen Becher Kaffee und einen Donut.

„Siehst du die Berge?" Sie zeigte nach Norden. „Sie heißen Sangre de Christo, weil sich der Schnee bei Sonnenuntergang rot färbt."

„Lilly", wagte ich zu fragen, „wo ist die Farm?"

Sie blickte mich erstaunt an und sagte:

„Aber hier, das ist unsere kleine Farm!"

„Und die Pferdezucht?"

„Da, die Pferde auf der Weide, wir haben fünf Pferde", sagte sie stolz.

Was war mein Vater nur für ein Angeber!

Am folgenden Tag sattelte Tom zwei Pferde und fragte:

„Du kannst doch reiten?"

„Ich bin Isländerin, hast du das vergessen?"

„Ich will dir La Cienega zeigen, eine Oase in der Wüste. La Cienega bedeutet ‚Sumpf', die spanischen Kolonisten haben es so genannt."

Wir ritten zum Feuchtgebiet mit Quellen und Mooren, üppigen Bäumen und Wiesen am Santa Fé River.

„Hier sollte man Land besitzen", sagte Tom. „El Camino Real, die alte Straße von Mexico City nach Santa Fé führt durch den Canyon des Flusses. Die ersten Spanischen Siedler kamen schon um 1600, und haben Bewässerungsgräben angelegt."

Auf dem Heimweg kamen wir am Rancho de las Golondrinas vorbei, einem größeren Anwesen mit mehreren Gebäuden, Pferden und Schafen.

„Golondrinas bedeutet ,Schwalben'", sagte Tom. „Hier trifft sich die Jugend samstags zum Tanz, die Mädchen werden dich mitnehmen."

Ich war überrascht, wie sehr Lilly und die Töchter Tom liebten. Auch mein Herz flog ihm zu und doch wuchs der Groll über meine bittere Kindheit.

Ich half Lilly beim Kochen, denn ich wollte lernen, wie sie Tacos und Maisfladen zubereitete, und erzählte ihr von dem Restaurant, in dem ich arbeitete. Ich half beim Pferdefüttern und Tränken und begleitete Tom, wenn er Baumaterial ausfuhr.

„Hast du jetzt eine Assistentin, Tom?", wurde er gefragt; und wenn er sagte, ich sei seine Tochter, war das Erstaunen groß.

Meine Schwestern brachten mir bei, feine Glasperlen aufzufädeln, zu verstricken und zu verweben, um Halsschmuck herzustellen. Sie wollten alles über meine Geschwister wissen und konnten es kaum glauben, dass ich sie in den letzten Jahren nur selten gesehen hatte. Tehya zeigte mir ihre Schulhefte und Bücher, und wir machten zusammen Hausaufgaben.

Am Samstagabend nahmen sie mich zum Tanzen mit. Chenoas Freund holte uns in seinem Ford ab und wir fuhren zu der Ranch. Ein Schuppen war mit bunten Glühbirnen beleuchtet, draußen wurde Fleisch gegrillt.

„Willst du viel Ketchup"? fragte Tehya. Am wackligen Geländer der Holzveranda lehnten junge Männer mit einer Bierflasche in der Hand und beäugten die Neuankömmlinge. Während Chenoa mich ihren Freunden vorstellte, kamen zwei streitende Indianer auf uns zu. Einer wurde handgreiflich, versuchte, den anderen zu Boden zu werfen. Dieser verlor das Gleichgewicht, griff nach meinem Arm und wir stürzten auf den Bretterboden. Meine Schwestern halfen mir wieder auf die Beine und rannten nach Papierservietten, denn mein Kleid war von oben bis unten mit Ketchup bekleckert. Das war's dann wohl mit Tanzen, dachte ich, als die Musik anhob, und rieb mein Knie.

„Ich bin Madox", sagte der Mann und warf seine langen Haare zurück. „Sorry, wollen wir tanzen?"

Er schob mich auf die Tanzfläche, bevor ich den Mund aufmachen konnte, und ich wusste, dass das Schicksal mich am Wickel hatte.

Ein Indianer, Mitte Zwanzig, dachte ich, hat Alkohol getrunken … ich schaute mich hilfesuchend nach meinen Schwestern um.

„Hi" rief Chenoa, die mit ihrem Freund vorbeitanzte, „Gib Acht, Jorun, er ist …"

Der Rest ging im Scheppern der Musik unter. Jemand schlug eine Trommel in raschem Rhythmus. Madox verzog keine Miene, er bewegte sich geschmeidig wie eine Katze, strich um mich herum, zog mich an sich und wir tanzten und tanzten. Ein Zittern schlängelte durch meinen Körper, meine Brüste begannen zu hüpfen. Madox Zähne blitzten auf. Plötzlich waren wir umringt von stampfenden, johlenden Männern. Ich sah Tehyas erschrockenen Blick und warf den Kopf im Rausch vor und zurück. Madox wirbelte mich herum. Dann zog er mich von der Tanzfläche, wir holten uns etwas zu trinken und gingen in die Dunkelheit hinaus. Das Blut in meinen Fingerspitzen pulsierte. Da blendete uns plötzlich eine Taschenlampe: Madox Muskeln spannten sich und er schob mich von sich fort. Ich erkannte den Mann, mit dem er sich gestritten hatte. Nach verbalen Attacken gingen sie aufeinander los. Mit zittrigen Beinen floh ich zum Tanzschuppen, suchte nach Chenoa, fand keine meiner Schwestern, sprach wildfremde Männer an, keuchte:

„Madox und ein anderer Typ schlagen sich", deutete mit dem Arm in die Richtung und erntete nur Gelächter.

Da drückte ich mich in eine Ecke und stand Todesängste um Madox aus.

Später tauchten meine Schwestern wieder auf, und wir fuhren nach Hause; dort erst wagte ich zu erzählen, was passiert war.

„Nimm dich in Acht", sagte Chenoa, „ Madox wickelt die Mädchen um den Finger und verlässt sie dann. Mabel ist schwanger von ihm, wahrscheinlich hat er mit ihrem Bruder Streit gehabt."

„Nun ja, mein Vater …" murmelte ich.

Zum San Geronimo-Fest, fuhren wir nach Taos, dem Pueblo, aus dem Toms Vater stammte. Ich war verzaubert von den mehrstöckigen, aneinander gebauten Lehmziegelhäusern mit ihren Terrassendächern: Ockertöne, abgerundete Formen, hohe Leitern, um durch die Dachluken in die Räume zu gelangen, blau gestrichene Türen, runde Lehmöfen zum Brotbacken. Es gab reichlich zu essen und zu trinken, Salbei zum Räuchern und Türkisschmuck; an einem Stand kaufte ich eine mit Zwetschenmus gefüllte Teigtasche. Die Indianer hatten ihre bunten Kostüme angelegt und auch Tom und meine Schwestern nahmen am Erntetanz teil. Mein Herz klopfte laut vor Glück.

Wir besuchten Vettern und Cousinen, die uns zum Essen einluden. Ich war nicht recht bei der Sache, als ich zum x-ten Mal meine Geschichte erzählen sollte. Der Abend mit Madox war mir unter die Haut gegangen und der Schreck in die Glieder gefahren. Später, als sich die Verwandten in ihrer indianischen Sprache unterhielten, setzte ich mich auf eine Matte in eine Ecke des Raumes, lehnte mich an die Wand und verlor mich in Träumereien. Ein schlanker Hund schnupperte vorsichtig, wedelte verhalten und rollte sich neben mir zusammen. Ich strich ihm über den Kopf und legte meine Hand auf seine Flanke, die sich hob und senkte. Wehmut erfüllte mich, als ich zur Dachluke hochschaute und die Wolken im Mondschein vorbeiziehen sah; es kam mir vor, als säße ich schon seit Jahrhunderten an diese Wand gelehnt.

Als wir im Morgengrauen aufbrachen, waren alle müde und schweigsam, nur Tom pfiff hin und wieder ein Lied, um sich beim Fahren wach zu halten. In La Cienega bog er von der Hauptstraße auf die Lehmpiste ab und flüchtig erblickte ich im Scheinwerferlicht einen Mann, der vor einem Wohnwagen stand.

„Madox!", rief ich überrascht, und Tom sagte:

„Oh ja, ich glaube, er war´s."

„Dann ist er am Leben", murmelte ich und seufzte vor Erleichterung.

In der Nacht träumte ich von Strapazen, die man nicht übersteh en kann, und wachte mit zerschlagenen Gliedern auf.

„Du hast wohl zu viel getanzt", meinte Tom, und zwinkerte mir zu.

„Nein, nein, es sind die vielen Eindrücke. Weißt du, was mich wundert?", sagte ich unvermittelt, „ich dachte, hier seien endlose Grasebenen."

„Die Prärie liegt östlich der Rocky Mountains", sagte er, „wenn du willst, fahren wir hin, aber das Land ist mit Getreide und Soja bebaut - die großen Bisonherden, das war einmal, long time ago."

„Nicht nötig", sagte ich, „nur um endlose Felder zu sehen brauchen wir nicht hinzufahren."

„Dann machen wir einen Ausritt durch den Santa Fé River Creek", sagte er, „aber heute und morgen muss ich Baumaterial ausfahren, kommst du mit?"

Ich schüttelte den Kopf:

„Heute nicht, ich bin ganz benommen und mein Auge tut weh."

„Du musst viel trinken", sagte er und schenkte mir ein Glas Wasser ein, „die Luft ist nicht nur heiß, sondern auch trocken, dazu der Wind. Trink am besten ein paar Liter am Tag, sonst bekommst du Nasenbluten."

Ich setzte mich in den dürftigen Schatten der Pappel, trank Wasser und sehnte mich nach meinem Studentenzimmer und nach Adda. An diesem Morgen war das Licht zu grell und die Hitze erbarmungslos. Hoffentlich ging das brüchige Gefühl, das mir Angst machte, bald vorüber. Ich schloss die Augen, versank noch einmal in die bedrohliche Stimmung des nächtlichen Traumes, sah wogende Grasebenen und dachte: witzig, jetzt brauche ich wirklich nicht mehr hinzufahren! Da verdichtete sich ein Schatten zu einem massigen Tier, einem rasenden Bison … ich riss die Augen auf, fasste mir an die Kehle. Als ich hilflos in die Baracke stolperte, schaute Lilly von ihrer Arbeit auf und nahm mich fest in die Arme.

Am Abend hielt ein ramponiertes Auto neben der Baracke und Madox stieg aus. Ich lief auf ihn zu und rief freudig:

„Du lebst!"

„Ja, sagte er, ich lebe."

Er breitete die Arme aus und drückte mich an sich.

„Und damit es so bleibt, werde ich Mabel heiraten."

Ich zuckte zurück. Er ließ mich los und sagte:

„Deine Schwestern haben dir bestimmt erzählt, was für ein verworfener Mensch ich bin."

Ich schluckte, schämte mich, mir Hoffnungen gemacht zu haben … so ähnlich, wie bei Asmundur.

„Und warum kommst du?", fragte ich.

„Ich habe mich neulich nicht von dir verabschiedet und wir haben etwas nicht zu Ende gemacht."

Ich spürte seine heiße Hand im Nacken.

„Komm", sagte er, und wider alle Vernunft stieg ich in sein Auto.

Tom stand in der Haustür.

Wir fuhren in die warme Nacht und ich wusste nicht, ob ich träumte: ein überwältigender Sternenhimmel, die Mondsichel, die als feine Schale am Himmel lag, ein Indianer am Steuer. Madox hielt das Auto an, nahm eine Decke und führte mich zu einer geschützten Felsenbucht. Seine Zärtlichkeit berauschte mich. Als er mich liebte, zerriss mich der Schmerz. Er sagte verwundert:

„Das erste Mal?"

Am nächsten Morgen war nur Chenoa im Haus. Sie schaute verlegen zur Seite, aber ich sagte:

„Bitte, erzähl mir alles von Madox, was du weißt."

Da setzten wir uns auf die schiefe Bank unter der Pappel, und sie sagte:

„Er lebt mit seinen Eltern und drei Geschwistern in einer Holzbaracke und einem Wohnwagen und arbeitet als Hilfsarbeiter auf dem Bau. Ich kenne ihn, weil er öfters in die Ziegelei kommt, um Material zu holen."

„Hat er keinen Beruf?"

„Nein, hier gibt es kaum Arbeit."

„Aber in der Stadt?"

„Er ist Indianer, er wird den Boden seiner Ahnen nicht verlassen, sonst ist er ein Nichts ohne Verbindung zu den Geistern seines Stammes."

„Du meinst, er wird niemals von hier fortgehen?", fragte ich.

Chenoa streichelte sacht meine Hand:

„Nein, ich glaube nicht. Einmal sagte er: ‚Ich habe Angst jung zu sterben, ich muss leben, leben, leben, bevor es zu spät ist.'"

Tags darauf sattelten Tom und ich zwei der Appaloosa, füllten die Satteltaschen mit Proviant, rollten Decken zusammen und schnallten sie fest.

„Wir sind fünf, sechs Stunden unterwegs", sagte er.

So mager die gescheckten Pferde auch waren, so lebhaft schritten sie aus, als wir aufbrachen. Mein Pferd hieß Jessy, es trabte durch den Wüstensalbei und die locker stehenden Wachholderbäume.

Nur noch drei Tage zusammen mit meinem Vater - von Madox ganz zu schweigen!

Widerstreitende Gefühle ballten sich in mir zusammen. Ihre Intensität machte mir Angst. Nur nicht meinen Vater vor den Kopf stoßen und ihn wieder verlieren.

Als wir abends auf einer Geländestufe am Fluss saßen und auf das schlammig, rote Wasser schauten, drängte es doch heraus:

„Und Mutter, hast du Mutter geliebt?"

„Oh, well", sagte er und strich sich über das Kinn:

„Du bist wütend auf mich."

Dann fuhr er fort:

„Ich war jung, hatte Chancen bei den Mädchen, fand, ich sei ein toller Kerl, und Hafrún war bezaubernd. Mich zu binden wäre mir damals nicht eingefallen. Ich hatte Pläne, die wichtiger waren. Damals schwebte mir die große Karriere bei der Army vor; und als ich überraschend nach Deutschland verlegt wurde, witterte ich Aufstiegschancen. Ich war auch neugierig auf das besiegte Land der Nazis und froh in eine wärmere Gegend zu kommen: Island ist ja so kalt und dunkel im Winter; für jemanden, der in der Wüste aufgewachsen ist, nicht auszuhalten. Ich hatte auch bald ein deutsches blondes Mädchen …"

„Hast du noch mehr unbekannte Töchter?", fragte ich spitz.

Er legte mir die Hand auf den Arm. Ich zog ihn zurück, als habe mich eine Schlange gebissen. Er sagte:

„Ich glaube nicht, ich war auch erfahrener."

„Ich war ein dummer Junge", sagte er, „habe mir vorgestellt, General zu werden, fühlte mich anderen weit überlegen und war so überzeugt von mir, dass manche zu mir aufschauten, noch bevor ich etwas geleistet hatte. Wenn heute der Größenwahn mit mir durchgeht, sage ich mir: ‚Schau, alter Junge, die Bretterbude ist dein Haus, die mageren Pferde dein ganzer Reichtum, und du bist Tagelöhner - das ist alles.' Dann schätze ich mich glücklich, eine gute Frau und schöne Töchter zu haben."

Er versank in Gedanken. Leiser sagte er:

„Nachdem ich mit 37 Jahren die Army verlassen hatte, ein Fleckchen ausgetrocknetes Land gekauft und die Baracke gebaut hatte, wo ich mit Lilly und den kleinen Kindern hinzog, wurde ich krank. Ich konnte kaum mehr aufstehen, lag wie erstarrt im Bett. Obwohl die Sonne vom Himmel brannte, fühlte ich mich wie im Isländischen Winter: dunkel und kalt. Lilly war tapfer: sie zog Mais, Bohnen, Linsen und Kürbisse, hielt Truthähne und Hühner und nähte auf ihrer Nähmaschine. Sie hielt uns über Wasser."

Er zögerte und sagte dann, ohne mich anzuschauen:

„Manchmal, wenn ich aus dem bleischweren Schlaf erwachte, stand ich mit einem Wutanfall auf, bedrohte Lilly, schlug Tisch und Stühle kaputt und sie flüchtete mit den Mädchen zu den Nachbarn. Einmal war sie nicht schnell genug …", er fuhr mit der Hand über die Augen …

„Sie stand einfach da, hielt den gebrochenen Arm mit der anderen Hand und blickte mich an. Am nächsten Tag kamen ihre Brüder und schlugen mich zusammen. Ich konnte mich vor Prellungen kaum rühren, meine Augen waren zugeschwollen. Aber ich versank nicht mehr im eisigen Dämmerschlaf, die Schmerzen hielten mich wach und ich begann, über mein Leben nachzudenken. Meine Seele brannte vor Scham und verletztem Stolz und ich fühlte mich wie der letzte Wurm auf Erden. Im Laufe dieser schlimmsten aller Nächte, spürte ich noch etwas anderes: ich bin da, ich lebe!

Am Morgen brachte Lilly mir mit eingegipstem Arm, eine Suppe. Ihre Trauer rührte mich an: ‚Lilly' sagte ich, ‚ich will ein neues Leben beginnen, das Leben eines kleinen Mannes, und ich hoffe, du verzeihst mir". Sie nickte und ihre Tränen tropften in die Suppe, die sie mir einlöffelte.

Siehst du, ich habe es wirklich geschafft", sagte er mit belegter Stimme, „das war nicht leicht".

Ich lehnte meinen Kopf an seine Schulter und sagte:

„Dad".

Wir schauten auf den Fluss und die Pappeln, deren Laub im Wind raschelte. Später fragte ich:

„Warum bist du aus der Army ausgetreten?"

„Oh! Ich wollte immer ein Held werden, ein einmaliger Heeresführer. Dir verrate ich es: wenn ich Abbildungen von Herrschern in glänzender Rüstung, hoch zu Ross sah, träumte ich zu werden wie sie."

Er war aufgesprungen, warf sich in Positur und wir mussten beide lachen.

„Aber immer wenn ich kurz vor der Beförderung stand, passierte ein Missgeschick: einmal ritt ich durch unwegsames Gelände, mein Pferd stürzte, brach sich ein Bein und musste erschossen werden. Ein andermal drehte ich durch, weil ein Kamerad einen Unfall erlitt. Als ich Mehl in einem feuchten Keller lagerte, so dass es von Maden wimmelte, rissen die Kameraden nur noch Witze. Sie freuten sich schon im Vorfeld, wenn meine Beförderung wieder anstand. Da beschloss ich einfacher Soldat zu bleiben, aber der Spott, die Streiche, das brüllende Gelächter, kaum dass ich auftauchte, hielten an. Zur Belustigung der gesamten Mannschaft wurde ich mit den lächerlichsten Aufträgen schikaniert. Ich konnte machen, was ich wollte, ich kam da nicht mehr heraus, es war die Hölle.

Schließlich verließ ich die Army, bekam die mickrige Abfindung, von der ich das Stückchen Land kaufte. Es ist zu trocken, ich müsste eine hundertmal größere Fläche in Flussnähe haben, um wirklich Pferdezucht zu betreiben.“

Er schaute zu den Tieren, die die Rast nutzten, um die Grasbüschel an der Uferböschung zu rupfen, und lächelte:

„Lilly hielt trotz allem zu mir; ich liebe sie und meine beiden Töchter und ich liebe dich, Jorun darling. Ich wollte ein bedeutender Feldherr werden und nun ist mir eine besondere Tochter vom Himmel gefallen!“

Er nahm mich in die Arme, meine Wut war verraucht.

Wir sammelten dürre Zweige, machten Feuer, um Kaffee zu kochen, aßen die Pasteten, die Lilly für uns eingepackt hatte, und richteten das Lager für die Nacht. Die Sonne war untergegangen, der Himmel feurig rot, das Blau wurde durchsichtig und kostbar. Tom fragte:

„Deine Mutter und du, ihr habt es schwer gehabt?"

Da erzählte ich von meiner Kindheit und dem Familiengeheimnis, und sagte:

„Das Schlimmste war, mich schuldig zu fühlen, und nicht zu wissen warum."

Als wir am nächsten Tag heimkamen, lag ein Päckchen vor der Tür: „Jorun" stand darauf. Unwillkürlich biss ich mir auf die Lippe, öffnete das Packpapier und entnahm ihm einen Berglöwen aus dunklem, marmoriertem Stein, der gerade auf meiner Handfläche Platz hatte. Ich betrachtete ihn von allen Seiten: er war in Bewegung, hatte einen langen Schwanz und kleine Ohren; auf dem Rücken trug er einen Pfeil aus Perlmutt, einen Türkis und zwei rote Steine, die mit einem Band um seinem Bauch befestigt waren. Die Augen und ein Pfeil, der vom Maul zur Flanke führte, waren aus eingelegtem Türkis. Auf dem Zettel stand:

„Ich wünsche dir die Kraft des Berglöwen, deinen Weg durch die Höhen und Tiefen des Lebens zu finden; ihn schreckt die Einsamkeit nicht, auf dem Rücken trägt er Himmel und Erde und einen Pfeil zu deinem Schutz. Alles Gute, Madox."

Berglöwe und Schrift verschwammen vor meinen Augen. Später setzte sich Chenoa zu mir:

„Siehst du, ich hatte dir gesagt: Nimm dich in Acht vor ihm!"

Ich versuchte zu lächeln:

„Es ist alles in Ordnung, so wie es ist", flüsterte ich, „aber so traurig …", und ich begann hemmungslos zu schluchzen.

Am Tag vor meiner Abreise sagte Tom gut gelaunt:

„Heute kommt ein Käufer für das zweijährige Fohlen, aber ich fürchte der Preis wird nicht reichen, um dir den Flug zu bezahlen."

Der Mann blieb den halben Vormittag, diskutierte und verhandelte. Dann wurde der Kauf per Handschlag besiegelt, er band das junge Pferd mit einem Seil an seinen Sattel, schwang sich auf sein Pferd und zog das Fohlen, das den Kopf immer wieder zurückwandte, mit sich, als er davon trabte. Tom wischte sich Schweiß und Staub von der Stirn und drückte mir die Scheine in die Hand. Ich protestierte, wollte nur einen Teil davon annehmen, aber Lilly und er bestanden darauf, dass alles für mich sei.

Wie großzügig Lilly mir gegenüber war - ich konnte es kaum fassen.

Und dann war die Zeit schon herum, und ich musste mich von meiner Indianischen Familie verabschieden. Wir hatten uns lieb gewonnen. Tom wollte mich kaum gehen lassen; er sagte:

„Bitte grüß Hafrún von mir und sag ihr, dass ich ihr unendlich dankbar für die Tochter bin, die sie mir geschenkt hat. Gott schütze sie und dich, mein Liebling."

Im Flugzeug las der Geschäftsmann neben mir Zeitung, während meine Seele bebte und vibrierte, sich weitete, um alle geliebten Menschen zu fassen, und nicht wusste, wie sie sich halten sollte.

Gut, dass ich Adda von meinen Abenteuern erzählen konnte. Ich schrieb einen langen Brief an Mutter, schilderte euphorisch Landschaft, Menschen und Wetter; schrieb, dass ich mich mit ihr, Tom und meinem Schicksal versöhnt hätte. Die Teile meines Lebens hatten sich zusammengefügt, die weißen Flecken Farbe bekommen - und was für Farben! Die Rottöne der Felsen, das Ocker der Lehmbauten, die feurigen Sonnenuntergänge, warme, heiße Töne von Liebe und Zuneigung. Ich schwelgte in den Erlebnissen zweier Wochen, die alles Bisherige in den Schatten stellten. Würden sie das isländische Eis zum Schmelzen bringen?

14 Der Sohn der Berglöwin

„Liebhaben von Mensch zu Mensch: das ist vielleicht das Schwerste, was uns gegeben ist, das Äußerste, die letzte Probe und Prüfung, die Arbeit, für die alle andere Arbeit nur Vorbereitung ist."
R.M. *Rilke*

„Die Reise hat meine Periode durcheinander gebracht" sagte ich zu Adda und wunderte mich, als sie mich seltsam anschaute, dann durchflutete es mich siedend heiß. Als der Schwangerschaftstest positiv ausfiel, brachen die Luftschlösser zusammen: Nur einmal, überhaupt das erste Mal … und dann gleich schwanger? Studium, Geld verdienen, für ein Kind sorgen - wie sollte ich das alles schaffen? Traurig legte ich die Hand auf meinen Bauch und dachte: Schon wieder ein Kind, das ohne Vater aufwachsen wird. Chenoa hatte mich gewarnt, die schöne, liebenswerte Schwester, deren Name „weißer Vogel" bedeutet.

Sollte ich nach Island zurückkehren? In Freiburg bleiben? Auf Dauer? Bis auf Adda hatte ich nur oberflächliche Bekanntschaften; ich war immer noch zu schüchtern, um anzukommen.

Ich gab mein Studium auf, lernte Schreibmaschine schreiben und fand Arbeit auf dem Landwirtschaftsamt. Ich zögerte, Tante Skadi die Wahrheit mitzuteilen, obwohl ich ein schlechtes Gewissen wegen der monatlichen Zahlungen hatte.

Es wurde ein harter Winter für mich. Ende Juni sollte das Kind zur Welt kommen und im März gestand ich mir ein, dass mein Leben gescheitert war. Nicht einmal einen Mann hatte ich an meiner Seite.

Ich wollte keine Geheimnisse mehr und nahm meinen Mut zusammen, Mutter zu schreiben. Warum sie auf meinen letzten Brief nicht geantwortet hatte, verstand ich nicht. Es machte mich traurig, dass sie meine Freude über den wieder gefundenen Vater nicht hatte teilen können. An demselben Wochenende schrieb ich auch an Tante Skadi und Onkel Reynir und an Tom. Ich legte eine Nachricht an Madox bei mit der Bitte, sie weiter zu leiten. Und weiß Gott warum, ich schrieb auch an Asmundur.

Ich zögerte, die Post in den Briefkasten zu werfen, dann schob ich den ganzen Packen durch den Schlitz und hörte, wie er aufplumpste. Eine Bewegung in meinem Bauch holte mich aus meinen Gedanken, ich murmelte:

„Was du in meinem Leben anrichtest."

Ein zarter Fußtoß antwortete von innen, und ich lächelte über das Indianerbaby:

„Wenn du ein Junge wirst, nenne ich dich Lionel, kleiner Berglöwe".

Dann wartete ich auf Antworten. Der erste Brief kam von Mutter bzw. Vilborg. Sie schrieb Mutter sei herzkrank, Aufregungen schadeten ihr, ob ich sie denn umbringen wolle? Wozu das längst Vergangene aufwärmen? Ob ich nicht ausnahmsweise mal Ruhe geben könne? Und wenn ich unbedingt uneheliche Kinder in die Welt setzen wolle, na bitte, aber dann sei es besser, nicht nach Island zurückzukehren und der Familie Schande zu machen. Und wozu all die Schulbildung, die ich genossen hatte? Das wolle sie doch gerne wissen.

Sie schrieb noch, dass sie mit Gisli, dem Sohn des Kaufmanns in Borgarnes verlobt sei; sie wollten im Sommer heiraten, so wie es sich gehörte. Sie mache eine Ausbildung als Buchhalterin.

Sóley wolle in der Stadt arbeiten, sobald der Hof aufgelöst und das Land verpachtet sei, denn davon könne heutzutage keiner mehr leben. Dagur habe sich für den Herbst auf der Landwirtschaftsschule in Reykjavik angemeldet. Es sei dringend, dass alle so schnell wie möglich Geld verdienten, um die Eltern zu unterstützen, denn Einar habe seit seinem Knöchelbruch Schmerzen im Bein und in der Hüfte.

„Du kümmerst dich ja um gar nichts; alle strengen sich nach Kräften an, nur du vertrödelst deine Zeit. Ich glaube, Tante Skadi bereut, was sie für dich getan hat."

Der Brief endete mit Vilborgs energischer und Mutters zittriger Unterschrift.

Mein Bauch krampfte sich zusammen, ich rannte zum Klo und übergab mich, machte Wasser für die

Wärmflasche heiß und rollte mich auf dem Bett zusammen.

Dann traf Tante Skadis Brief ein und ich erwartete nicht mehr und nicht weniger als den Gnadenstoß. Ihrer gedrängten Schrift war die Aufregung anzusehen. Sie schrieb, es sei eine bittere Enttäuschung für Onkel Reynir und sie, dass ich das Studium aufgegeben habe. Ob ich in Erwägung gezogen habe, das Kind nach der Geburt zur Adoption freizugeben? Da es im Ausland zur Welt käme, könne ich nach dem Studium unbelastet zurückkommen.

Mir wurde schwarz vor Augen: das Kind zur Adoption freigeben: niemals! Madox Kind und ich, wir würden es gemeinsam durchkämpfen.

Als nächstes kam Toms Brief. Er mache sich Vorwürfe, mich nicht davon abgehalten zu haben, mit Madox wegzufahren. Sie seien bestürzt, hätten mich liebgewonnen und wollten mein Bestes. Dass mein Besuch solche Folgen habe, sei schlimm für sie.

„Du weißt, ich kann dich finanziell nicht unterstützen", schrieb er weiter, „aber sollte es dein Wunsch sein, mit dem Kind hier zu leben, bist du jederzeit herzlich willkommen.

Ich habe deinen Brief an Madox weiter gegeben, er wird dir sicherlich schreiben."

Lilly, Chenoa und Tehya hatten Grüße und gute Wünsche angefügt und den Brief mit Herzen, Blümchen und lachenden Sonnen verziert.

Ende Mai hatte ich Mutterschutzurlaub, ging viel spazieren und schaute über die Gartenzäune: der Flieder duftete, Glyzinientrauben schaukelten im Wind, die Blütenblätter der Apfelbäume bildeten weiße Teppiche, Heckenrosen öffneten erste Knospen, und die Vögel zwitscherten, tschilpten und tirilierten. Ich blickte in jeden Kinderwagen, auf jeden gerundeten Bauch und kam mit einer zierlichen Frau mit kurzen braunen Haaren namens Alice ins Gespräch. Sie war täglich mit ihrem Zweijährigen und dem Baby auf dem Spielplatz. Als ich merkte, wie freundlich sie war, getraute ich mich, sie alles über Geburtsvorbereitung und Stillen zu fragen. Sie schenkte mir Babywäsche, die ihrem Baby zu klein war. Ich nahm mein Strickzeug mit nach draußen und strickte eine Babydecke, eine Strampelhose und ein Jäckchen aus Islandwolle mit den heimatlichen Mustern. Alice war begeistert; sie fragte mich nach der Schafzucht meiner Eltern, und dem Leben auf Island.

„Ruf mich an, sobald das Baby da ist, damit ich dich besuchen kann", sagte sie.

So fand ich eine zweite Freundin.

Kurz vor der Entbindung erhielt ich ein Päckchen von Madox. Ich wickelte einen kleinen Bären aus gesprenkeltem Stein aus einem Papierfetzen. Er sei für das Kind, schrieb er.

„Gib Acht, wer das Kleine zum ersten Mal zum Lächeln bringt - dieser Mensch wird ihm helfen. das Leben zu bewältigen."

Er schrieb, er habe im Winter Mabel geheiratet und sei Vater einer kleinen Tochter namens Jamie. Sie lebten in dem alten Wohnwagen, in dem er bislang mit seinem Bruder gehaust hatte. Das war alles. Kein Wort des Bedauerns.

War das wirklich alles? Ich drehte und wendete das Blatt Papier, die Schachtel — nichts weiter! Die Enttäuschung nahm mir den Atem. Ich fürchtete, verrückt zu werden, zog eine Jacke über und ging hinaus in den grellen Sonnenschein, das ohrenbetäubende Zwitschern und zog schwerfällig meine Runde.

„Alleine fertig werden, allein, allein…", drehte es in meinem Kopf.

Da begrüßte mich ein Arbeitskollege, ein junger Mann mit kurzem Bart und Brille namens Jochen Rieser. Er fragte:

„Alles in Ordnung?"

„Oh ja, soweit schon", sagte ich, „ich habe nur gerade eine schlechte Nachricht bekommen."

„Das tut mir Leid", sagte er und zögerte: „darf ich Sie etwas fragen? Ich will diesen Sommer mit einem Freund nach Island reisen. Sie hätten nicht zufällig Zeit auf einen Kaffee?"

Warum nicht, dachte ich und nickte; alles war besser, als alleine zu sein.

Wir sprachen über Island, über die Rucksacktour im Hochland, die er vorhatte, die Gletscherflüsse und seine Begeisterung steckte mich an. Der Käsekuchen zerging mir auf der Zunge, die Sonne wärmte, der innere Tumult ließ nach. Doch plötzlich wurde ich feucht im Schritt und dann kam ein Schwall und ich war nass. Ich schaute hilflos hoch, griff nach seinem Arm und sagte:

„Das Fruchtwasser geht ab!"

„Was geht ab?", fragte er verdattert.

„Das Fruchtwasser, das Baby kommt, ich muss ins Krankenhaus. Fragen Sie die Bedienung nach einem Handtuch, und, bitte, schnell ein Taxi."

Er fing sich rasch, half mir ins Auto, holte meine fertig gepackte Tasche aus meinem Zimmer im dritten Stock und versprach Adda zu benachrichtigen. Er begleitete mich zum Empfang des Krankenhauses; ich trug ein weites Sommerkleid und versuchte das Handtuch zwischen den Beinen festzuklemmen, während ich das Anmeldeformular ausfüllte. Er trug meine Tasche ins Zimmer und stellte sie neben dem Bett ab. Die Krankenschwester fragte:

„Sind Sie der junge Vater?"

Er hob abwehrend die Hände:

„Nein, nein, nur ein Arbeitskollege."

„Außerdem wird es ein kleiner Indianer", sagte ich grimmig, und Jochen und die Schwester schauten sich mit hochgezogenen Brauen an.

Er versprach mich zu besuchen.

Die Wehen setzten ein, und ich war mutterseelenalleine.

Am Vormittag des 25. Juni 1969 um 9:05 Uhr war es überstanden: die Hebamme hob das nackte Neugeborene unter den Achseln und ließ seine Füße die Unterlage berühren, um die Reflexe zu prüfen. Der große Kopf hing schwer, und die dünnen Beinchen machten in Zeitlupe zwei, drei Schritte; sein Blick war der eines Greises. Natürlich hatte Lionel rabenschwarze Haare und schräge Augen. Als ich ihn zum ersten Mal in den Armen hielt, ging mein Herz auf.

Später kam Adda zu Besuch, verschmitzt sagte sie:

„Schau mal, was ich mitgebracht habe."

Sie zog eine Feder aus der Tasche, die sie dem Baby in die Haare steckte. Wir mussten kichern, als der Krankenschwester der Mund offen stehen blieb. Adda ließ ein „Uwuwuwuwuwu…." ertönen, indem sie in rascher Folge, mit der flachen Hand auf den Mund schlug.

„Ich habe ihn aus New Mexico mitgebracht", sagte ich keck.

Jochen meinte unsicher:

„Der Kleine sieht wirklich aus wie ein Indianer",
und forschte in meinem Gesicht;

„Wie kommst du dazu?"

Da erzählte ich ihm die ganze Geschichte.

Das Gefühl der Zugehörigkeit zu der Kette der
Frauen, die das Leben seit Anbeginn weitergaben,
war so stark, dass es über die Einsamkeit hinweghalf
und ich den Mut fand, Madox zu seiner Hochzeit
und der Geburt von Jamie zu gratulieren. Ich
schrieb:

„Du hast einen Sohn bekommen namens Lionel
Jorunsson, Sohn der Berglöwin. Und bitte, schicke
ein Foto von dir, Mabel und Jamie; ich möchte Lionel von Anfang an von seinem Vater und seiner
Schwester erzählen."

Was meinem Kind fehlte, konnte mir niemand
sagen, es entwickelte sich nur langsam und brauchte
zwei Jahre bis es endlich krabbelte, sich aufrichtete
und die ersten Schritte wagte. Es lächelte nur selten.
Kein Wunder, dachte ich, es muss Kontinente über-
brücken.

Zu seinem Geburtstag hatte ich Adda und Jochen, die Paten, und Alice eingeladen. Sie sagte:

„Er träumt, wer weiß, woher er kommt".

„Wie, „woher er kommt"?", fragte ich.

„Ich glaube, dass wir mehrmals leben", sagte sie.

„Meinst du?", fragte ich ungläubig. „Wie soll das
gehen?"

„Ich stelle mir vor, dass wir uns in verschiedenen Zeiten und Kulturen inkarnieren, um uns weiterzuentwickeln."

„Was ist denn das für ein Irrglaube!", rief Adda, und Jochen lachte:

„Mir reicht ein Leben, um die Karriereleiter hochzusteigen."

„Aber ist euch nie aufgefallen, wie grundverschieden Geschwister sind, obwohl sie dasselbe Umfeld haben und dieselbe Erziehung bekommen" wandte Alice ein.

„Na, ist doch wohl klar", sagte Jochen, „das sind die Erbanlagen.

„Aber angenommen es stimmt, dann wär es nicht so schlimm als Kuckucksei in die Familie zu kommen", sagte ich nachdenklich.

Adda riss die Augen auf:

„Wenn das Pastor Thorstein hörte, also wirklich, das geht zu weit."

„Das ganze Drama wegen meiner dunklen Haare, so ein Quatsch", sagte ich kopfschüttelnd.

Mich dürstete nach Gedanken, die mir halfen, das Leben zu bewältigen. Alice sagte:

„Die Erde ist unser Lernfeld, es ist gut, den Blick über Familie, Heimat und Traditionen hinaus zu weiten."

Adda schaute mich besorgt an und versuchte, mich mit sanftem Druck dazu zu bewegen, sonntags mit ihr in die Kirche zu gehen.

Als Lionel drei Jahre alt war, wachte er auf. Mit dem Ernst, der ihm eigen war, übte er unermüdlich die zwei Teile eines kleinen Schraubdeckelglases aneinanderzuschlagen, aufeinanderzudrücken, bis er die Drehbewegung herausfand, mit der sich der Deckel öffnen und schließen ließ. Dann ließ er es links liegen und wandte sich dem Reißverschluss an meiner Einkaufstasche zu.

Ich knuddelte ihn und flüsterte ihm ins Ohr:

„Du nimmst es sehr genau."

Er schenkte mir ein Lächeln, gluckste und mühte sich weiter, das Geheimnis des Reißverschlusses zu begreifen.

Alice sagte nachdenklich:

„Vielleicht war er in der vorigen Inkarnation ein Mönch oder ein Einsiedler, so dass die Erde ihm fremd ist."

Ich sah Lionel mit anderen Augen: weniger als ein Kleinkind, das sich schwer tat und mir Sorgen machte, sondern vielmehr als ein Kind mit dem Willen, sich mit der Erde vertraut zu machen und auf ihr Fuß zu fassen.

Irgendwie bekam ich alles auf die Reihe: die Arbeit auf dem Landwirtschaftsamt, Lionel zu Alice oder der Tagesmutter zu bringen, ihn wieder abzuholen, anzuziehen, auszuziehen, aufs Töpfchen zu setzen, auf den Spielplatz zu gehen, einzukaufen, zu kochen, zu waschen. Zum Lesen kam ich kaum, und

Alices Gedanken gaben mir Nahrung, an der ich zu knabbern hatte, während ich den Abwasch machte, oder die Wohnung putzte. Ok, ich war ein Kuckucksei, aber jetzt wollte ich die alte Schuld von mir abschütteln und mein Leben neu anpacken. Da kam es mir gerade Recht, dass Jochen mich umwarb, obwohl ich weder Madox, noch Asmundur vergessen konnte. So ein Wirrwarr! Asmundur hatte nie auf den Brief geantwortet, den ich ihm in meiner Not geschickt hatte, und Madox Botschaften waren karg wie der Wüstenboden, also lieber einen greifbaren Freund, also Jochen.

Freilich blieb mir sein beruflicher Ehrgeiz fremd und es störte mich, dass er sich mit uns Exoten, einer Isländischen Frau und einem indianischen Kind, schmückte. Er genoss es, wenn wir spazierengingen und die Leute einen erstaunten Blick auf Lionels Gesicht warfen und uns dann musterten. Ich kribbelte innerlich vor Widerwillen, wenn er uns seinen Freunden mit eitlem Tonfall vorstellte. Aber ich führte ein fast normales Leben! Wir wohnten nicht zusammen, trafen uns aber häufig, und er war nett zu Lionel.

Es war so viel zu tun, dass ich kaum merkte, wie die Zeit verging. Im Jahr vor Lionels Einschulung fuhren wir zum Fastnachtsumzug nach Rottweil. Jochen wollte, dass wir uns als Indianer verkleideten. Ich nähte Ponchos, verzierte sie mit Federn, holte den Türkisschmuck hervor, den ich seit meinem Besuch in Santa Fé nicht mehr getragen hatte, flocht meine Locken zu festen Zöpfen und umwickelte sie mit bunten Bändern. Jochen verdeckte seine dunkelblonden Haare und die Geheimratsecken mit einer Perücke, und ich bemalte unsere Gesichter.

„Du solltest den Bart abrasieren", sagte ich, „und die Brille passt auch nicht."

Er zog die Augenbrauen zusammen.

Lionel und er fuchtelten herum, schrien „uwuwuwuwuwu…" und lachten sich kaputt. Ich schaute peinlich berührt zur Seite und erinnerte mich mit allen Sinnen, wie ich vor sieben Jahren mit Madox getanzt hatte. Fremdheit beschlich mich, als verkleidete Indianerin im Schwarzwald unter schneebedeckten Tannen und Fichten. Kostüme mit Schellen und Schneckenhäuschen, Hexen, Waldgeister und Blasmusik, Peitschenknallen, Gedränge und Bonbonregen wirbelten in meinem Kopf herum. Zwei kleine Cowboys gingen mit gezückter Pistole auf Lionel los, rannten um ihn herum und schrien:

„Peng, peng, du bist tot! Mann, du bist tot!", und einer stieß ihn zu Boden.

Lionel weinte vor Schreck. Sie fuchtelten mir übermütig mit den Pistolen im Gesicht herum und ich ging zum Angriff über: ich schlug ihnen die Plastikwaffen aus der Hand, packte sie am Schlafittchen und brüllte sie an. Jochen zog Lionel auf die Füße und mich abseits der Menge und versuchte zu beschwichtigen:

„Das sind doch nur Kinder, das ist doch nur Spaß!"

„Du hast doch keine Ahnung", zischte ich ihm ins Gesicht, „du, mit deinem Bart."

Ein paar Wochen später bat Jochen mich, die Augen zu schließen; ich spürte etwas Kühles um den Hals, und als er mit einem Beben in der Stimme sagte:

„Jetzt mach die Augen auf", sah ich im Handspiegel, den er mir vorhielt, eine goldene Kette mit leuchtenden Rubinen.

Über dem Spiegelrand sein erwartungsvolles Gesicht und die Hoffnung in seinen Augen, die erlosch, als ich die Kette rasch vom Hals löste.

„Ich liebe dich" sagte er und fiel auf die Knie.

Ich schüttelte den Kopf und sprang auf.

Lionel stürmte ins Zimmer und rief:

„Jochen, spielst du mit mir Eisenbahn?"

Er packte seine Hand und zog ihn mit Leibeskräften auf die Füße hinter sich her ins Kinderzimmer.

Ich Rabenmutter.

Am selben Abend schrieb ich einen Brief an Asmundur, an seine Heimatadresse:

„Was ist aus dir geworden? Wo lebst du? Ich kann dich nicht vergessen…"

Diesmal kam prompt eine Antwort: er sei Journalist in Kopenhagen, berichte für eine Isländische Tageszeitung. Komm mich im Sommer besuchen, schrieb er, ich nehme ein paar Tage frei.

Was erhoffte ich mir eigentlich: Liebe oder endlich von ihm frei zu kommen?

Als ich nach der langen Bahnfahrt die Zugtür öffnete und auf den Bahnsteig schaute, blickte ich direkt in seine Augen und fühlte mich, wie auf der Klippe beim letzten Abschied. Er hatte wieder ein Pflaster am Kinn.

„Schneidest du dich immer noch beim Rasieren?" fragte ich und hob mich auf die Zehenspitzen, um ihn zu küssen. Er sagte:

„Ich habe mich gestoßen", und seine Stimme rutschte ab.

Ich dachte, er würde meinen Koffer tragen, aber er steckte die Hände in die Taschen.

Später gingen wir in den Park; es war Sommerfest. Girlanden schaukelten von Ast zu Ast, eine Band spielte. Der Himmel war noch hell, obwohl es auf Mitternacht zuging.

„Tanzen wir?", fragte ich.

„Da hinten ist mein Lieblingsplatz", sagte er und zeigte auf die dunklen Umrisse der Bäume.

„Tanzen? Bitte?"

Mit leichten Schwüngen flog ich um ihn herum, wand mich zu den Tönen des Saxophons, während seine Bewegungen hölzern waren. Die Musik trug mich davon und ich merkte kaum, wie er stehenblieb. Er lächelte verkrampft, zog mich mit sich fort, als könnte ich ihm entschweben und lockerte seinen Griff erst, als wir vor einer gewaltigen Zeder standen. Die unteren Äste breiteten sich über den Rasen; er bog sie auseinander und wir schlüpften hinein. Ich konnte ihn nur noch schattenhaft erkennen.

„Asmundur, was ist aus dir in all den Jahren geworden?"

Ich spürte seinen Atem in meinem Nacken.

„Weißt du noch, auf der Klippe?"

Seine Hände brannten auf meiner Haut.

„Ich habe dich so vermisst" sagte ich.

Er griff unter mein T-Shirt.

„Asmundur…?"

Die Zweige schwankten, gegen den Abendhimmel hoben sich die Umrisse eines Pärchens ab. Die beiden kicherten, als sie bemerkten, dass der Platz schon besetzt war.

Dann schmolz ich unter Asmundurs Küssen, bis der Regen uns aufstöberte und durch die Äste auf unsere glühenden Körper tropfte.

Und dann stand Yolanda in der Tür mit kastanienbrauner Mähne und roten Lippen.

„Ich bin zufällig vorbeigekommen", sagte sie und küsste Asmundur auf den Mund.

„Ich störe doch nicht?"

Sie ließ sich in den Sessel fallen; ihr kurzer Rock rutschte die Oberschenkel hoch.

„Du hast ihr nichts von mir erzählt?"

Sie sprang auf, schlang ihre Arme um Asmundurs Hals und drückte sich breitbeinig auf sein Knie, das er erschrocken vorgeschoben hatte. Sie drohten das Gleichgewicht zu verlieren.

Ich presste die Hand vor den Mund, wollte ins Schlafzimmer stürzen, um meine Sachen zu packen. Da griff Yolanda nach meinem Arm und sagte:

„So, Asmundur, jetzt entscheide dich: sie oder ich."

Er keuchte und starrte uns an, als könne er es nicht fassen, dass es uns beide gleichzeitig gab. Dann machte er einen Schritt nach vorne und griff nach Yolandas üppigen Brüsten. Ich wollte vor Scham im Boden versinken.

„Und was ist mit diesem Dummchen?", fragte sie gequält.

„Ich kann nicht mit dir leben, das weißt du!", schrie Asmundur und ließ sie los; sein Gesicht verfinsterte sich.

Sie lachte erbost:

„Aber ohne mich auch nicht!"

Sie schlug ihm ins Gesicht und schon war sie zur Tür hinaus; das Staccato ihrer Absätze hämmerte auf der Treppe.

Ich fürchtete in Scherben zu zerspringen. Asmundur stierte vor sich hin und plötzlich rastete er aus, Krüge und Töpfe schepperten über den Boden, Stühle krachten auf die Fliesen und er rammte den Kopf gegen die Wand. Ich stürzte ins Treppenhaus und schrie; eine Tür öffnete sich einen Spalt breit.

„Hilfe! Polizei!", rief ich, „Hilfe", und die Tür schloss sich schnell.

Oben war es still, und ich schlich wieder zur Wohnungstür hinauf, fluchtbereit. Asmundur lag am Boden mit blutendem Kopf. Seine Augen waren geschlossen.

„Asmundur", rief ich, kniete neben ihm und strich über seine Brust.

Ich tupfte das Blut mit einem Küchenhandtuch von seinem Gesicht. Eine Träne lief im Zick-Zack über seine Wange.

„Besuch ist unerwünscht", sagte die Klinikangestellte am Telefon.

Da mein Zug erst am übernächsten Tag fuhr und die Polizei von mir noch Einzelheiten wissen wollte, räumte ich wie betäubt die Wohnung auf und ging dann in den Park. Ich setzte mich auf eine Bank, unendlich müde und traurig.

„Na so was", sagte Yolanda, die plötzlich vor mir stand.

Sie setzte sich neben mich auf die Bank.

„Ich darf doch, oder?"

Ich rückte zur Seite und holte Luft.

„Seit wann kennst du Asmundur?", fragte sie.

Meine Zunge wollte nicht gehorchen, und ich stammelte:

„Seit... seit der Schulzeit."

„Und seit wann hast du was mit ihm?"

„Seit drei Tagen."

„Ach du Arme", sagte sie, „ich kenne ihn seit sechs Jahren. Wir lieben uns, aber dann geht er plötzlich nicht mehr ans Telefon, lässt sich nicht blicken und verschwindet eine Zeit lang. Nach Wochen erscheint er wieder auf der Bildfläche, als wäre nichts gewesen. Ich verstehe das nicht. Gestern sah ich Licht in der Wohnung und konnte mich nicht mehr beherrschen."

Sie biss sich auf die Lippe und fragte:

„Weißt du, wie es ihm geht? Was ist eigentlich passiert?"

Ohne den rot geschminkten Mund wirkte sie natürlicher. Ich begann mit monotoner Stimme zu berichten, aber plötzlich schüttelte es mich und ich weinte wie um einen verlorenen Menschen.

Zu Hause mochte ich mit niemandem sprechen, nicht einmal mit meinen Freundinnen. Ich holte

Lionel ab. Er hatte die Tage bei einem Schulkameraden verbracht und fragte:

„Mama, wann bekomm ich einen kleinen Bruder?"

Ich zuckte zusammen:

„Du hast eine Schwester in Santa Fé, in Amerika."

„Wann besuchen wir sie? Warum kommt mein Papa nicht?", fragte er und drückte mit dem Zeigefinger auf Madox Gesicht auf dem Foto.

„Er hat kein Geld für die Reise; wir werden einmal hinfahren, nur nicht dieses Jahr."

Ich wollte ihn in den Arm nehmen, aber er wehrte ab.

Ich hätte mich am liebsten verkrochen und meine Wunden geleckt, aber ich musste zur Arbeit, mich um Lionel kümmern, der immer widerspenstiger wurde und am liebsten in der Familie seines Freundes war. Um mein seelisches Gleichgewicht wiederzufinden, schloss ich mich einer Wandergruppe des Schwarzwaldvereins an.

Kurz vor meinem 31. Geburtstag fiel mir ein agiler Mann auf, der neu zur Gruppe hinzugekommen war. Wenn er erzählte, sprachen seine Hände mit und er selbst schien sich zu bewegen, auch wenn er sich nicht von der Stelle rührte. Eugen hieß er. ‚So, so', dachte ich: ‚Prinz Eugen, so einen Namen gab es in Island nicht.' Eugen wusste alles über Pflanzen und Bäume, Architektur und Kunst, obwohl er Ingenieur war und in einer großen Firma arbeitete. Er wusste alles über Mode, Schmuck und Frisuren, und die alleinstehenden Frauen reckten die Hälse nach ihm, nur ich nicht. Ich hatte die Nase voll von Beziehungen, es ging ja immer schief. Ich lief voraus, um dem Geschwätz und Gegacker zu entkommen, aber plötzlich ging er neben mir und fragte:

„Darf ich Ihren Rucksack tragen?"

Ich glotzte ihn an. Solch ein Zuckerpüppchen war ich nun wirklich nicht!

„Ich bin aus Island", sagte ich, „da bin ich anderes gewohnt."

„Wie interessant!", sagte er und fragte: „Haben Sie noch Verbindung dorthin?"

„Ja, sicher", und als er weiter fragte, erzählte ich von meiner Familie.

Er hörte aufmerksam zu und die anderen Frauen ließen von der Verfolgung ab.

„Wir sollten einmal zusammen hinreisen", sagte er, „Island ist immer schon mein Wunschtraum."

Unsere Blicke trafen sich.

„Ich habe vor zwei Monaten das Haus meiner Tante geerbt, ich müsste hinfahren und nach dem Rechten schauen" sagte ich und dachte zugleich: ‚Mensch, bist du bescheuert, du kennst ihn doch gar nicht!' Ha, von wegen, keinen Mann mehr wollen!

„Mittagspause!", rief jemand.

Wir setzten uns ins Gras, die Frauen rückten ihm wieder auf die Pelle - peinlich! Er hatte nur einen Müsliriegel dabei und wurde von allen Seiten mit Wurst-, Schinken- und Käsebroten versorgt. Er aß und aß und stopfte alles in sich hinein, als habe er tagelang gehungert. Alle kreischten auf, als er noch ein hart gekochtes Ei in zwei Bissen schluckte, einen Hühnerschlegel abnagte und nach einer Tomate griff. Dann ließ er sich auf den Rücken plumpsen mit den Händen auf dem Bauch und die Damen steckten ihm Schokolade und Nusswaffeln zu.

„Köstlich, köstlich", murmelte er, „ich hatte keine Zeit zu frühstücken, ach, tut das gut."

Wie lebt er wohl? Mitte vierzig, schätzte ich, kein Ring.

„Gestern habe ich bis spät in die Nacht eine dringende Kundenanfrage bearbeitet und dann hab ich verschlafen. Zum Glück hab ich es rechtzeitig zum Treffpunkt geschafft", sagte er und warf mir einen Blick zu.

Später sagte er:

„Jorun, du bist bezaubernd, ich würde dich gerne bald treffen, und nicht bis in zwei Wochen warten."

Ich konnte mir nicht helfen, ich war im siebten Himmel und wir verabredeten uns für Dienstagabend in der Stadt.

Hoffnungen und Zweifel gingen mal wieder mit mir durch: rauf und runter, alles schon gehabt: ein

Lebensgefährte? Aber was fand er an mir? Ein Geschwisterchen für Lionel, eine richtige Familie? Er wusste noch nichts von Lionel, vielleicht mochte er keine Kinder?

Angespannt ging ich zum Münsterplatz, wo wir uns verabredet hatten. Auch er war nicht so locker wie am Samstag, schien auf dem Sprung. ‚Scheiße‘, dachte ich, ‚warum ist sein Hemd so zerknittert?‘ Wir schlenderten durch die Fußgängerzone, und suchten einen Tisch, um ein Glas Wein und Pizza zu bestellen. Die Worte blieben mir im Halse stecken. Ich fragte schließlich:

„Wo wohnst du?"

Er blickte mir in die Augen, zögerte und sagte:

„Ich muss dir etwas gestehen, ich wohne noch in der Eigentumswohnung meiner Frau, in der Breisacherstraße. Ich habe die Scheidung eingereicht, in ein paar Monaten wird es durch sein."

Er schüttelte bekümmert den Kopf:

„Was hat sie mir das Leben schwer gemacht mit ihrer krankhaften Eifersucht. Wenn sie wüsste, dass ich mich mit einer anderen Frau treffe…"

Er griff nach meiner Hand. Ich atmete hörbar aus.

„Sie legt mir Steine in den Weg, wo sie nur kann, aber keine Sorge", er senkte die Stimme, „die Wohnung ist so groß, dass wir uns aus dem Weg gehen können."

Ich spürte, wie ich errötete. Er hob meine Hand an seine Lippen.

„Können wir uns morgen wieder sehen?", fragte er.

„Nein, morgen nicht, ich habe einen Sohn und mag ihn abends nicht so oft alleine lassen."

Er runzelte die Stirn, dann sagte er:

„Ah, du bist eine gute Mutter, eine liebevolle Frau", und mir fiel ein Stein vom Herzen.

„Hast du Kinder?"

„Nein, leider nicht, meine Frau wollte keine."

Er seufzte, ich lächelte.

Als ich heimkam, lief ich in Lionels Zimmer. Er schlief mit seinem Stoffbären im Arm. Ich strich ihm zärtlich über den Kopf.

Am nächsten Tag lag eine blumige Karte im Briefkasten: Eugen schrieb, wie glücklich er sei, mir begegnet zu sein:

„Es ist die Wendung zum Guten, das fühle ich ganz deutlich, und das Leben wird wieder schön."

Ich wollte ihm gerne antworten, aber ich hatte weder seine Hausnummer noch seine Telefonverbindung.

Am nächsten Wandertag richtete ich extra viele Brote und war enttäuscht, als er nicht kam. Auch die anderen Frauen konnten einiges an Proviant wieder heimschleppen. Noch am selben Abend rief er an:

„Es tut mir so leid, dass ich verhindert war, können wir uns treffen? Ich möchte dir alles erklären, aber nicht am Telefon."

Wir verabredeten uns für den Sonntagabend und er sagte:

„Ich hole dich ab, ich will dir etwas zeigen."

Mit einem dicken Strauß Pfingstrosen stand er vor der Tür.

„Oh, aus deinem Garten", sagte ich, „wunderschön, wie sie duften, komm rein, das ist mein Sohn Lionel."

Lionel blieb mit den Händen auf dem Rücken stehen und schaute den fremden Mann finster an. Eugen lachte.

„Lionel, ich hab dich ganz, ganz lieb" sagte ich und wäre am liebsten geblieben.

„Der Mann stinkt", sagte er.

Ich schreckte aus meiner Rührseligkeit auf, gab ihm einen Kuss und sagte:

„Also wirklich, das geht zu weit, so etwas will ich nicht mehr hören."

Ich schlüpfte in meine Schuhe und zog die Jacke über. Wir liefen nicht zum Stadtzentrum, sondern in die entgegengesetzte Richtung.

„Was war denn gestern?", fragte ich.

Er legte mir den Arm um die Schultern und sagte:

Ein guter Freund hat mir ein Angebot gemacht", und zog mich ein paar Straßen weiter.

Aufgeregt blieb er stehen und zeigte auf ein Häuschen mit Wintergarten, Obstbäumen, Johannisbeersträuchern und einem Gemüsebeet.

„Er will das Haus verkaufen und macht mir einen Vorzugspreis; ich habe ihm einmal in einer Notlage geholfen, das hat er nicht vergessen."

Er drückte meinen Arm:

„Ich würde so gerne mit dir dort wohnen, Jorun, mit dir und unseren Kindern. Ich weiß, wir kennen uns noch kaum, aber ich war auf den ersten Blick in dich verliebt: du bist die einzig Richtige!"

Ich dachte, ich würde träumen: ein Haus, ein Mann, eine Familie, alles was ich mir wünschte, es verschlug mir die Sprache, zumal er mich in die Arme nahm und küsste. Genau so ein Haus hatte ich mir immer vorgestellt mit einem Wintergarten, mit einem Zitronenbäumchen, mit Apfel- und Kirschbäumen im Garten. Mir kamen die Tränen:

„Aber es ist bewohnt", sagte ich.

Durch die erleuchteten Fenster sah man ein älteres Paar am Tisch sitzen, sie lasen Zeitung, die Teekanne dampfte.

„Die Mieter haben schon gekündigt, sie wollen zu ihrer Tochter ziehen, weil ihnen der Garten zu viel Arbeit macht, und die Frau hat Rheuma."

Wir standen verträumt am Zaun, und ich sagte:

„Kann man das Haus besichtigen?"

„Bestimmt, aber ich muss erst mit meinem Freund Rücksprache halten, aber schau mal, ich habe den Grundriss dabei."

Wir gingen ein Stückchen weiter bis zu einer Bank, setzten uns, und beugten uns über den Plan:

„Hier ist das Wohnzimmer mit dem offenen Kamin, das Esszimmer mit Durchgang zur Küche, oben die Zimmer."

„Woher weißt du, wie mein Traumhaus aussieht?", fragte ich.

„Ich sag es doch, dass wir zusammengehören, Jorun."

Er riss einen Zweig Flieder von der Hecke ab und legte die Hand aufs Herz. Der Duft betörte meine Nase.

„Es geht so schnell", sagte ich, „das ist fast unheimlich."

Er schmunzelte:

„Vielleicht bin ich die gute Fee, die Wünsche erfüllt, aber lass dir Zeit, Jorun, du hast Recht, es wäre nur schade, wenn uns das Haus durch die Lappen geht. Käufer sind nicht schwer zu finden."

Er seufzte:

„Vielleicht wird es sowieso nichts: genug Geld hab ich, aber ich kann es erst nach der Scheidung locker machen. Warum ist alles so kompliziert, wenn das Glück zum Greifen nah ist?"

Wir gingen schweigend durch den Abend, unsere Schatten waren klein und dick, zogen sich in die

Länge oder verwischten je nach Entfernung der Straßenlaternen. Ich fühlte mich wie benebelt, und doch hatte ich eine Idee:

„Ich könnte das Haus von Tante Skadi verkaufen, das Geld würde für die Anzahlung reichen."

„Das würdest du machen?"

Vor Freude hob er mich hoch und drückte mich an sich.

„Wir packen das Glück am Schopf! Es wird uns nicht mehr entwischen! Niemals!"

Eng umschlungen gingen wir zurück. Lionel schlief und wir verbrachten die Nacht zusammen.

Ich war völlig aus dem Häuschen und erzählte Adda am nächsten Tag von meinem Glück. Aber ein Gedanke lästig wie eine Fliege, schwirrte mir im Kopf herum. Erst am Abend, als ich im Sessel saß und strickte, war er nicht mehr wegzuwischen. Eugens Socken muffelten, das hatte mich gestört, aber dafür gab es ja die Waschmaschine. Seine Frau kümmerte sich offensichtlich um nichts mehr.

Ich hatte mich gleich am Vormittag mit Bekannten in Borgarnes in Verbindung gesetzt, und sie gebeten, so schnell wie möglich einen Käufer für das Haus zu finden.

Lionel gefiel es nicht, dass ich abends öfters ausging. Einmal fragte er mich:

„Bist du überhaupt noch meine Mama?"

Vor Schreck setzte ich mich:

„Aber sicher, wie kommst du auf so was?"

„Wo ist dann meine richtige Familie mit Papa und Geschwistern?"

„Du, wir werden bald eine Familie mit Eugen…"

Er drückte mir seine Hand auf den Mund und schüttelte wild den Kopf.

Ich fühlte mich schuldig ihm gegenüber, und weil er Vögel liebte, kaufte ich einen dottergelben Kanarienvogel, der in seinem Käfig von Stange zu Stange hüpfte und mit dem Staubsauger um die Wette schmetterte.

Nach einem Monat, als ich gerade die Nachricht bekommen hatte, dass sich ein Käufer gefunden hatte, sagte Eugen:

„Die nächsten zwei Wochen fahre ich zu meinen Eltern nach Oldenburg, mein Vater ist schwer krank. Ich werde ihnen natürlich von dir erzählen. Sie werden dich mögen, da bin ich mir ganz sicher, und mir auch Geld leihen. Ich hoffe, dass die Finanzierung unseres Häuschens steht, bis ich zurückkomme, und dann beginnt unser gemeinsames Leben!"

Er schrieb mir seine Kontonummer auf, und bat mich das Geld vom Hausverkauf zu überweisen.

Endlich erzählte ich auch Alice von den Hochzeitsplänen und dem Häuschen.

„Aber du kennst ihn kaum", wagte sie einzuwenden.

„Mit Wintergarten, in der Prinz-Eugen-Straße? Das kann nur das Haus von Maurers sein. Es sind Bekannte von mir, nette Leute, komm, wir fragen, ob du das Haus anschauen kannst."

Alice klingelte an der Tür und stellte mich vor. Wir wurden hereingebeten und Frau Maurer bot uns Kaffee an.

„Jorun und ihr Zukünftiger sind die neuen Hausbesitzer", sagte Alice.

„Hausbesitzer?", fragte Herr Maurer, „wieso, das sind doch wir seit 35 Jahren!"

Ich war völlig durcheinander, zumal der Grundriss nicht mit dem übereinstimmte, den Eugen mir gezeigt hatte. Es gab auch keinen offenen Kamin.

„Es muss ein anderes Haus sein, eine Verwechslung."

„Bist du sicher, dass er dir nichts vormacht?", fragte Alice, als wir wieder draußen waren, „und dass er nicht hinter deinem Geld her ist?"

Ich schüttelte verzweifelt den Kopf, das wäre zu grausam. Wir suchten nach seinem Namen im Telefonbuch, riefen in der Firma an, in der er angeblich arbeitete – nichts. Alice verständigte die Polizei.

Mein Haus in Island war auf die Schnelle unter Preis verkauft worden, das Geld aber noch nicht überwiesen. Ich jammerte:

„Oh, Tante Skadi, verzeih mir, ich mach dir nur Schande."

Von der Polizei erhielt ich nach einigen Monaten die Nachricht, dass Eugen unter falschem Namen auf dem Campingplatz gelebt hatte. Es liefen mehrere Verfahren gegen ihn, in denen er als Heiratsschwindler angeklagt war.

Ich schauderte vor Ekel: Stinkesocken, ich hatte wirklich nicht den Riecher gehabt.

So strohdumm konnte nur ich sein – unverzeihlich. Und eins war sonnenklar: ich hatte kein Glück mit Männern.

Madox hatte keine Verantwortung für seinen Sohn übernommen und Asmundur hatte mir seine Beziehung zu Yolanda verschwiegen. Ich arbeitete verbissen, um mich von der Schmach abzulenken. Alice versuchte, mich aus meinem Loch herauszuziehen.

„Hör mal, Jorun, du musst dir Hilfe holen."

„Ach, du meinst beim Psycho-Doktor", sagte ich verächtlich.

„Such dir jemanden, der dir hilft diese Geschichte zu entwirren und zu verstehen, damit du nicht wieder so verletzt wirst."

„Ich schäme mich viel zu sehr. Ich bin von drei Männern betrogen worden, das muss man erst mal hinkriegen!"

„Jorun,…"

„Jetzt fang bloß nicht von deinen wiederholten Erdenleben an", rief ich wütend, „Nur um den

Schwachköpfen noch einmal über den Weg zu laufen, nein danke, ohne mich!"

„Ja, gib es ihnen, diesen Saukerlen…"

Ich schrie mich in Rage auf Isländisch und peitschte mit einem Zweig die Fliederbüsche. Blüten brachen ab, wurden zerquetscht und dufteten.

15 Das Schicksalsnetz

„…aber es sprechen viele Anzeichen dafür, daß die Zukunft in solcher Weise in uns eintritt, um sich in uns zu verwandeln, lange bevor sie geschieht."

R.M. *Rilke*

Und dann fiel mir ein, was ich mit dem Geld vom Hausverkauf machen wollte: im nächsten Jahr mit Lionel nach Santa Fé reisen, damit er seinen Vater und seinen Großvater kennenlernen konnte. Diese Sommerferien aber wollte ich mit ihm nach Island fahren, um meine Mutter und meine Geschwister zu besuchen. Nur weg aus Freiburg, dem Verführungsort von „Prinz Eugen".

Natürlich hatte ich Lionel oft von Island erzählt und ihm Bilder von Papageientauchern und Goldregenpfeifern gezeigt und ihre Rufe nachgeahmt. In ein Skizzenbuch zeichnete er jeden Vogel, den er sah, und schrieb alles, was er in Erfahrung bringen konnte, über ihn auf. Ich hatte ihm auch von dem Rennkuckuck erzählt, der in der Nähe der Baracke meines Vaters auf dem Erdweg zum Spurt überging: langgestreckt, mit waagerechten Schwanzfedern, das Federkrönchen auf dem Kopf. Mit gerade einmal zehn Jahren wusste Lionel schon, dass er Ornithologe werden wollte. Er hat nicht Unrecht, dachte ich, Vögel gibt es vom Eismeer bis zur Wüste, irgendwie muss er ja die Extreme zusammen bringen.

Vom Flughafen in Keflavik fuhren wir mit dem Bus nach Norden bis Borgarnes, wo wir bei meiner

Schwester Soléy übernachteten. Am nächsten Tag nahmen wir den Bus auf die Halbinsel Snaefellsnes.

Es war windig, die Wolken lagen tief über den Bergen. So wie früher waren die Pferdeweiden von Wollgras getupft. Die Landschaft schien zu schweben. Als ich den Krater des Vulkans Eldborg sah, der wie eine Krone in der Weite lag, wusste ich, dass wir unser Ziel fast erreicht hatten.

Niemand holte uns an der Straßenkreuzung ab. Mutter hatte geschrieben, dass sie kaum mehr laufen könne. Lionel schulterte seinen Rucksack, ich trug den Koffer und wir stiefelten im Nieselregen den Schotterweg bis zum Haus entlang. Es sah ärmlicher aus, als ich es in Erinnerung hatte: von den Nägeln, mit denen das weiße Wellblech zusammengenagelt war, liefen Rostspuren hinunter. Ich klopfte an die Tür und wir traten ein. Mutter war im Sessel eingenickt. Wie spärlich ihre Haare waren; Falten kräuselten sich um ihren Mund; es schnitt mir ins Herz. Es roch nach Lammfleisch, die Suppe auf dem Herd dampfte. Als ich ihre Schulter berührte, schlug sie die Augen auf, wollte aufstehen und sackte zurück. Sie streckte ihre Hände aus:

„Dass ich dich noch einmal sehe, Jorun!"

„Mutter!", sagte ich und umarmte sie, „Schau, das ist Lionel!"

„Lionel, sag deiner Großmutter guten Tag."

Wir hatten während der Reise ein paar Wörter und Redewendungen geübt. Er gab ihr die Hand und betrachtete sie wie ein seltenes Exemplar; sie blinzelte.

Während ich in den nächsten Tagen bei Mutter saß oder ihr beim Kochen half, streifte er über die Wiesen bis zum Wasserfall und lauschte den Vogelstimmen. Ich erzählte Mutter von meiner Arbeit in Freiburg, und von meiner Reise nach Santa Fé vor elf Jahren. Sie blieb stumm, wollte nichts von Tom hören: ob Sehnsucht, Neugierde oder Kummer, sie hatte alles vor langer Zeit begraben. Am liebsten war es ihr, wenn ich still neben ihr saß. Dann nahm sie meine Hand und wärmte sich an meiner Gegenwart.

Nacheinander kamen meine Geschwister zu Besuch: zuerst Soléy, die Liebe, dann mein Bruder Dagur, immer noch wortkarg. Hatten wir uns so wenig zu sagen? Er lieh Pferde beim Nachbarn aus und brachte Lionel das Reiten bei. Zuletzt erschien Vilborg, stattlich und gut gekleidet. Sie erzählte von dem Lebensmittelgeschäft, das sie und ihr Mann zu einem Supermarkt mit Tankstelle und Imbiss vergrößert hatten und von den guten Schulleistungen ihrer Kinder. Sie sei unabkömmlich vor allem jetzt im Sommer und müsse am Abend wieder heimfahren. Hektisch, keuchend vor Hustenanfällen wusch sie das Geschirr ab. Ihr Gesicht war gerötet, die Augen glänzten.

„Bist du krank?", fragte ich.

„Die Brust tut mir weh."

Ich legte die Hand auf ihre Stirn.

„Du hast Fieber, Vilborg, du kannst heute nicht heimfahren."

Sie wehrte sich nur schwach und ließ sich zu Bett bringen. In der Nacht ließ der Husten etwas nach, aber das Fieber stieg auf 40 °C. Am Morgen riefen wir den Arzt, der eine Lungenentzündung feststellte. Von Heimfahren war keine Rede mehr.

„Ich habe die Kinder noch nie auch nur einen einzigen Tag alleine gelassen", jammerte Vilborg, „ich war noch nie so krank, dass ich nicht arbeiten konnte."

„Deine Schwiegermutter kümmert sich um die Kinder, mach' dir keine Sorgen", sagte ich

Vilborg war so geschwächt, dass sie anfing zu weinen:

„Und mein Mann amüsiert sich mit der anderen", schluchzte sie „er will die Scheidung, aber ich will nicht: das Geschäft ist mein Leben."

Ich streichelte ihren Arm. Früher hatte ich Vilborg höchstens einmal aus Wut weinen sehen; jetzt flossen die Tränen, als seien Dämme gebrochen.

Erst nach zwei Wochen konnte sie wieder aufstehen. Sie sagte:

„Ich war früher nicht nett zu dir, meine Liebe."

„Wir waren Kinder."

„Ich war so ein Biest, Jorun."

„Du musstest auf dem Hof schwer arbeiten und ich durfte zur Schule."

„Ich war neidisch."

„Und ich hatte immer das Gefühl nicht in Ordnung zu sein", sagte ich, „ungewollt, abgeschoben."

„Ich verliere gerade alles" wimmerte sie.

Ich nahm sie in die Arme und drückte sie fest.

Leider interessierte Mutter sich weder für Lionels Vogelstudien noch für mein Leben in Freiburg. Sie kreiste nur ums Kochen und ums Hände Waschen vor dem Essen. Ich wehrte mich gegen die alten Gefühle, die sich einschlichen und mir weismachen wollten, ich sei überflüssig und schuldig.

Nachdem Vilborg von ihrem Mann abgeholt worden war, unternahm ich Ausflüge mit Lionel: an die Küste zu den Vogelfelsen und Seeschwalbenkolonien. Zu den Basaltsäulen nicht weit vom Hof meiner Eltern und zu den Vulkanen und Seen, die weiter oberhalb lagen. Immer wieder beobachteten wir Schafe in Dreiergrüppchen, die eigenwillig ihren Weg gingen. Ich hatte Zeit, die Landschaft zu genießen und meinen Gedanken nachzugehen.

Wieder in Freiburg, grübelte ich vor mich hin und Alice sagte:

„Ich kenne eine Therapeutin, sie ist hellsichtig, sie sieht karmische Zusammenhänge, vielleicht kann sie …"

„Hör auf damit", sagte ich, „ich fühle mich wie ein rohes Ei ohne Schale."

Viel mehr beschäftigte mich die Unlust an meiner Arbeit. Jahrelang war ich stolz gewesen, den Lebensunterhalt für Lionel und mich zu bestreiten und immer besser Deutsch zu sprechen. Sprachen waren schon in der Schule mein Lieblingsfach: ich konnte Isländisch, Englisch, Dänisch und Deutsch. Der Wunsch, zwischen den Ländern und Sprachen, die mir wichtig waren, zu vermitteln, kristallisierte sich immer stärker heraus. Wie gerne würde ich Dolmetscherin werden!

Eigentlich war es durch den Hausverkauf möglich geworden, und wäre sogar im Sinn von Tante Skadi. Lionel ging schon in die fünfte Klasse. Warum also nicht? Warum zögerte ich noch? Ich erkundigte mich nach den Ausbildungsbedingungen, las viel in den verschiedenen Sprachen, aber ich fand den Absprung nicht, drehte mich auf der Stelle. Ich hatte das Gefühl ich dürfe es nicht. Ich erschrak, denn es war so, als dürfe ich eigentlich nicht leben und schon gar nicht etwas Eigenes wollen.

Aus innerer Unruhe schrieb ich einen Brief an Asmundur, von dem ich seit dem unglücklichen Zusammentreffen in Kopenhagen nichts mehr gehört hatte. Wie geht es dir? Bitte schreib mir, lass von dir hören… Ich weiß immer noch nicht, was damals geschehen ist, können wir darüber sprechen? Ich schickte den Brief ins Ungewisse und als er nach einigen Wochen ungeöffnet zurückkam, rief ich

Alice an und bat sie um die Anschrift der hellsichtigen Frau, die sie mir empfohlen hatte. Sie sagte:

„Heute Abend gehe ich zu einem Liederabend, auf dem sie singt; komm doch mit!"

Renate war eine eher unscheinbare, rundliche Frau. Als ihr Sopran erklang, geriet ich ins Träumen: Gebirgswasser, Vogelschwingen, und Windhauch - ich überließ mich den Klängen wie in einem perlenden Bad und ich wusste, dass ich sie um Rat fragen wollte.

Beim ersten Treffen überkam mich wieder die alte Schüchternheit und ich brachte kaum ein Wort heraus. Renate bat mich in ein Zimmer mit zwei Sesseln und einem Tisch, auf dem ihr Schreibzeug lag. Mein Herz klopfte. Sie goss mir ein Glas Wasser ein.

„Worum geht es dir?", fragte sie.

„Ich habe das Gefühl keine Lebensberechtigung zu haben, so, als sei mein Leben bedroht, wenn ich meine Ideen und Wünsche umsetzen würde. Außerdem laufen alle Männerbeziehungen schief", sagte ich.

Renate brachte mich auf die Spur von Manto und Fernando.

Zwei Monate später rief Vilborg an und sagte, Mutter läge im Sterben. Ich brachte Lionel bei seinem Freund unter und nahm das nächste Flugzeug. Einar saß zusammengesunken an Mutters Bett. Eine Kerze brannte, sie war in der Nacht gestorben.

Es war gut, meine Geschwister wiederzusehen, aber ich hatte auch das Bedürfnis, alleine zu sein. Vor dem Schlafengehen stieg ich den Hang oberhalb des Hauses hinauf und setzte mich an den Wasserfall. Der Sprühnebel wehte zu mir herüber. Mutter war mir nahe, ich spürte sie von ganzem Herzen. Ich schloss die Augen und glitt in einen Traum. Es war, als bitte Mutter um Verzeihung, als flüstere sie:

„Ich habe dich einmal vor langer, langer Zeit verlassen, als du ein Säugling warst, und dich bei der Großmutter zurückgelassen… ich habe es mir nie verziehen."

Ich hörte das Rauschen des Wassers. Das Wispern hob wieder an:

„In einem späteren Leben war ich die kleine Schwester, die dich zu sehr liebte."

Der Wind blies die Nebelschleier fort und ich lauschte einem Lufthauch, einem Seufzer:

„In diesem Leben war ich immer noch keine gute Mutter, ich habe zu viel geschwiegen…"

Mein Herz brannte vor Trauer und die Liebe zu meiner Mutter breitete sich über die Wiesen und das Meer aus.

In der Nacht träumte ich von meinen Puppen: die Armen hatten es nicht leicht! Plötzlich waren sie ängstliche Kinder, die verkauft werden sollten. Ein

Sklavenhändler zog sie an den Zöpfen und sah mich stirnrunzelnd an und ich meinte, in Tante Skadis Augen zu schauen. Dann verwandelte er sich in einen Mönch, der mich anschrie, weil ich nicht sein gehorsamer Sohn sein wollte. Ich schreckte aus dem Schlaf und setzte mich auf. Mein Herz klopfte zum Zerspringen.

,Ach, Tante Skadi', ich konnte nicht deine Tochter sein, obwohl es dein sehnlichster Wunsch war.'

Ich erzählte Vilborg von meinen Träumen, aber sie war skeptisch:

„Ich kann mir das nicht vorstellen", sagte sie, „ein einziges Leben ist schon nicht ohne, ich geh dann lieber gleich ins Paradies. Aber jetzt will ich noch leben!"

Sie lachte, denn ihr Mann hielt wieder zu ihr.

Ich blieb nachdenklich zurück- was mochte unsere karmische Vergangenheit sein? Endlich hatte sich Freundschaft durch Machtgehabe, verletzten Stolz und Neid gerungen. Es war als sei die Last von Jahrhunderten von mir abgefallen. Vielleicht würde ich die Zusammenhänge eines Tages deutlicher sehen und verstehen lernen.

Das Leben ging weiter, ich machte Pläne für den Sommer in Santa Fé, übte mit Lionel Englisch und wir schrieben Briefe an seinen Vater und Großvater. Je näher der Zeitpunkt der Reise kam, desto aufgeregter wurde ich und die Erinnerungen holten mich ein. Lionel wusste mit seinen elf Jahren schon die Namen der meisten Vögel, die in Neu-Mexiko vorkamen und hatte ihre Namen auf Englisch, Latein und Deutsch in sein Skizzen- und Beobachtungsheft eingetragen. Sein Fernglas musste natürlich mit, Farbstifte und Spitzer. Ich packte Sonnencreme und Hüte ein, T-Shirts und Wanderschuhe. Ausnahmsweise ging ich zum Friseur, um mir die Haare schulterlang schneiden zu lassen.

Tom hatte sich kaum verändert und wir umarmten uns wie alte Freunde. Er strahlte, als er seinen Enkelsohn begrüßte, und Lionel wich ihm nicht mehr von der Seite. Lilly hatte zugenommen und war mindestens so freundlich wie früher. Chenoa und Tehja besuchten uns mit ihrem Nachwuchs. Als Madox mit Mabel und Jamie aus dem Auto stieg, wurde mir heiß. Lionel, der ihn so oft auf Fotos gesehen hatte, konnte es kaum fassen, seinen Vater in Fleisch und Blut vor sich zu haben, und staunte ihn an. Madox herzhaftes Lachen löste die Spannung und es gab mir einen Stich, wie schnell er das Herz seines Sohnes eroberte.

Feuer und Flamme ritt Lionel mit Madox und seiner Schwester an den Fluss oder kickte mit ein paar Indianerjungen. Abends war er so müde, dass er sofort einschlief. Ich half Lilly beim Kochen, unsere Gesprächsthemen waren schnell erschöpft. Obwohl alle gut gelaunt waren, fühlte ich mich in diesen Wochen oft zwischen den Stühlen: ich hatte so vieles alleine durchgestanden, aber es schien niemandem der Rede wert.

Eines Morgens schaute Madox zur Tür herein, während Tom und Lionel eine Baustelle belieferten. Wir setzten uns mit einem Becher Kaffee auf die Bank unter der Pappel. Er stellte seine Plastiktüte auf dem staubigen Boden ab. Es wollte kein rechtes Gespräch aufkommen, weil der Kummer mir auf dem Herzen lag. Schließlich sagte er:

„Lionel ist ein wundervoller Sohn."

„Es war nicht leicht ihn alleine groß zu ziehen", sagte ich bitter.

Wir schwiegen, dann sagte er.

„Ich hatte einen unglaublichen Lebenshunger, panische Angst früh zu sterben. Irgendwann hat es sich gelegt."

„Bist du zufrieden?", fragte ich.

„Ja, Schmuckgeschäfte und das Museum für indianische Kunst kaufen mir die Tierfetische ab, die ich aus Stein herstelle. Du kennst sie ja. Seit ein paar Jahren habe ich sogar Verbindungen nach Los Angeles", sagte er stolz, und warf die Haare zurück.

„Keine Messerstechereien und Prügeleien mehr?", fragte ich und ärgerte mich, wie spitz meine Stimme klang.

Er lachte:

„Nein, nein, mit Mabel und Jamie habe ich es gut und mein Schwager mag mich inzwischen. Brauchst du Geld?" Er zog einen Packen 100 Dollar Scheine aus der Plastiktüte und legte ihn auf die Bank.

„Das ist für dich."

Dann stand er auf, weil Tom mit dem Pick-up vors Haus fuhr, und Lionel mit einem Freudengeheul aus dem Auto sprang.

„Mama", rief er, „ich will hier bleiben! Ich gehe nicht zurück nach old Germany!"

Der Mund stand mir vor Schreck offen. Tom legte mir die Hand auf den Arm:

„Wirklich, Jorun, lass ihn uns wenigstens für ein Jahr, wir lieben ihn alle und er bettelt schon die ganze Zeit hierbleiben zu dürfen. Ich verspreche, dass ich ihn jeden Morgen zur Schule fahre."

Lionel stellte sich neben Madox, schaute zu ihm hoch, und bat:

„Dad, ich darf doch bleiben?"

Madox drückte ihn an sich und sagte:

„Ja, mein Lieber, wenn deine Mutter einverstanden ist."

Ich stürzte in die Baracke und vergrub mein Gesicht im Kopfkissen. Lilly versuchte mich zu trösten und schließlich kam Lionel und sagte zerknirscht:

„Ich will nicht, dass du traurig bist, Mama, dann fahr ich eben mit dir zurück."

Er legte den Arm um meinen Nacken und weinte mit mir.

Am nächsten Tag war die Stimmung bedrückend; Lionel schlich herum, holte sein Heft hervor und begann zu zeichnen. Warum sollte nur ich traurig sein, dachte ich trotzig, es geschieht ihnen doch gerade recht.

Aber einen Tag vor der Abreise erschrak ich: was machte ich da mit meinem Sohn? Sollte er genauso unter Schuldgefühlen leiden wie ich als Kind? Wollte ich ihm alle Fröhlichkeit und Unbefangenheit rauben? Wie war das mit der selbstlosen Liebe? Ich nahm meinen Mut zusammen und sagte:

„Lionel, ich hab es mir überlegt, ich finde es gut, wenn du für ein halbes Jahr bei deinem Vater und Großvater bleibst."

Adda war fassungslos, als ich ohne Lionel zurückkam:

„Wie kannst du nur den Jungen alleine lassen!" rief sie und Schmerz und Zweifel nagten an meiner Seele.

In meiner Not ging ich noch einmal zu Renate und erzählte ihr von Lionel. Sie sagte:

„Lass dich nicht verunsichern, du hast es ganz richtig gemacht. Lionel würde alles für dich tun, bis zur Selbstaufgabe."

„Und ich dachte, ich hätte mich als alleinerziehende Mutter für ihn aufgeopfert."

„Es ist schwer die Menschen, die man liebt, freizugeben", sagte Renate.

„Seitdem er das Wort Ornithologe zum ersten Mal gehört und verstanden hat, will er Vogelkundler werden", sagte ich.

Renate lächelte:

„Die Liebe zu den Vögeln, diesmal geht er wissenschaftlich vor."

Und sie fügte hinzu:

„Hab Vertrauen in dich, Jorun."

„Aber mit den Männern läuft alles schief."

"Es können sich nicht alle Verstrickungen in einem Leben lösen", sagte sie.

Bevor wir uns verabschiedeten fragte ich Renate:

„Und woher kennen wir uns eigentlich? Deine Stimme bewegt mich wie kaum eine andere."

Sie sagte:"Ich war ein Findelkind und vor Urzeiten wurde ich als junges Mädchen in einem Fruchtbarkeitskult geopfert. Ich glaube wir haben uns angelächelt."

Nach einigen Monaten bat Lionel mich, ein ganzes Jahr in Santa Fé bleiben zu dürfen, und ich stimmte zu.

Ich aber kündigte meine Arbeit beim Landwirtschaftsamt und nutzte den Freiraum, um endlich die Dolmetscherausbildung in Angriff zu nehmen.

Als Lionel nach einem Jahr zurückkam, war er braun gebrannt und warf die Haare zurück, die er hatte wachsen lassen. Keine Rede mehr davon, Vogelkundler zu werden. Obwohl er die Schule in Freiburg vermisst hatte, fiel es ihm schwer, sich wieder in den Alltagstrott einzufügen. Er hatte etwas von der Wildheit seines Vaters angenommen.

16 In Zukunft

„Seien Sie geduldig und ohne Unwillen und denken Sie, daß das wenigste,
was wir tun können, ist, ihm das Werden nicht schwerer zu machen, als
die Erde es dem Frühling macht, wenn er kommen will.“

R.M. –Rilke

Nachdem ich meine Dolmetscherausbildung abgeschlossen hatte, bekam ich eine Arbeitsstelle am Europaparlament in Straßburg und wir zogen um. Lionel, der jeden Sommer in Santa Fé war, und mitbekommen hatte, wie viele Indianer immer noch um ihr Land bangen mussten, beschloss, Jura zu studieren, um Minderheiten helfen zu können. Die Vogelbeobachtungen blieben sein Hobby.

Die ungelöste Beziehung zu Asmundur quälte mich. Schließlich überwand ich mich, Yolanda zu schreiben, deren Adresszettel ich aufgehoben hatte. Sie schrieb zurück, sie habe vor, im Herbst nach Deutschland zu reisen und könne einen Abstecher nach Straßburg machen. Ich lud sie ein und nahm mir einen Tag frei.

Als erstes sah ich den Ring an ihrer Hand und fragte:

„Habt ihr geheiratet?“

Schon bereute ich das Treffen.

„Hör auf, mit Asmundur Kontakt aufnehmen zu wollen“, sagte sie, „er wird dir nicht antworten.“

Wir gingen in der Altstadt an den Kanälen der Ill entlang. Der Herbstwind wehte die Platanenblätter von den Bäumen und ließ sie über die Uferwege kreiseln.

„Er macht eine Traumatherapie", sagte sie, „soweit geht es ihm gut."

Plötzlich sprang ein Welpe auf Yolanda zu, legte den Kopf schief und wedelte. Sie kraulte ihn hinter den Ohren und murmelte:

„Immer die Hunde…"

„Vielleicht kennen wir Asmundur aus einer früheren Inkarnation," sagte ich.

Sie lachte: „Na sowas, ich glaube wir lieben einfach denselben Mann."

Dann fragte sie spöttisch:

„Und was soll deine und Asmundurs Vorgeschichte sein?"

Ich senkte den Kopf und sagte:

„Ich komme da nicht weiter: wenn ich an Asmundur denke sehe ich ein brennendes Indianerdorf… dann bekomme ich Atemnot und alles wird dunkel. Es muss damals etwas Grausiges passiert sein. Vielleicht hängt Asmundurs Trauma damit zusammen.

Ich komme nicht an ihn heran, obwohl die Sehnsucht so stark ist."

„Lass es", wiederholte sie.

Die Scham, mich bloßgestellt zu haben brannte, aber ich sagte:

„Weißt du, wenn alles dunkel wird und die Angst mich würgt, erscheint nach einer Weile das Bild eines alten Mannes: sein Blick ist tief wie ein Brunnen, warm wie ein Sonnenstrahl. Das gibt mir Hoffnung, dass Asmundur eines Tages geheilt wird und auch unsere verletzte Beziehung."

Als ich mich von Yolanda verabschiedete, sagte sie:

„Übrigens, wir sind nicht verheiratet, aber lass ihn trotzdem in Ruhe."

Es ging so viel Kampfgeist und Entschlossenheit von ihr aus. Mit ihr könnte man Pferde stehlen oder Gutes tun, dachte ich und ich bedauerte, dass sie schon ging. Gut dass Asmundur sie hatte, das musste mir als Trost genügen.

Eugen, dem Heiratsschwindler, dem falschen Prinzen, wollte ich noch auf die Schliche kommen. Eugen, der sich in andere Menschen einfühlte, um sie zu betrügen.

Wie blauäugig ich ihm in die Fänge gegangen war! Ich schämte mich.

Andererseits hatte er das Geld vom Hausverkauf locker gemacht, mit dem ich Reisen und Ausbildung finanziert hatte. Was für ein Knäuel an Schuld, Lieblosigkeit, zertretenen Hoffnungen und neuen Möglichkeiten.

Ich war völlig durcheinander: Wer war schuld: er oder ich oder beide? Mir schwirrte der Kopf: die Herausforderungen, die das Leben stellte, waren

Überforderungen. Warum kam nicht schön eins nach dem anderen, den eigenen Fähigkeiten entsprechend?

„Es ist zu schwer!", schrie ich, und schlug mit der Faust auf den Tisch.

Ich hatte auch so genug Arbeit, lernte Französisch und übersetzte auf Konferenzen, bei denen es um die Fischereirechte in der Nordsee ging. Ich träumte davon, einem blonden Isländer zu begegnen, einem ruhigen, herzerfrischenden Menschen, dessen Humor ansteckend war. In den Pausen würden wir zusammen in der Cafeteria sitzen und übereinander staunen, denn wir wären uns noch nie begegnet, weder in diesem, noch in einem früheren Leben! Weder gäbe es etwas aufzuarbeiten noch wieder gut zu machen. Mit ihm könnte ich unbefangen und ganz neu beginnen.

Danksagung

Mein besonderer Dank geht an die Lehrer, bei denen ich meinen Fragen nach der Rätselhaftigkeit des Lebens nachgehen konnte:

Dr. med. Gudrun Burkhard, Florianópolis/ Brasilien, "Biographiearbeit auf Grundlage der Anthroposophie"

Eva Brenner, CH/Frauenfeld, "Seminar für Kunsttherapie"

Coen van Houten †, Überlingen, "Das Begegnungsgespräch"

Einen herzlichen Dank für den anregenden Austausch im AutorenTreff Friedrichshafen, und an alle Freunde, die mich ermutigt haben mein Buch-Projekt zu verwirklichen.

Danke auch an den Linzgau-Literatur-Verein für die Unterstützung beim Lektorat durch Frau Dr. Suzan Hahnemann.

Register der Personen, Tiere, Götter, Orte, Wege und Begriffe

Teil 1 Die Etruskische Tänzerin

Jorun Isländerin, geboren nach dem 2. Weltkrieg, auf der Suche nach ihren Wurzeln
Renate eine hellsichtige Frau, die karmische Zusammenhänge sieht

Kapitel 1

Manto Etruskerin aus Tarchna, einer der zwölf Etruskischen Städte, ca. 400 v.Chr.
Goia ihre Großmutter
Vega ihre Mutter
Avile Kalkas Aristokrat und Haruspex (Seher), dem Mantos Familie als Halbfreie dient
Uni Göttin der Geburt, der Seefahrer und Händler, Göttin des Kampfes, Beschützerin der Städte
Fufluns Sohn der Erdgöttin, Waldgott, Gott der Natur, der Freude und des Weins
Etrusker Volk der Tyrrhener, Zwölfstädtebund von zwölf autonomen Städten, 10. bis 1. Jh. v. Chr. im nördlichen Mittelitalien, Landwirtschaft, Handel, Seefahrt, Piraterie
Tarchna Etruskische Stadt des Zwölfstädtebundes, heute Tarquinia am Mittelmeer, nördlich von Rom

Haruspex Etruskischer Seher, der Naturphänomene deutet: z.B. Vogelflug, Blitze, Leberschau

Kapitel 2

Mela eine kranke Nachbarin
Neirinna Mantos Freundin
Diges Neirinnas Verehrer
Familie Fultum Aristokratische Familie von Haruspizes (Sehern), **Thefaru** der Vater, **Vibius, Ignaz und Tagon** die Söhne, **Tagon** wird Mantos Geliebter
Famile Volna Aristokratische Familie mit den Töchtern **Deia und Tutan.**
Tutan wird Tagons Ehefrau
Aulos Etruskische Doppelflöte

Kapitel 3

Inigo Wächter der Familie Fultum
Arnth Vivio Pferdezüchter in Velathri
Attilius Kapitän eines Handelsschiffes
Sergio ein Seemann, seit Kindheitstagen mit Goia befreundet
Eliana ein Händler aus Velathri, **Larce**, sein Sohn, **Iluna** seine Frau
Aule Vel Sklavenhändler, handelt mit Kindern und Jugendlichen, zieht von Stadt zu Stadt

Tarxi und Laris zwei junge Männer, die in Tagons Auftrag Pferde zu Arnth Vivio bringen

Ora Stute, Geschenk von Tagon an Manto

Turan Etruskische Göttin der Liebe und der Schönheit, Schutzgöttin der Schifffahrt und des Handels

Vanth Etruskische geflügelte Göttin mit einer Fackel in der Hand

Baratti Etruskischer Hafen im Golf von Baratti

Populónia Etruskische Küstenstadt, Zentrum der Eisenverarbeitung (nähe Piombino)

Velathri Etruskische Stadt des Zwölfstädtebundes, heute Volterra

Kelten indogermanische Völkergruppe in Europa, 7. bis 1. Jh. v. Chr.

Kapitel 4

Brix Stammesführer eines keltischen Stammes, **Kai** sein getöteter Sohn, **Barry** sein Hund

Erk und **Otis**, der schwer verwundet ist, gehören zu Brix' Leuten

Torin ein Kelte mit dem erbeuteten Kopf eines Etruskers

Epona Keltische Fruchtbarkeitsgöttin zu Pferde, Schutzgöttin der Reiter und der Reisenden, auch der Reisenden in die Anderswelt, Göttin der Pferde und der Mutterschaft

Anderswelt die Welt in der die Verstorbenen leben

Der **Weg** mit Brix führt von Süden über die Alpen am Comer See entlang, durch das Bergell, ins Oberengadin zum Silsersee auf die Halbinsel Chasté, über den Julierpass zum Bodensee bis zur Siedlung nahe der Heuneburg (zwischen Riedlingen und Mengen, Baden-Württemberg).

Kapitel 5

Lo Gattin des Brix', **Caja**, seine Mutter

Belana, Arlena, Fenis und **Riana**: Frauen aus Brix' Haushalt, **Gwendolyn**: Rianas Tocher, **Taran** ihr Sohn

Oscar Anführer eines keltischen Stammes

Dirk, Los Bruder ist mit **Eilyn**, Brix' Schwester, verheiratet, ihr Sohn **Loic** ist Brix' Neffe

Grimmulf Germane aus dem hohen Norden (Süd-Norwegen)

Myrdin Keltischer Druide

Brianne und **Suri** Keltische Frauen

Culsans Etruskischer doppelgesichtiger Gott des Schicksals

Belenus Keltischer Sonnen- und Heilergott

Dana Keltische Muttergöttin

Samhain Keltisches Neujahrsfest zu Beginn der dunklen Jahreszeit

Imbolc Keltisches Fest zum Ende des Winters Anfang Februar, drei Monate nach Samhain

Druide Keltischer Seher

Kapitel 6

Bran und seine Söhne **Albin** und **Raik** sind Wanderhandwerker, sie stellen Bronzeschmuck her

Geirheim das Dorf, aus dem Grimmulf stammt (Süd-Norwegen), **Geir** ist sein verstorbener Vater

Halfdan, Grimmulfs älterer Bruder, ist Stammesführer und mit **Frida** verheiratet, **Ôlvis** ist sein jüngerer Bruder

Póra die Kräuterfrau

Fürst Eskil heiratet an Mittsommer (Dänemark)

Jodis und ihr Bruder **Áki** leben in einer Hafensiedlung (bei Oslo)

Skorri, Ákis Freund

Freyr Germanischer Gott der Fruchtbarkeit, des Regens und Sonnenscheins

Freya seine Schwester, germanische Göttin der Liebe und der Ehe, der Fruchtbarkeit, und des Frühlings

Odin germanischer Kriegsgott und Gott der Dichtkunst

Thor germanischer Gott, lenkt Donner und Blitz und gibt Mut im Kampf

Hochdorf Keltische Siedlung bei Eberdingen, (Landkreis Ludwigsburg Baden-Württemberg)

Der **Weg**, den Manto mit Grimmulf geht, führt nach Norden zum Hohen Ipf, dann nach Nordwesten nach Hochdorf und von dort immer weiter nördlich bis ins heutige Dänemerk. Dort nehmen sie ein

Handelsschiff nach dem heutigen Oslo, Norwegen, und haben noch einige Tagesreisen nördlich bis Geirheim.

Teil 2 Fernando aus Genua

Familie Santini in Genua Anfang des 16. Jahrhunderts mit

Eugenio, der Vater, Messinstrumentenbauer, **Ricarda**, die Mutter, und die Kinder **Simiona**, **Bella**, und

Fernando, geboren am 17. März 1516 in Genua

Gia die Magd

Marcello der Geselle in der Werkstatt

Carmelo Fernandos Vetter und Lehrling in der Werkstatt

Juan de la Cosa ca. 1449 bis 1509, spanischer Seefahrer, Kartograf und Entdecker, Weltkarte von 1500, auf der Kolumbus Entdeckungen verzeichnet sind

Kapitel 7

Signor Gasparo ein Kunde

Baldo Colucci der Hauslehrer

Corrado Eugenios Bruder und seine Frau **Faustina** leben außerhalb von Genua in Montello, mit den Kindern **Domenico, Mario, Olmo** und **Carlotta**.

Francesca Tochter des Schmieds
Pepito ein Esel

Kapitel 8

Signor Lusoni ein Kunde
Consolata, Ugolina, Agnese, Marcella Mägde in Genua
Antonia Corrados und Faustinas Magd
Pater Felipe Pfarrer
Signora Tremante und ihr Sohn **Enzo**, Kaufmann Enzo und Simiona heiraten
Fray Aniello Vetter von Pater Felipe, Franziskanermönch im Kloster La Rábida in Spanien
Alba Schneiderin
Astrolabium Scheibenförmiges astronomisches Instrument zur Bestimmung der Position der Sterne, der Uhrzeit und der Himmelsrichtungen
Jakobsstab astronomisches Instrument zur Winkel- und Streckenmessung in der Seefahrt und bei der Landvermessung
Portolan Buch mit nautischen Informationen und Seekarten mit Windrosen und sichtbarem Liniennetz für die Kursbestimmung mittels Kompass

Kapitel 9

Lucie Dirne in Marseille
Alonso Novize im Kloster La Rábida

Fray Salvatore und **Fray Bonifacio** Franziskaner-
mönche aus demselben Kloster

Esteban und sein Bruder **Gilberto** Hidalgos, junge
spanische Adelige

Ignacio Indianischer Junge, der etwas Spanisch
spricht

Don Antonio de Mendoza 1490-1552, Vizekönig
von Neuspanien von 1530 bis 1550

Don Godfredo Großgrundbesitzer

José, **Chico** und **Santos** Kartiergehilfen

Yolotli Josés Schwester, die Fernando später heiratet

Nenetl Indianerin, die den Haushalt der Mönche
versorgt

Matteo Eugenios und Ricardas jüngster Sohn

Estella Bellas und Carmelos Tochter

Fray Marcos de Nizza 1495-1558 französischer
Mönch, der von den sieben Städten von Cibola berichtet

Fray Geronimo Franziskanermönch in Mexiko

La Rábida Franziskanerkloster, in dem Kolumbus
Zuflucht fand, in der Stadt Palos de la Frontera,
Provinz Huelva

Hispaniola zweitgrößte Insel der Großen Antillen,
heute mit den Staaten Haiti und Dominikanische
Republik

Vera Cruz Atlantikhafen am Golf von Mexiko

Die sieben Städte von Cibola Legende von sieben
goldenen Städten im heutigen Neu-Mexiko

Neuspanien Verwaltungsgebiet Spaniens in Mittelamerika

Neu-Galicien Provinz im Westen von Neuspanien

Nahuatl Sprache der Azteken und verwandten Nahua-Völkern im 15. und 16. Jahrhundert in Zentralmexiko

Chocolatl Indianisches Kakaogetränk aus gerösteten Kakaobohnen, Maismehl und Gewürzen

Fernandos **Weg** führt von Genua über Marseille nach Palos ins Kloster La Rábida, dann mit den Mönchen nach Hispaniola, von dort nach Vera Cruz, Mexiko und weiter nord-östlich ins Dorf Rote Erde

Kapitel 10

Francisco Vásquez de Coronado 1510-1554 Gouverneur in Neu-Galicien, und seine Frau **Beatriz**

Doro Fernandos Pferd

Dulce Yolotlis Pferd

Papalotl Indianische Dienerin von Esteban und Gilberto

Taschkihn Indianischer Übersetzer, der die indianische Zeichensprache beherrscht

Don Garcia Quartiermeister

Fray Padilla 1500-1542 Mönch, der die Expedition begleitet

Ramon spanischer Hidalgo

Marisol Fernandos und Yolotlis Tocher
Donata indianisches Findelkind
Mexikanische Legua Längenmaß, entspricht 4,2 km
Compostela in Neugalizien
Culiacán heute Hauptstadt des Bundesstaates Sinaloa in Mexiko nahe der Küste des Pazifischen Ozeans
Zuni Cibola, Pueblo der Zuni-Indianer
Quivira Indianerdorf im heutigen Kansas in der Gegend von Lyons
Acoma Pueblo auf einem Tafelberg in Neu-Mexiko, südlich von Albuquerque
Pueblo-Indianer Bewohner von Lehmziegeldörfern unterschiedlicher Stämme und Sprachgruppen
Adobe Lehmziegel: Mischung aus Lehm, Asche, Kohle aus Wüstensalbeizweigen und Gras
Cicuye Pecos-Pueblo östlich von Santa Fé in einem Tal inmitten von Bergketten und Kiefernwäldern
Der **Weg** führt Fernando und Yolotli zuerst nach Mexiko, dann an die Pazifikküste nach Compostela. Mit Coronados Expedition an der Westküste entlang nach Culiacán, nach Norden ins Landesinnere nach Cibola, nach Osten bis Cicuye und weiter in die Prärie, ins Llano Estacado. Von dort wieder zurück.

Kapitel 11

Dalli Corrados und Faustinas Hund

Donna Gemma Francescas Mutter

Signor Tomaso der Arzt

Palma Magd von Fernando und Francesca

Samuela Pierini Kupferstecher und Illustrator aus Venedig

Teresina Matteos Frau

Vito Ricci Zimmermann, der Marisol heiratet und mit ihr in die Neue Welt geht

Gerhard Mercator 1512-1594 Geograph und Kartograph

Jacopo Tintoretto 1518-1594 Venezianischer Maler, seine Tochter **Marietta** ist ebenfalls Malerin

Teil 3 Die Isländerin Jorun

Jorun nach dem zweiten Weltkrieg in Island auf der Halbinsel Snaefellsnes geboren

Kapitel 12

Jorun, ihre Mutter **Hafrún**, der Vater **Einar**, die Schwester **Vilborg**, der Bruder **Dagur**, das Baby **Soléy**

Tante Skadi, Schwester der Mutter und **Onkel Reynir** leben in der Stadt Borgarnes

Svala Joruns Schulfreundin

Halla Joruns Puppe, die die Mutter genäht hat

Inga Joruns Puppe, die Tante Skadi genäht hat

Asmundur, genannt **Mundi** ein Schüler in Reykjavik, **Kristin**, seine verunglückte Schwester

Tom Ritch Joruns leiblicher Vater in Santa Fé, Neu-Mexiko

Kapitel 13

Adda Isländische Freundin von Jorun in Freiburg

Alice Freundin in Freiburg

Tom Ritch, seine Frau **Lilly** und die beiden Töchter **Chenoa** und **Tehya**

Madox Indianer aus La Cienega bei Santa Fé, **Mabel** seine Frau, **Jamie** ihre Tochter

Jochen Rieser Joruns Arbeitskollege und Freund

Lionel Joruns Sohn

Yolanda Asmundurs Freundin

Eugen Heiratsschwindler

Santa Fé Hauptstadt von Neu-Mexiko

La Cienega Siedlung süd-westlich von Santa Fé

Taos Pueblo am Oberlauf des Rio Grande, eine der ältesten Siedlungen in den USA

Literaturliste

Alle Zitate stammen aus:
Rainer-Maria Rilke: Briefe an einen jungen Dichter. Insel Bücherei 1944

Von den zahlreichen Büchern, die mich begleitet haben, möchte ich einige Titel nennen.

Teil 1 Die Etruskische Tänzerin

Baumeister Ralf: Glaubenssachen, Kult und Kunst der Bronzezeit. Federmuseum Bad Buchau, Begleitband zur Sonderausstellung 15. Mai bis 1. November 2011

Braem Harald: Magische Riten und Kulte. Das dunkle Europa. Weitbrecht Verlag.

Die Welt der Kelten. Zentren der Macht, Kostbarkeiten der Kunst. Große Landesausstellung Baden-Württemberg. Jan Thorbecke Verlag 2012

Falchetti Franco und Romnaldi Antonella: Die Etrusker. Theiss Verlag 2001

Gianadda Roberta: Nordeuropa, Kelten, Germanen und Wikinger. Bildlexikon der Völker und Kulturen. Parthas Verlag 2008

Lawrence D.H.: Etruskische Stätten. Diogenes Verlag 1985

Locatelli Davide und Rossi Fulvia: Mittelitalien. Das geheimnisvolle Volk der Etrusker. Bildlexikon der Völker und Kulturen. Parthas Verlag 2009

Martinelli Maurizio undPaolucci Giulio: Etruskische Stätten. Scala Verlag 2006

Tölle Marianne: Reise in die Anderswelt. Die Kelten. Time-Life-Verlag 1997

Tölle Marianne: Die Etrusker, Meister der Lebenskunst. Time-Life-Verlag Amsterdam 1995

Teil 2 Fernando aus Genua

Bitterli Urs: Die Entdeckung Amerikas. Von Kolumbus bis Alexander von Humboldt. C.H.Beck Verlag 1992

Castaneda Pedro de: The Journey of Coronado. Dover Publications, New York 1990

Cortés Hernán: Die Eroberung Mexikos. Drei Berichte von Hernán Cortés an Kaiser Karl V. Insel Verlag 1980

Diaz del Castillo Bernal: Die Eroberung von Mexiko. Insel Verlag 1988

Die Indianer Nordamerikas. National Geographic 2009

Horwitz Tony: Es war nicht Kolumbus. Die wahren Entdecker der Neuen Welt. Marebuchverlag 2008

Lanyon Anna: Malinche. Die andere Geschichte der Eroberung Mexikos. Ammann Verlag 2001

McLeod Judyth A.: Atlas der Legendären Länder. Von Atlantis bis zum Garten Eden. National Geographic 2010

Meissner Hans-Otto: Ich fand kein Gold in Arizona. Der Eroberungszug des spanischen Konquistadoren Francisco de Coronado zu den „Sieben Städten" 1542. Moewig Verlag KG 1979

León-Portilla u. Heuer Renate: Rückkehr der Götter. Die Aufzeichnungen der Azteken über den Untergang ihres Reiches. Unionsverlag 1997

Schiller Friedrich: Die Verschwörung des Fiesco zu Genua. Reclam 1970

Pigafetta Antonio: Die erste Reise um die Erde. Ein Augenzeugenbericht von der Weltumsegelung Magellans. Horst Erdmann Verlag 1968

Schneider Reinhold: Las Casas vor Karl V. Szenen aus der Konquistadorenzeit. Suhrkamp 1990

Vermeulen John: Zwischen Gott und der See. Roman über das Leben und Werk des Gerhard Mercator. Diogenes Verlag 2007

Wassermann Jakob: Christoph Columbus, der Don Quichote des Ozeans, eine Biographie. dtv 1992

Zweig Stefan: Magellan. Der Mann und seine Tat. Fischer 2011

Teil 3 Die Isländerin Jorun

Baldursdóttir Kristín Marja: Die Eismalerin. Fischer Taschenbuchverlag 2007

Bollason Arthúr: Island, ein Reisebegleiter. Insel Verlag 2008

Laxness Halldór. Islandglocke. Suhrkamp 1975